VEDISCHE KOCHKUNST

VEDISCHE KOCHKUNST

Die erlesensten Gerichte der vegetarischen Küche Indiens.

Adiraja Dasa

The Bhaktivedanta Book Trust

The Hare Krishna Book of Vegetarian Cooking (German)

Für weitere Informationen stehen Ihnen
die folgenden Zentren gern zur Verfügung:

ISKCON Germany-Austria e.V.
Postfach 1172
D-55759 Birkenfeld
Tel: 06782 5957
www.iskcon.de

Krishna-Tempel
Bergstr. 54
CH-8032 Zürich
Tel: 044 262 33 88
www.krishna.ch

www.krishna.com
www.bbt.info

5. Auflage: 2009

ISBN 978-91-7149-087-2

Widmung

Meinem spirituellen Meister,
His Divine Grace A.C. Bhaktivedanta Swami Prabhupada,
der sein Leben der Verbreitung der vedischen Kultur widmete,
um die Menschheit auf der ganzen Welt zu erheben.

Vorwort

Lieber Leser!
Lieber, glücklicher Besitzer dieses einzigartigen Kochbuchs!

Es ist mir eine ganz besondere Freude, für dieses wunderbare Buch einige einleitende Worte schreiben zu dürfen. Denn dieses Buch sucht seinesgleichen. Und „einzigartig" nenne ich es deshalb, weil es so viel mehr ist als ein Kochbuch im herkömmlichen Sinn. Es vermittelt vielmehr eine geistig und körperlich gesündere Art zu leben, eine ganze Philosophie.

Es heißt doch: „Sage mir, was du ißt, und ich sage dir, was du bist." Nach der Lektüre dieses Buches werden Sie dieses Sprichwort vielleicht noch mit „Sage mir, *wie* du ißt" ergänzen wollen.

Vielleicht sind Sie Vegetarier, weil Ihnen klar wurde, wie unnötig und grausam es ist, daß Tiere gemästet und kaltblütig geschlachtet werden, nur damit wir ein Schnitzel oder Steak auf dem Teller haben.

Oder Sie sehen einfach nicht ein, warum eine Unmenge von Getreide an Tiere verfüttert wird, das eine viel größere Anzahl von Menschen ernähren könnte. Um ein Beispiel aus dem Buch anzuführen: Die Getreidemenge, die für die Produktion eines 200 g-Steaks als Futter benötigt wird, reicht aus, um 45 bis 50 Menschen mit einer vollwertigen Mahlzeit zu versorgen.

Oder Sie sind dabei, Vegetarier zu werden, sind es aber leid, sich von Marmeladenbrot mit Nüssen und Joghurt zu ernähren.

Ich erinnere mich noch genau an meine rastlosen Fahrten mit leerem Einkaufswagen durch endlos-übervolle Supermarktgänge, verzweifelt auf der Suche nach Anregung, geschweige denn Abwechslung bei meiner neuen Diät. Aber wundersamerweise schienen fast alle Produkte aus Wurst, Fleisch oder Eiern zu bestehen oder diese Substanzen zumindest zu enthalten.

Erstaunlicherweise hält sich in unseren Breitengraden noch immer hartnäckig die Vorstellung, Vegetarier ernährten sich von Brot mit Erdnußbutter, Gurken, Karotten und Quark, im Restaurant von „Beilagen". Deshalb seien sie auch alle grau-blaß mit zerknittertem Gesichtsausdruck, blutarm, schwächlich und mager. Denn woher soll man bei fleischloser Kost die lebensnotwendigen Proteine bekommen? Und Essen soll doch schließlich auch Spaß machen!

Heute kann ich über solche Einwände nur lachen, wenn ich an all die köstlichen *sabjis* mit fritiertem Käse, die verschieden gefüllten *samosas*, die exotisch gewürzten *pakoras* und endlose Variationen von Milchsüßigkeiten, wie *sandesh, rasagullas* usw., denke.

Keine Angst, all diese verlockenden Dinge werden Ihnen sehr bald vertraut sein, ebenso wie die Kunst, eine nährwertlich ausgewogene Mahlzeit zu servieren, deren Schmackhaftigkeit Sie Fleisch schlichtweg vergessen läßt.

Und auch die „Wissenschaft des Würzens" – wie nämlich viele Gewürze gleichzeitig gesundheitsfördernd wirken – ist keine Hexerei und leicht erlernbar.

Diese Gesamtheit, dieses Allumfassende, ist das Wunderbare und Einmalige an der „vedischen" Küche, der Art zu kochen, die Ihnen dieses Buch vermittelt.

Ich habe die Gottgeweihten erstmals 1980 getroffen – und war zutiefst beeindruckt von der Art, wie sie leben, was und wie sie essen, wie sie, selbstlos und demütig, versuchen, in einer chaotischen Welt ein besseres, sinnvolleres Leben zu führen und durch ihr eigenes Beispiel andere von dieser Möglichkeit zu überzeugen. Hierbei kann dieses Buch, als Wegweiser zu einer bewußteren Ernährung, ein wichtiger Schritt sein.

Ich wünsche Ihnen, liebe Leser, daß Sie aus diesen von altersher überlieferten Rezepten, Anregungen und Ratschlägen für sich und die Ihren den größtmöglichen Nutzen ziehen – und einen „höheren Geschmack" entwickeln, um ein gesünderes, bewußteres und – nicht zuletzt – gottgefälligeres Leben führen zu können.

Hare Krischna!
Herzlichst, Ihre

Christiane Rücker
Juni 1987
München

Einleitung

DIESES Kochbuch ist als praktischer Leitfaden für all diejenigen gedacht, die original-indische Gerichte zu Hause zubereiten wollen und die Tradition der indisch-vegetarischen Küche kennenlernen möchten. Es lehrt nicht nur die Techniken der vedischen oder klassisch-indischen vegetarischen Kochkunst, sondern auch die vedische Art zu essen, die sowohl Körper und Geist als auch die Seele ernährt.

Die ersten vier Kapitel dieses Buches behandeln vedische Philosophie und Vegetarismus, mit Argumenten aus Religion und Ethik sowie der klassischen und modernen Wissenschaft.

Die folgenden drei Kapitel haben die Mahlzeit selbst zum Thema: die nötigen Küchengeräte, die Zusammenstellung verschiedener Gerichte und viel anderes Wissenswertes mehr über die Zubereitung, das Servieren und Essen einer indischen Mahlzeit.

Der anschließende Teil enthält 120 küchenerprobte Rezepte – d.i. nur ein Bruchteil der von der vedischen kulinarischen Tradition angebotenen tausenderlei Möglichkeiten. Diese Rezepte, die vor allem ihrer Verschiedenheit und einfachen Zubereitung wegen ausgewählt wurden, bieten also nur eine kleine Kostprobe aus der unermeßlichen Vielfalt der vedischen Kochkunst. Sie wurden von den versiertesten Köchen der Hare-Krischna-Bewegung zusammengestellt, die Srila Prabhupada teilweise noch persönlich unterwiesen hat.

Im Anhang findet der Leser ein Glossar und Ratschläge, wo wichtige Zutaten zu bekommen sind, sowie Adressen von Hare-Krischna-Zentren, wo man die Rezepte dieses Buches probieren kann.

Um das vedische Kochen wirklich zu verstehen, muß man es im Zusammenhang mit der vedischen Kultur sehen. Das Wort *vedisch* kommt von dem Sanskritwort *veda* und bedeutet „absolutes Wissen". Die klassischen Sanskritschriften Indiens heißen vedische Schriften oder *Veden,* weil sie Wissen vom Absoluten enthalten. Viele Menschen leben noch heute nach der vedischen Kultur des alten Indien, die auf ebendiesen Schriften basiert.

Nach Aussage der *Veden* ist es die Aufgabe des Menschen, seine wahre Identität als ewiger Diener Gottes zu verwirklichen. Dieses vedische Verständnis beginnt mit dem Wissen, daß wir nicht unser vergänglicher materieller Körper sind, sondern die ewige spirituelle Seele im Körper. Weil wir uns fälschlicherweise mit unserem materiellen Körper identifizieren, leiden wir, obwohl wir von Natur aus ewig, voller Wissen und glückselig sind. Der Prozeß der Wiederherstellung unseres ursprünglichen Bewußtseins und das Wiedererwecken unserer schlummernden Liebe zu Gott wird *bhakti-yoga* oder Krischna-Bewußtsein genannt.

Der Name „Krischna" hat eine besondere Bedeutung. Auch wenn es nur einen Gott gibt, kennen Ihn die Menschen unter verschiedenen Namen, und jeder Name beschreibt einen Aspekt Seiner Persönlichkeit. Die *Veden* aber erwähnen einen Namen, der die Gesamtheit von Gottes unendlichen Eigenschaften ausdrückt. Dieser allumfassende Name ist Krischna und bedeutet: der Allanziehende.

Die *Veden* sind eine Fundgrube des Wissens über Krischna und unsere ewige Beziehung zu Ihm. Sie unterscheiden sich insofern von anderen heiligen Schriften, als sie nicht nur Gottes persönliche Eigenschaften sehr ausführlich beschreiben, um unsere Liebe zu Ihm zu erwecken, sondern auch die Wege aufzeigen, wie wir diese Liebe bei allem, was wir tun, ausdrücken können. Das ist Indiens Geschenk an die Welt: eine Kultur, die auf allen Bereichen menschlichen Strebens spirituelle Vollkommenheit ermöglicht, welche oft als alleiniges Sonderrecht in der Abgeschiedenheit lebender *yogis* gilt. In der Tat durchdringt das Krischna-Bewußtsein in der vedischen Kultur jeden Aspekt des Lebens: nicht nur Kunst, Musik, Architektur und Literatur, sondern gleichermaßen auch die Kochkunst und das Essen.

Was das vedische Kochen von anderen Arten des Kochens unterscheidet, ist das spirituelle Bewußtsein des Kochs, das darauf gerichtet ist, eine Opferung für Gott zuzubereiten. In den meisten Religionen bitten die Menschen Gott um ihr tägliches Brot; ein Gottgeweihter im Krischna-Bewußtsein dagegen bringt sein tägliches Brot Gott dar, um Ihm seine Liebe zu zeigen. Und Gott erwidert diese Liebe. In der *Bhagavad-gita,* einer der vedischen Schriften, sagt Sri Krischna, daß Er vegetarisches Essen – und sei es auch nur ein Blatt, eine Frucht oder ein Glas Wasser – annimmt, wenn es Ihm mit Hingabe dargebracht wird. In Seiner grenzenlosen Barmherzigkeit spiritualisiert Er die Opferung, indem Er persönlich davon kostet. Was gewöhnliche Nahrung war, wird damit zu Krischna-*prasada,* Sri Krischnas Barmherzigkeit. Und was sonst gewöhnliches Speisen gewesen wäre, wird zur Verehrung, zum liebevollen Austausch mit dem Herrn.

Das Essen von *prasadam* und das Essen gewöhnlicher Nahrung, die um des Profits willen, zur Freude des Gaumens oder auch des bloßen Überlebens wegen zubereitet wurde, unterscheiden sich in ihrer Wirkung grundlegend voneinander.

Während des Kochens denken wir normalerweise an alle möglichen Dinge, doch kaum daran, Gott zu erfreuen. Und wenn Essen ohne Gottesbewußtsein zubereitet wird, beeinflussen die materiellen Gedanken des Kochs unwillkürlich denjenigen, der es ißt. Wenn wir jedoch *prasadam* essen, Nahrung, die mit Hingabe zu Gott gekocht und mit Liebe geopfert wurde, wird unser Herz geläutert.

Natürlich erwarten wir nicht, daß nun alle unsere Leser zum indischen Kochstil überwechseln. Wenn auch das vedische Kochen aus Indien stammt, so ist doch das Prinzip, seine Nahrung zuvor zu Krischna zu opfern, transzendental zu allen weltlichen Bezeichnungen. Das Rezept braucht nicht aus Indien zu kommen, wichtig ist nur, daß die Zutaten und die Zubereitung den vedischen Prinzipien entsprechen. In Deutschland zum Beispiel sind die meisten unserer Gottgeweihten und Freunde ihrer heimatlichen Küche noch sehr verbunden, und zu fast jedem indischen Gericht wird noch etwas Brot gereicht; italienische Gottgeweihte haben eine besondere Vorliebe für Pizza, etc. Kurzum, wichtiger als der Kochstil ist die Hingabe zu Krischna, mit der gekocht wird.

Wenn in diesem Buch der Ausdruck „indisches Kochen" gebraucht wird, so ist damit vedisches Kochen gemeint, nicht irgendwelche „Geflügel-Curry"-Schulen der modernen indischen Küche. Fleischessen war in der alten vedischen Kultur praktisch unbekannt. Es wurde erst von ausländischen Eroberern eingeführt, besonders von den Moguln, die im 16. Jahrhundert via Persien in den Subkontinent eindrangen, von den Portugiesen, die vier Jahrhunderte lang Goa beherrschten, und schließlich von den britischen Kolonialherren. Aber trotz der jahrhundertelangen Vorherrschaft von Fleischessern gibt es in Indien noch heute zahllose Vegetarier.

In Indien leben die Menschen traditionsgemäß vegetarisch (Fleischesser werden als „Nichtvegetarier" bezeichnet). Die zeitlose vedische Kultur lehrt, daß alles Leben heilig ist. Das unnötige Töten unschuldiger Kreaturen durch den Menschen stellt somit einen groben Verstoß gegen die Gesetze Gottes dar. Alle pflanzlichen und tierischen Lebensformen sind, was die Auswahl ihrer Nahrung betrifft, durch die Naturgesetze an ihren Instinkt gebunden. Dem Menschen jedoch ist es aufgrund seiner höheren Intelligenz möglich, bei der Wahl seiner

Nahrung höhere, spirituelle Prinzipien zu berücksichtigen. In einem seiner Bücher erklärt Srila Prabhupada: „Obgleich das Gesetz (der Natur) besagt, daß der Mensch sich von anderen Lebewesen ernähren muß, gibt es auch noch das Gesetz des gesunden Menschenverstandes, denn dem Menschen ist es bestimmt, die Gesetze der Schriften zu befolgen. Das ist für Tiere nicht möglich."

Nach Definition der *Veden* ist ein wahrer Vegetarier jemand, der weder Fleisch, Fisch noch Eier ißt. Diejenigen, die zwar Fleisch ablehnen, aber Eier oder Fisch essen, sind gemäß den *Veden* keine echten Vegetarier, weil sie im Grunde doch Fleisch essen, selbst wenn es, wie bei den Eiern, unter einer Kalziumschicht verborgen ist. Wenn natürlich jemand allein deshalb Vegetarier wird, um das Töten zu vermeiden, sieht er vielleicht keinen Grund, unbefruchtete Eier abzulehnen. Wenn wir jedoch die vedische Sicht in Betracht ziehen, die besagt, daß jegliches Fleisch für den menschlichen Verzehr ungeeignet ist, so ist es sehr wohl sinnvoll, auch Eier zu vermeiden, da diese, ob nun befruchtet oder nicht, nichts anderes sind als eine Ansammlung von Materie, um Kükenkörper zu bilden. Krischnas Geweihte sind strikte Vegetarier im vedischen Sinne des Wortes: Sie essen weder Fleisch, Fisch noch Eier.

Einige Vegetarier, die sogenannten Veganer, lehnen nicht nur Fleisch, Fisch und Eier ab, sondern auch Milch und Milchprodukte, und zwar aus moralischen Bedenken gegen den Mißbrauch der Kühe in der modernen Milchwirtschaft. Auch die *Veden* verurteilen die Mißhandlung von Tieren, aber sie sehen Milch als ein Grundnahrungsmittel des Menschen an. Anstatt also aus Protest auf Milch zu verzichten, zeigen die Geweihten Krischnas ihr Mitleid auf positive Weise, indem sie die vedischen Prinzipien des Kuhschutzes lehren und – soweit wie möglich – nur Milch von Hare-Krischna-Farmen trinken, wo die Kühe geliebt und beschützt werden.

Viele wenden sich zunächst dem Vegetarismus zu, verfallen aber aus Mangel an Überzeugung und Geschmack später wieder ihren alten Eßgewohnheiten. Wieviel mehr Menschen würden es in Erwägung ziehen, das Fleischessen aufzugeben, würden sie nur eine alternative Kost kennen, die besser schmeckt und wissenschaftlich gesehen sogar gesünder ist! Wir hoffen, daß die Weisheit des alten Indien, die diesem Buch zugrunde liegt, auch Sie zu der Erkenntnis führen wird, daß es keine bessere Art zu essen gibt – sei es in bezug auf Gesundheit, Geschmack oder spirituellen Fortschritt –, als zu Krischna geopferte Speisen zu essen. Es ist nicht nur einfach, sondern auch höchst genußvoll. Wenn Sie erst einmal eine Speise gekostet haben, die zur Freude Krischnas zubereitet wurde, werden Sie wissen, was wir meinen, wenn wir von einem „höheren Geschmack" sprechen.

Aus vedischer Sicht also ist Vegetarismus nur ein Teilaspekt von etwas Bedeutsamerem; er ist die natürliche Ernährungsweise für diejenigen, die das Beste aus ihrem Leben als Mensch machen wollen. In den *Veden* heißt es, daß Krischna, der Speicher unbegrenzter Freude, die unzähligen Lebewesen erschaffen hat, um Seine Freude mit ihnen zu teilen. In welchem Maße auch immer wir den vedischen Lehren folgen – ob wir nun vollkommene Spiritualisten werden oder einfach unsere Eßgewohnheiten läutern –, wir werden glücklicher werden und das Leid in der Welt um uns vermindern helfen.

„Alles, was du tust, alles, was du ißt, alles, was du opferst und fortgibst, sowie alle Enthaltungen, die du auf dich nimmst, solltest du Mir als Opfer darbringen." (Krischna zu Seinem Geweihten Arjuna; *Bhagavad-gita* 9.27)

Vegetarismus: ein Mittel zum Zweck

Das Wort *Vegetarier*, das im Jahre 1842 von den Gründern der Britischen Vegetarischen Gesellschaft geprägt wurde, hat seine Wurzel in dem lateinischen Wort *vegetus* – unversehrt, gesund, frisch oder kräftig, wie in *homo vegetus* – ein geistig und körperlich gesunder Mensch. Die ursprüngliche Bedeutung des Wortes beinhaltet eine philosophisch und moralisch ausgeglichene Lebenseinstellung, weit mehr als nur die Ernährung von Gemüse und Früchten.

Die meisten Vegetarier sind Menschen, die verstanden haben, daß wir, um zu einer friedlicheren Gesellschaft beizutragen, zunächst das Problem der Gewalt in uns selbst lösen müssen. Es kommt also nicht von ungefähr, daß Tausende von Menschen aus allen Gesellschaftsschichten bei ihrer Suche nach der Wahrheit Vegetarier geworden sind. Vegetarismus ist ein grundlegender Schritt auf dem Weg zu einer besseren Gesellschaft, und wer sich die Zeit nimmt, die Vorteile der vegetarischen Ernährung zu erwägen, tritt damit in die Fußstapfen so großer Denker wie Pythagoras, Sokrates, Platon, Plutarch, Kaiser Asoka, Leonardo da Vinci, Montaigne, Akbar, John Milton, Sir Isaac Newton, Emanuel Swedenborg, Voltaire, Benjamin Franklin, Jean Jacques Rousseau, Lamartine, Percy Bysshe Shelley, Ralph Waldo Emerson, Henry David Thoreau, Leo Tolstoi, George Bernard Shaw, Rabindranath Tagore, Mahatma Gandhi, Albert Schweitzer und Albert Einstein.

Als nächstes wollen wir die Gründe untersuchen, warum Menschen Vegetarier werden.

Gesundheit und Ernährung

Kann eine rein vegetarische Ernährung die Gesundheit wiederherstellen oder verbessern? Kann sie bestimmte Krankheiten verhüten?

Verfechter des Vegetarismus haben diese Fragen seit vielen Jahren bejaht, wenngleich ihnen die moderne Wissenschaft bislang nicht viel Unterstützung angedeihen ließ ... bis vor kurzem jedenfalls. Seit nämlich jüngste medizinische Forschungen wachsende Beweise für ein direktes Verhältnis zwischen Fleischessen und tödlichen Krankheiten wie Koronarsklerose und Krebs erbracht haben, ist die vegetarische Lebensweise in ein anderes Licht gerückt.

Seit den sechziger Jahren haben Wissenschaftler den Verdacht geäußert, daß zwischen einer fleischzentrierten Ernährung und der Entstehung von Arteriosklerose und Herzkrankheiten irgendeine Verbindung besteht. Bereits 1961 schrieb das *Journal of the American Medical Association:* „90 bis 97 Prozent der Herzkrankheiten könnten durch fleischlose Kost vermieden werden."[1] Seit jener Zeit haben zahlreiche sorgfältige Studien wissenschaftlich bewiesen, daß der Genuß von Fleisch in Westeuropa, den Vereinigten Staaten, Australien und anderen Wohlstandsregionen neben Tabak und Alkohol die häufigste Todesursache ist.[2]

Der menschliche Körper kann übermäßige Mengen von tierischen Fetten und Cholesterin nicht vertragen.[3] Eine Umfrage mit 214 Wissenschaftlern aus 23 Ländern, die Untersuchungen über Arteriosklerose angestellt hatten, ergab nahezu einstimmig, daß zwischen der Art der Ernährung, dem Cholesterinspiegel und Koronarsklerose eine enge Verbindung besteht.[4] Wenn jemand mehr Cholesterin zu sich nimmt, als der Körper braucht, was bei einer fleischorientierten Ernährung meist der Fall ist, wird das überschüssige Cholesterin langsam, aber sicher zum Problem. Es lagert sich an den inneren Arterienwänden ab, behindert den Blutzufluß zum Herzen und kann so zu erhöhtem Blutdruck, Herzinfarkt oder Schlaganfall führen.

Auf der anderen Seite haben Wissenschaftler der Mailänder Maggiore-Universitätsklinik bewiesen, daß pflanzliches Eiweiß den Cholesterinspiegel senken kann. In einem Artikel des britischen Ärztejournals *The Lancet* kam D.C.R. Sirtori zu dem Schluß, daß Menschen mit zu hohem Cholesterinspiegel und gleichzeitiger Herzkranzgefäßverengung „von einer Diät, bei der das Eiweiß ausschließlich von pflanzlicher Nahrung kommt, profitieren können."[5]

Und wie steht es mit Krebs? Die Forschung der letzten zwanzig Jahre weist unverkennbar auf einen direkten Zusammenhang zwischen Fleischessen und Darm-, Brust- sowie Gebärmutterkrebs hin. Unter den Siebenten-Tags-Adventisten, den Japanern und den Ostindern (die entweder sehr wenig oder gar kein Fleisch essen) sind diese Krebsarten relativ selten, während sie unter den Fleischessern des Westens zu den am häufigsten auftretenden Krebsarten zählen.[6]

In einem anderen Artikel in *The Lancet* heißt es: „Menschen, die in Gebieten mit nachweislich hoher Darmkrebsrate wohnen, neigen zu einem starken Verbrauch an Fett und tierischen Eiweißen, wohingegen diejenigen, die in Gebieten mit niedriger Darmkrebsrate wohnen, sich größtenteils vegetarisch ernähren, mit wenig Fett und wenig tierischen Stoffen."[7]

Rollo Russell sagt in seinen *Notes on the Causation of Cancer*: „Ich bin zu dem Ergebnis gekommen, daß von 25 Nationen mit großem Fleischkonsum 19 eine hohe und nur eine einzige eine niedrige Krebsrate hatten, wohingegen von 35 Nationen, die nur wenig oder gar kein Fleisch essen, keine eine hohe Rate aufwies."[8]

Warum nun sind Fleischesser offenbar anfälliger für derartige Krankheiten? Ein Grund, den Biologen und Ernährungswissenschaftler nennen, ist, daß der menschliche Darm einfach nicht für die Verdauung von Fleisch geeignet ist. Fleischfressende Tiere haben einen kurzen Darmtrakt (die dreifache Körperlänge), so daß das rasch faulende, toxische Fleisch den Körper schnell verlassen kann. Da sich pflanzliche Nahrung viel langsamer zersetzt als Fleisch, haben Pflanzenfresser Gedärme von mindestens sechsfacher Körperlänge. Der Mensch hat den langen Darm eines Pflanzenfressers. Wenn er Fleisch ißt, kann es deshalb geschehen, daß die Toxine die Nieren überlasten und Krankheiten wie Gicht, Arthritis, Rheuma und selbst Krebs verursachen.

Ein weiterer negativer Aspekt sind die Chemikalien, mit denen das Fleisch behandelt wird. Sobald ein Tier geschlachtet wird, beginnt sich das Fleisch zu zersetzen; nach einigen Tagen nimmt es eine widerwärtige, grau-grünliche Färbung an. Die Fleischindustrie wirkt dieser Verfärbung mit Nitraten, Nitriten und anderen Konservierungsstoffen entgegen; dadurch sieht das Fleisch dann rot aus, doch in den letzten Jahren hat sich wiederholt gezeigt, daß viele dieser Stoffe karzinogen sind.[9] Und was das Problem noch verschlimmert, sind die ungeheuren Mengen von Chemikalien, die an das Vieh verfüttert werden. Gary und Steven Null machen uns in ihrem Buch *Poisons in Your Body* auf etwas aufmerksam, was jeden Steak- oder Schinkenkonsumenten sehr nachdenklich stimmen sollte. „Die Tiere werden durch ständige Verabreichung von Beruhigungsmitteln, Hormonen, Antibiotika und 2700 weiteren Medikamenten am Leben erhalten und gemästet. Diese systematische Vergiftung beginnt schon vor der Geburt und erstreckt sich weit über den Tod hinaus. Obgleich die Medikamente noch im Fleisch stecken, wenn es gegessen wird, schreibt kein Gesetz einen entsprechenden Vermerk auf der Verpackung vor."[10]

Aufgrund derartiger Forschungsergebnisse erklärte die American

National Academy of Sciences im Jahre 1983: „Viele der üblichen Krebsarten könnten verhütet werden, wenn die Verbraucher weniger fettes Fleisch und mehr Gemüse und Getreide essen würden."[11]

Doch halt! Ist der Mensch nicht von Natur aus Fleischesser? Brauchen wir nicht tierisches Eiweiß?

Die Antwort auf beide Fragen ist nein. Auch wenn einige Historiker und Anthropologen behaupten, der Mensch sei ein Allesfresser (der sich von Pflanzen und Tieren ernährt), so spricht doch unsere Anatomie – Zähne, Kiefer, Verdauungssystem – für fleischlose Kost. Die American Dietetic Association stellt fest: „Der größte Teil der Menschheit hat während des größten Teils der Menschheitsgeschichte von vorwiegend oder rein vegetarischer Nahrung gelebt."

Und der größte Teil der Weltbevölkerung lebt noch heute so. Selbst in den meisten Industrieländern hat das Liebäugeln mit dem Fleisch noch keine hundertjährige Geschichte. Alles begann mit dem Aufkommen des Kühltransporters und der modernen Konsumgesellschaft des zwanzigsten Jahrhunderts. Beispielsweise lag der Pro-Kopf-Verbrauch von Schweinefleisch in Deutschland in den Jahren 1909/13 noch bei jährlich 22 kg, 1935/38 bei 29 kg und 1950/51 bei 18 kg. Erst in den letzten 25 Jahren ist der Verbrauch drastisch angestiegen. 1980/81 lag er bei 50 kg.[12]

Aber selbst im zwanzigsten Jahrhundert hat sich der menschliche Organismus nicht der Fleischernährung angepaßt. Wie es der bekannte schwedische Naturwissenschaftler Karl von Linne ausdrückt: „Ein Vergleich der inneren wie auch der äußeren Struktur des Menschen mit der anderer Lebewesen zeigt deutlich, daß Früchte und saftiges Gemüse seine natürliche Nahrung darstellen." Die Tabelle auf der nächsten Seite vergleicht die Anatomie des Menschen mit der fleisch- und pflanzenfressender Tiere.

Was die Proteinfrage betrifft, so hat Dr. Paavo Airola, eine der führenden Kapazitäten auf dem Gebiet der Ernährungskunde und der Naturbiologie, dazu folgendes zu sagen: „Die offizielle Empfehlung für den täglichen Eiweißkonsum ist in den letzten zwanzig Jahren von ursprünglich 150 g auf 45 g gesunken. Weshalb? Weil zuverlässige weltweite Forschungen bewiesen haben, daß wir nicht so viel Protein brauchen und daß der eigentliche Tagesbedarf bei 30 bis 45 g liegt. Zusätzlich konsumiertes Eiweiß ist nicht nur verschwendet, sondern kann gefährliche Schäden im Körper anrichten, ja es besteht sogar ein direkter Bezug zu tödlichen Krankheiten wie Krebs und Herzkranzgefäßverengung. Um täglich 45 g Protein zu sich zu nehmen, braucht man kein Fleisch zu essen; es ist möglich, sie aus rein vegetarischer Nahrung in Form von Getreide, Hülsenfrüchten, Nüs-

Fleischfresser	**Pflanzenfresser**	**Mensch**
hat Klauen	keine Klauen	keine Klauen
keine Hautporen; kühlt den Körper durch Verdunstung über die Zunge	Hautatmung durch Millionen von Poren	Hautatmung durch Millionen von Poren
scharfe, spitze Vorderzähne, um Fleisch zu reißen	keine scharfen, spitzen Vorderzähne	keine scharfen, spitzen Vorderzähne
kleine Speicheldrüsen im Maul (da nur wenig Getreide und Früchte vorzuverdauen sind)	gut ausgebildete Speicheldrüsen (notwendig, um Getreide und Früchte vorzuverdauen)	gut ausgebildete Speicheldrüsen (notwendig, um Getreide und Früchte vorzuverdauen)
saurer Speichel; kein Ptyalin-Enzym zur Vorverdauung von Getreide	alkalischer Speichel; viel Ptyalin, um Getreide vorzuverdauen	alkalischer Speichel; viel Ptyalin, um Getreide vorzuverdauen
keine abgeflachten Backenzähne zum Zermahlen der Nahrung	abgeflachte Backenzähne, um Nahrung zu zermahlen	abgeflachte Backenzähne, um Nahrung zu zermahlen
viel starke Salzsäure im Magen, um zähe Tiermuskeln, Knochen etc. zu verdauen	10mal schwächere Magensäure als Fleischfresser	10mal schwächere Magensäure als Fleischfresser
Verdauungstrakt nur 3mal so lang wie der Körper, damit das schnell verwesende Fleisch rasch aus dem Körper gelangt	Verdauungstrakt 6mal so lang wie der Körper; Blätter und Getreide zersetzen sich nicht so schnell und können deshalb länger im Körper bleiben	Verdauungstrakt 6mal so lang wie der Körper

Nach A.D. Andrews: *Fit Food for Men* (Chicago: American Hygiene Society, 1970)

sen, Gemüse und Früchten zu beziehen."[13]

Milchprodukte, Getreide, Hülsenfrüchte und Nüsse sind konzentrierte Proteinträger. Käse, Erdnüsse und Linsen zum Beispiel enthalten mehr Eiweiß pro Gewichtseinheit als Hamburger, Schweinefleisch oder Beefsteak.

Und doch dachten Ernährungswissenschaftler bis vor kurzem, daß nur Fleisch, Fisch, Eier und Milchprodukte mit vollwertigen Proteinen (die die acht nicht-körpereigenen Aminosäuren enthalten) ausgestattet und daß alle pflanzlichen Proteine minderwertig sind (da ihnen eine oder mehrere Aminosäuren fehlen). Forschungen am schwedischen Karolinska-Institut und am Max-Planck-Institut in Deutschland jedoch haben ergeben, daß die meisten Arten von Gemüse, Obst, Getreide, Samenkernen und Nüssen hochklassige Träger vollwertiger Proteine sind. Außerdem werden sie viel leichter vom Körper assimiliert und enthalten keinerlei toxische Stoffe. Es ist fast unmöglich, an Proteinmangel zu leiden, wenn man genügend natürliche Rohkost zu sich nimmt. Schließlich ist ja das Pflanzenreich die eigentliche Quelle *aller* Proteine. Vegetarier essen einfach „direkt" und bekommen sie nicht aus zweiter Hand, über die pflanzenfressenden Tiere.

Zu viele Proteine beeinträchtigen sogar die körperliche Vitalität. In einer Reihe vergleichender Dauerleistungstests an der Yale-Universität unter der Leitung von Dr. Irving Fisher schnitten die Vegetarier doppelt so gut ab wie die Fleischesser. Als Dr. Fisher den Proteinverbrauch der Nichtvegetarier um 20 Prozent senkte, stieg ihre Leistungsfähigkeit um 30 Prozent.[14] Zahlreiche andere Studien haben gezeigt, daß eine geeignete vegetarische Kost dem Menschen mehr Energie zuführt als Fleisch. Eine Untersuchung von Dr. J. Iotekyo und V. Kipani an der Universität Brüssel ergab, daß Vegetarier zwei- bis dreimal länger als Fleischesser körperliche Tests durchführen konnten, bis sie Ermüdungserscheinungen zeigten – und sie erholten sich fünfmal schneller von der Anstrengung als die Fleischesser.[15]

Zum Abschluß sei in diesem Zusammenhang noch ein Zitat von Albert Einstein erwähnt, der sagte: „Rein durch ihre physische Wirkung auf das menschliche Temperament würde die vegetarische Lebensweise das Schicksal der Menschheit äußerst positiv beeinflussen können."

Ökonomie

Fleisch ernährt nur wenige Menschen auf Kosten vieler. Um der Fleischproduktion willen wird Getreide, das den Menschen direkt ernähren könnte, an Zuchtvieh verfüttert. Laut amtlicher Mitteilungen des Landwirtschaftsministeriums der Vereinigten Staaten werden über 90 Prozent des in Amerika angebauten Getreides an Zuchtvieh verfüttert – Kühe, Schweine, Lämmer und Geflügel –, welche dann alle im Kochtopf enden.[16] In Großbritannien beträgt der Anteil 85 Prozent. Doch dieses Verfahren, Getreide in Fleisch umzuwandeln, ist über die Maßen verschwenderisch. Diagramme des U.S.-amerikanischen Landwirtschaftsministeriums zeigen, daß wir für 16 kg Getreide, das an Vieh verfüttert wurde, nur 1 kg Fleisch erhalten.[17]

In seinem Buch *Diet for a Small Planet* fordert Francis Moore Lappé den Leser auf, sich einmal vorzustellen, gerade ein 200 g-Steak verspeisen zu wollen. „Und dann stellen Sie sich in dem Raum 45 bis 50 Menschen mit leerem Teller vor. Mit der Getreidemenge, die für die Produktion Ihres Steaks verfüttert wurde, könnten alle Teller mit einer Portion Grützbrei gefüllt sein."[18]

Wohlstandsländer verschwenden nicht nur ihr eigenes Getreide, indem sie es an ihr Schlachtvieh verfüttern, sondern verwenden zu diesem Zwecke auch proteinreiche Nährpflanzen aus den ärmeren Ländern der Dritten Welt. Dr. Georg Borgström, eine Kapazität auf dem Gebiet der Nahrungsmittelgeographie, schätzt, daß rund ein Drittel der afrikanischen Erdnußernte (und Erdnüsse haben den gleichen Proteingehalt wie Fleisch) als Rinder- und Geflügelfutter in Westeuropa verwendet wird.[19]

In Entwicklungsländern liegt der Pro-Kopf-Verbrauch an Getreide bei 180 kg im Jahr, wovon der größte Teil direkt als Getreide verzehrt wird. Demgegenüber kommt der durchschnittliche Europäer oder Amerikaner, so Welternährungsexperte Lester Brown, auf einen Verbrauch von mehr als 900 kg pro Jahr, da nahezu 90 Prozent der Ernte als Futtermittel für die Fleischproduktion abgezweigt werden. Der durchschnittliche europäische oder amerikanische Fleischesser, sagt Brown, konsumiere fünfmal mehr Nahrungsmittel als der durchschnittliche Kolumbianer, Inder oder Nigerianer.[20]

Tatsachen wie diese haben Nahrungsmittelexperten dazu veranlaßt, darauf hinzuweisen, daß das Welthungerproblem im Grunde illusorisch ist. Wir produzieren bereits jetzt mehr als genug Nahrungsmittel für alle Menschen auf diesem Planeten – nur verteilen wir sie unwirtschaftlich.

Harvard-Diätetiker Jean Mayer schätzt, daß eine Senkung der Fleischproduktion um nur 10 Prozent genug Getreide freisetzen würde, um 60 Millionen Menschen zu ernähren.[21]

Ein weiterer Preis, den wir fürs Fleischessen bezahlen müssen, ist die intensive Umweltverschmutzung. Die stark verunreinigten Abwässer von Schlachthöfen und Mastbetrieben tragen in hohem Maße zur

Verschmutzung der Bäche und Flüsse bei. Es ist bereits ersichtlich, daß die Frischwasservorräte unseres Planeten nicht nur verschmutzt werden, sondern auch rapide zur Neige gehen, und die Fleischindustrie ist besonders stark daran beteiligt. Georg Borgström sagt, daß durch Fleischproduktion zehnmal mehr Verunreinigung verursacht wird als durch Privathaushalte und dreimal mehr als durch die Industrie.[22]

In ihrem Buch *Population, Resources and Environment* zeigen Paul und Anne Ehrlich, daß zum Anbau von einem Kilo Weizen nur 60 Liter Wasser benötigt werden, wohingegen die Produktion von einem Kilo Fleisch 2500 bis 6000 Liter Wasser erfordert.[23]

Und 1973 deckte die *New York Post* einen haarsträubenden Mißbrauch des kostbaren Nasses auf: Ein großer Hühnerfarm-Schlachtbetrieb in den Vereinigten Staaten verbrauchte täglich 455 Millionen Liter Wasser! Dieselbe Menge könnte eine Stadt mit 25 000 Einwohnern versorgen.[24]

Nun jedoch wollen wir uns von der geopolitischen Weltlage unserer eigenen Geldbörse zuwenden. Bei einer Stichprobe mehrerer Frankfurter Supermärkte im April 1986 kostete Beefsteak 16 DM pro Kilogramm; demgegenüber mußte der Verbraucher für Rohartikel wohlschmeckender, nahrhafter vegetarischer Gerichte durchschnittlich weniger als 2 DM bezahlen. Eine 400 g-Packung Hüttenkäse für 2,50 DM versorgt uns mit dem durchschnittlichen Tagesbedarf an Protein. Demnach spart ein Vegetarier mindestens 1000 DM im Jahr, Zigtausende von DM während des ganzen Lebens. Die Gesamtersparnis aller bundesdeutschen Verbraucher beliefe sich pro Jahr auf einige zig Milliarden DM. Das gleiche Prinzip gilt für die Verbraucher auf der ganzen Welt. In Anbetracht dessen ist es schwer zu verstehen, wie es sich irgend jemand leisten kann, *nicht* Vegetarier zu werden.

Ethik

Für viele Menschen sind die ethischen Gründe am entscheidendsten, um Vegetarier zu werden. Ethischer Vegetarismus beginnt mit dem Wissen, daß andere Lebewesen Gefühle haben und daß ihre Empfindungen den unseren ähnlich sind. Dieses Wissen hilft uns, unser persönliches Bewußtsein dahingehend zu erweitern, auch das Leiden anderer zu berücksichtigen.

In einem Essay mit dem Titel *The Ethics of Vegetarianism* (aus dem Journal der Nordamerikanischen Vegetarischen Gesellschaft) wird die falsche Vorstellung „humaner" Tierschlachtungen bloßgelegt: „Viele Menschen beruhigen ihr Gewissen mit dem selbstgefälligen Gedanken, daß Tiere in unserer heutigen Zeit ‚human' geschlachtet werden, und so weisen sie jeden humanitären Einwand gegen den Fleischgenuß von vornherein zurück. Leider nur sieht die Realität allzu anders aus.

Das Leben eines gefangengehaltenen Schlachttieres ist von vorn bis hinten unnatürlich – angefangen mit der künstlichen Aufzucht, abscheulichen Kastrationen und/oder Hormonbehandlungen, über die Verfütterung abnormaler Nahrung zu Mästungszwecken, bis hin zu langen Transporten in extremem Unbehagen und schließlich dem grausamen Ende. Mastanlagen, Elektroschocks, Schwanzumdrehen und andere bestialische Torturen, kurz, die nackte Angst – all dies gehört nach wie vor zum Alltagsbild der meisten Tierfarmen, Viehtransportfirmen und Schlachthöfe. Dies alles zu tolerieren und sich lediglich der herzlosen Brutalität, mit der das Tier in den letzten Sekunden seines Lebens konfrontiert wird, zu widersetzen, ist schlicht eine Sinnverdrehung des Wortes ‚human'."

Die Wahrheit über Tierschlachtungen ist alles andere als angenehm – die kommerziellen Schlachthäuser machen Höllenvisionen Konkurrenz. Schreiende Tiere werden durch Hammerschläge, Elektroschocks oder Bolzenschußwaffen betäubt. Sie werden an den Beinen in die Luft gezogen und auf vollautomatischen Fließbandanlagen durch Fabriken des Todes befördert. Die Kehle wird ihnen bei lebendigem Leibe durchgeschnitten und ihr Fleisch schon verarbeitet, während sie noch zu Tode bluten. Die Verstümmelung und Schlachtung von Farmtieren ist von den Bestimmungen, die zum Schutz von Haustieren und sogar Laborratten erlassen wurden, ausgenommen.

Viele Menschen würden ohne Zweifel Vegetarier werden, wenn sie einmal ein Schlachthaus besuchten oder wenn sie die Tiere, die sie essen, selbst schlachten müßten. Schlachthausbesuche sollten für alle Fleischesser obligatorisch sein.

Pythagoras, der für seine Beiträge zur Geometrie und Mathematik berühmt ist, sagte: „Liebe Freunde, haltet ein, euren Körper durch sündige Nahrung zu beschmutzen. Wir haben Getreide, wir haben Äpfel in solcher Fülle, daß die Äste sich herniederbeugen, und Trauben, die prallgefüllt an der Rebe prangen. Es gibt Kräuter von süßlichem Aroma und Gemüse, das über dem Feuer gegart und gekocht werden kann; auch ist euch nicht die Milch noch der duftende Thymianhonig verwehrt. Die Erde bietet euch eine verschwenderische Fülle an reicher, reiner Nahrung, sie bietet euch ein Festmahl ohne Schlachten und Blutvergießen. Nur Tiere müssen ihren Hunger mit Fleisch befriedigen, und selbst von ihnen nicht alle, denn Pferde, Rinder und Schafe leben von Gras."

Der römische Schriftsteller Plutarch schrieb in seiner Abhandlung *Über das Fleischessen:* „Könnt ihr wirklich die Frage stellen, aus welchem Grunde sich Pythagoras des Fleischessens enthielt? Ich für meinen Teil frage mich, unter welchen Umständen und in welchem Geisteszustand es ein Mensch das erstemal über sich brachte, mit seinem Mund Blut zu berühren, seine Lippen zum Fleisch eines Kadavers zu führen und seinen Tisch mit toten, verwesenden Körpern zu zieren, und es sich dann erlaubt hat, die Teile, die kurz zuvor noch gebrüllt und geschrien, sich bewegt und gelebt haben, Essen und Nahrung zu nennen . . . Es handelt sich gewiß nicht um Löwen und Wölfe, die wir zum Selbstschutz essen – im Gegenteil, diesen Tieren schenken wir gar keine Beachtung; vielmehr schlachten wir harmlose, zahme Geschöpfe ohne Stacheln und Zähne, die uns ohnehin nichts anhaben könnten. Um des Fleisches willen rauben wir ihnen die Sonne, das Licht und die Lebensdauer, die ihnen von Geburt an rechtmäßig zustehen."

Dann forderte Plutarch die Fleischesser heraus: „Wenn ihr nun behaupten wollt, daß die Natur solche Nahrung für euch vorgesehen hätte, dann tötet selber, was ihr zu essen gedenkt – jedoch mit euren naturgegebenen Mitteln, nicht mit Hilfe eines Schlachtmessers, einer Keule oder eines Beils."

Der Dichter Shelley war ein überzeugter Vegetarier. In seinem Essay *A Vindication of Natural Diet* schreibt er: „Der Fürsprecher des Fleischessens sollte sich einmal dazu zwingen, die Probe aufs Exempel zu machen, um zu sehen, wie natürlich tierische Nahrung ist: Dabei sollte er, wie es schon Plutarch empfahl, ein lebendiges Lamm mit seinen Zähnen reißen und dann seinen Kopf in dessen Eingeweide tauchen, um seinen Durst mit dem dampfenden Blut zu stillen. Dann – und wirklich erst dann – wäre er konsequent."

Leo Tolstoi schrieb, daß der Mensch dadurch, daß er Tiere schlachtet, „unnötigerweise die höchste spirituelle Qualität in sich unterdrückt, nämlich die Fähigkeit zum Mitleid und Erbarmen mit anderen Lebewesen wie sich selbst, und indem er seine eigenen Gefühle verletzt, wird er grausam." Er schrieb auch: „Wie können wir ideale Bedingungen auf der Erde erwarten, wenn unsere Körper wandelnde Leichenstätten gemordeter Tiere sind?"

Wenn wir den Respekt vor dem Leben der Tiere verlieren, verlieren wir auch den Respekt vor dem menschlichen Leben. Vor 2600 Jahren sagte Pythagoras: „Diejenigen, die Tiere töten, um Fleisch zu essen, neigen auch dazu, ihresgleichen zu töten." Wir fürchten uns vor feindlichen Gewehren, Bomben und Raketen, aber können wir unsere Augen verschließen vor dem Leid und der Angst, die wir selbst verursachen, indem wir für den menschlichen Konsum jährlich über 1,6 Milliarden Haustiere und 22,5 Milliarden Stück Geflügel schlachten?[25] Die Anzahl der jährlich getöteten Fische geht in die Billionen; nicht zu vergessen die zig Millionen Tiere, die Jahr für Jahr in den „Folterlagern" medizinischer Forschungslaboratorien verenden, sowie diejenigen, die wegen ihres Pelzes, ihres Felles oder ihrer Haut ihr Leben lassen müssen, oder auch die Tiere, die dem „Jagdsport" zum Opfer fallen. Können wir leugnen, daß diese Brutalität auch auf unser menschliches Zusammenleben übergreift?

Leonardo da Vinci schrieb: „Der Mensch ist wahrhaftig der König der Raubtiere, denn er überragt alle an Brutalität. Wir leben vom Tod anderer. Wir sind Grabstätten!" Er fügte hinzu: „Die Zeit wird kommen, da die Menschen das Morden von Tieren mit gleichen Augen betrachten werden wie jetzt den Mord an einem Menschen."

Einen ähnlichen Standpunkt vertritt Wilhelm Busch: „Wahre menschliche Kultur gibt es erst, wenn nicht nur Menschenfresserei, sondern jede Art des Fleischgenusses als Kannibalismus gilt."

Mahatma Gandhi war der Ansicht, daß ethische Prinzipien ein stärkeres Argument für eine lebenslange vegetarische Ernährung seien als gesundheitliche. „Ich glaube", erklärte er, „daß spiritueller Fortschritt an einem gewissen Punkt von uns verlangt, daß wir aufhören, unsere Mitlebewesen zur Befriedigung unserer körperlichen Verlangen zu töten." Er sagte auch: „Die Größe und den moralischen Fortschritt einer Nation kann man daran messen, wie sie ihre Tiere behandelt."

Religion

Die heiligen Schriften aller Weltreligionen fordern den Menschen dazu auf, unnötiges Töten zu vermeiden. Im Alten Testament heißt es: „Du sollst nicht töten." (Exodus 20,13) Dieser Vers wird traditionsgemäß so gedeutet, als würde er sich nur auf Mord beziehen. Doch im hebräischen Urtext heißt es *lo tirtzach,* was eindeutig zu übersetzen ist mit: „Du sollst nicht töten." Dr. Reuben Alcalay weist in seinem *Complete Hebrew/English Dictionary* darauf hin, daß sich das Wort *tirtzach,* besonders im klassischen Hebräisch, auf jede Art des Tötens bezieht, und nicht notwendigerweise auf den Mord an einem Menschen.

Obwohl das Alte Testament auch Vorschriften für Fleischessen beinhaltet, wird dem Vegetarismus eindeutig der Vorrang gegeben. In Genesis 1,29 verkündet Gott persönlich: „Sehet da, ich habe euch gegeben alle Bäume mit Früchten, die Samen bringen, zu eurer Speise."

Und in späteren Büchern der Bibel verurteilen bedeutende Propheten das Fleischessen.

Viele Christen halten an dem Glauben fest, Jesus habe Fleisch gegessen, aber ein eingehendes Studium des griechischen Originalmanuskripts zeigt, daß in den allermeisten Fällen in diesem Zusammenhang *trophe, brome, phago* und ähnliche Wörter benutzt wurden, die ganz einfach „Nahrung" oder „Speise" im weitesten Sinne bedeuten. Das griechische Wort für Fleisch lautet *kreas* und wird niemals im Zusammenhang mit Christus gebraucht. Keine einzige Textstelle im Neuen Testament weist direkt darauf hin, daß Jesus Fleisch aß. Dies stimmt auch mit Jesajas berühmter Prophezeiung über das Erscheinen Jesu überein: „Siehe, eine Jungfrau ist schwanger und wird einen Sohn gebären, den wird sie nennen Immanuel. Butter und Honig wird er essen, bis er weiß, Böses zu verwerfen und Gutes zu erwählen."

In *Thus Spake Mohammed* (der Übersetzung des *Hadith* von Dr. M. Hafiz Syed) wird der Prophet Mohammed von seinen Schülern gefragt: „Wird es wohl vergolten, wenn wir den Vierfüßern Gutes tun und ihnen Wasser geben zu trinken?" Und Mohammed antwortete ihnen: „Es wird euch vergolten, wenn ihr *jedem* Tier Gutes tut."

Buddha führte *ahimsa* (Gewaltlosigkeit) und Vegetarismus als fundamentale Schritte auf dem Weg zur Selbsterkenntnis ein.[26] Und die vedischen Schriften Indiens, die dem Buddhismus zeitlich vorangehen, legen großen Nachdruck auf Gewaltlosigkeit, die ethische Grundlage des Vegetarismus. „Fleisch kann man sich nicht verschaffen, ohne anderen Lebewesen Gewalt anzutun", erklärt die *Manu-samhita*, die uralte Gesetzessammlung Indiens. „Deshalb sollte man den Verzehr von Fleisch vermeiden." An einer anderen Stelle in der *Manu-samhita* heißt es sehr deutlich: „Bedenkt man die abscheuliche Herkunft von Fleisch und die Grausamkeit, die die Gefangenschaft und das Schlachten verkörperter Wesen mit sich bringt, dann sollte man sich des Fleischessens völlig enthalten."

Alle Lebewesen haben eine Seele. In der *Bhagavad-gita* beschreibt Krischna die Seele als die Quelle des Bewußtseins und als das aktive Prinzip, das den Körper eines jeden Lebewesens durchdringt. Nach Aussage der *Veden* steigt die Seele von den niederen, nichtmenschlichen Lebensformen automatisch zu den nächsthöheren Arten auf, bis sie schließlich einen menschlichen Körper annimmt. Nur in der menschlichen Lebensform kann die Seele ihr Bewußtsein wieder auf Gott richten, um dann zum Zeitpunkt des Todes wieder zu Gott in die spirituelle Welt zurückzukehren. Der Mensch muß den Gesetzen des Universums genauso gehorchen wie zum Beispiel den Gesetzen der sozialen Ordnung.

In seinen Erläuterungen zum *Srimad-Bhagavatam* sagt Srila Prabhupada: „Alle Lebewesen müssen für eine bestimmte Zeit in einem bestimmten materiellen Körper gefangen bleiben. Sie müssen für diese ihnen zugeteilte Zeitspanne in einem bestimmten Körper verbleiben, bevor sie zu einer höheren Lebnsform erhoben werden. Wer ein Tier oder ein anderes Lebewesen tötet, hindert es daran, die festgelegte Dauer, die es in seinem Körper verbringen muß, zu beenden. Daher sollte niemand um der eigenen Sinnenbefriedigung willen töten, da man dadurch in sündvolle Handlungen verwickelt wird." Mit anderen Worten, das Töten eines Tieres unterbricht dessen Evolution zu höheren Lebensformen, und der Mörder wird ausnahmslos die Reaktionen für sein sündhaftes Tun erleiden müssen.

In der *Bhagavad-gita* (5.18) erklärt Krischna, daß spirituelle Vollkommenheit damit beginnt, daß man die Gleichheit aller Lebewesen erkennt: „Der demütige Weise sieht kraft wahren Wissens einen gelehrten und gütigen *brahmana,* eine Kuh, einen Elefanten, einen Hund und einen Hundeesser mit gleichen Augen." Außerdem weist uns Krischna in der *Bhagavad-gita* an, uns die Prinzipien des spirituellen Vegetarismus anzueignen: „Opfere Mir mit Liebe und Hingabe eine Frucht, eine Blume, ein Blatt oder etwas Wasser, und Ich werde es annehmen."

Karma

Das Sanskritwort *karma* bedeutet „Handlung", oder genauer gesagt bezieht es sich auf jede materielle Tätigkeit, die eine Reaktion nach sich zieht, welche uns an die materielle Welt bindet. Obwohl der Begriff *karma* meistens mit östlicher Philosophie in Verbindung gebracht wird, kommen auch immer mehr Menschen im Westen zu der Überzeugung, daß *karma* ein natürliches Prinzip ist, das genauso unvermeidlich wirkt wie die Zeit oder die Schwerkraft. Auf jede Aktion folgt eine Reaktion. Nach dem Gesetz des *karma* fallen Schmerzen und Leiden, die wir anderen Lebewesen zufügen, individuell wie auch kollektiv auf uns selbst zurück. Wir ernten, was wir säen – dies gilt sowohl für das jetzige als auch für das nächste Leben, denn die Natur hat ihre eigene Gerechtigkeit. Niemand kann das Gesetz des *karma* umgehen, außer denjenigen, die verstanden haben, wie es funktioniert.

Um zu verstehen, wie *karma* beispielsweise Kriege verursachen kann, wollen wir eine Illustration aus den *Veden* heranziehen. Manchmal bricht in einem Bambushain ein Feuer aus, wenn die Bambusrohre sich aneinander reiben. Die wahre Ursache des Feuers jedoch sind nicht die Bambusrohre, sondern der Wind, der sie bewegt. Die Bambusrohre sind nur Werkzeuge. In ähnlicher Weise sagt uns das Prinzip des *karma*, daß die Vereinigten Staaten und die Sowjetunion nicht die wahre Ursache der zwischen ihnen herrschenden Spannung sind, der Spannung, die jederzeit den „Waldbrand" eines Atomkrieges zu entfachen droht. Die wahre Ursache sind die unsichtbaren Winde des *karma*, hervorgerufen durch die vermeintlich unschuldigen Erdenbewohner.

Nach dem Gesetz des *karma* hat die Würstchenbude oder der Supermarkt in der Nachbarschaft (ebenso wie die städtische Abtreibungsklinik, doch das ist wieder ein Thema für sich) mehr mit der Gefahr eines Atomkrieges zu tun als das Weiße Haus oder der Kreml. Die Aussicht auf einen Atomkrieg erfüllt uns mit Angst und Schrekken, während wir täglich auf der ganzen Welt ebenso grauenvolle Massaker auf den automatisierten Schlachthöfen zulassen.

Der Fleischesser mag erklären, daß er selbst nicht getötet habe, doch er bezahlt jemand anders, um für ihn zu töten, und so laden sich beide die Reaktionen des *karma* auf.

Was könnte es Scheinheiligeres geben, als für den Frieden zu demonstrieren, um dann anschließend bei McDonalds einen Hamburger zu verspeisen oder zu Hause ein Grillsteak? Das ist die gleiche Art von Falschheit, die George Bernard Shaw mit den folgenden Zeilen angriff:

Wir beten des Sonntags, daß Licht
Unsere Schritte erhelle auf dem Pfad, den wir gehn.
Der Krieg ist uns über, wir wollen nicht kämpfen.
Der Gedanke daran erfüllt uns mit Schrecken –
Und doch stopfen wir uns voll mit Leichen.

Srila Prabhupada sagt in seinem Kommentar zur *Bhagavad-gita:* „Diejenigen, die Tiere töten und ihnen unnötig Schmerzen zufügen – wie es in Schlachthäusern geschieht –, werden in ihrem nächsten Leben und in vielen darauffolgenden Leben in ähnlicher Weise getötet werden ... In den judenchristlichen Schriften heißt es unmißverständlich: 'Du sollst nicht töten.' Dennoch zögern sogar religiöse Führer nicht, das Tieretöten gutzuheißen, wobei sie obendrein noch versuchen, als große Heilige zu gelten. Dieser Hohn und diese Scheinheiligkeit stürzen unsere menschliche Gesellschaft in unsägliches Elend, wie große Kriege, bei denen ganze Menschenmassen aufs Schlachtfeld ziehen, um sich gegenseitig zu töten. Jetzt haben sie die Atombombe entdeckt, die nur auf ihren Einsatz zur Massenvernichtung wartet." So wirkt sich das Gesetz des *karma* aus. Um die Probleme der Welt zu lösen, brauchen wir Menschen mit geläutertem Bewußtsein, die verstehen, daß das eigentliche Problem spiritueller Natur ist. Es wird immer sündhafte Menschen geben, jedoch sollten sie keine leitenden Positionen einnehmen.

Einer der häufigsten Einwände von Nichtvegetariern gegen den Vegetarismus ist der, daß Vegetarier ja immer noch Pflanzen töten müßten und daß dies ebenfalls Gewalt sei. Als Antwort sei hier gesagt, daß zum Beispiel reife Früchte, Nüsse, Getreide, Milch und viele Getreidearten nicht getötet werden müssen. Und selbst in den Fällen, in denen einer Pflanze das Leben genommen wird, ist der Schmerz dabei sehr viel geringer als bei einem Tier, ganz zu schweigen von den Qualen, die ein Schlachttier während seines ganzen Lebens durchmacht.

Es ist wahr, Vegetarier töten Pflanzen, und dies ist ebenfalls Gewalt, aber irgend etwas müssen wir schließlich essen. Dazu sagen die *Veden: jivo jivasya jivanam:* Im Kampf ums Überleben ist ein Lebewesen die Nahrung eines anderen. Die Frage lautet also nicht, wie man das Töten gänzlich vermeiden kann – was unmöglich ist –, sondern wie man das Leid, das man anderen Lebewesen zufügt, auf ein Mindestmaß beschränken und gleichzeitig die Nahrungsbedürfnisse des Körpers stillen kann.

Gewiß ist jede Form des Tötens sündhaft, auch wenn es sich um das Leben einer Pflanze handelt, aber Krischna, der Höchste Kontrollierende, befreit uns von dieser Sünde, indem Er das, was wir Ihm darbringen, annimmt. Wer Nahrung ißt, die zunächst dem Herrn geopfert wurde, läßt sich mit einem Soldaten vergleichen, der während der Kriegszeit tötet. Im Krieg bekommt ein Soldat, der auf Befehl des Offiziers tötet, einen Orden. Doch wenn derselbe Soldat auf eigene Faust tötet, wird er bestraft. In ähnlicher Weise begehen wir keine Sünde, wenn wir ausschließlich *prasadam* essen. Dies wird in der *Bhagavad-gita* (3.13) bestätigt: „Die Geweihten des Herrn werden von allen Arten von Sünden befreit, da sie Nahrung essen, die zunächst als Opfer dargebracht wurde. Andere, die Nahrung für ihren eigenen Sinnengenuß zubereiten, essen wahrlich nur Sünde." Und somit kommen wir zum Hauptthema dieses Buches: Vegetarismus ist zwar wesentlich, aber auch wiederum kein Selbstzweck.

Mehr als bloßer Vegetarismus

Abgesehen von den Vorteilen hinsichtlich Wirtschaft, Ethik, Religion und *karma*, hat der Vegetarismus auch einen höheren, spirituellen

Aspekt, der uns helfen kann, unsere natürliche Liebe und Hingabe zu Gott zu erwecken. Srila Prabhupada schreibt in seinem Kommentar zum *Srimad-Bhagavatam:* „Das menschliche Leben ist zur Selbstverwirklichung bestimmt, und aus diesem Grunde sollte man nichts essen, was nicht zuerst dem Herrn geopfert wurde. Der Herr nimmt von Seinem Geweihten Speisen entgegen, die aus Gemüse, Früchten, Milchprodukten und Getreide zubereitet wurden. Eine reiche Auswahl an Früchten, Gemüse und Milchprodukten kann dem Herrn geopfert werden, und nachdem der Herr die Speisen angenommen hat, kann der Gottgeweihte das *prasadam* zu sich nehmen, wodurch alles Leid im Kampf ums Dasein allmählich gelindert wird."

Krischna Selbst bestätigte die göttliche Natur von *prasadam,* als Er vor 500 Jahren als Sri Caitanya Mahaprabhu in dieser Welt erschien: „Jeder hat die gleichen Speisen schon oft gegessen, aber jetzt haben die Zutaten außergewöhnliche Geschmäcke und ungewöhnliche Düfte angenommen. Probiert nur einmal, dann werdet ihr den Unterschied selbst sehen. Ganz abgesehen vom Geschmack der Speisen, erfreut bereits ihr Wohlgeruch Herz und Verstand und läßt einen alle anderen Annehmlichkeiten des Lebens vergessen. Daraus ist ersichtlich, daß die an sich gewöhnlichen Zutaten von dem transzendentalen Nektar von Krischnas Lippen berührt und mit allen Eigenschaften Krischnas ausgestattet wurden."

Nahrung, die auf diese Weise geopfert wurde, wird traditionsgemäß Krischna-*prasadam* genannt, d.h. „die Gnade des Herrn", und verhilft dem Vegetarier nicht nur zu physischer Gesundheit, sondern auch zu Gotteserkenntnis. *Prasadam* ist nicht bloß Nahrung für die hungrigen Massen, sondern spirituelle Nahrung für jedermann. Wenn Krischna eine Opferung annimmt, läßt Er Seine göttliche Natur in sie eingehen. Deshalb ist Krischna-*prasadam* von Krischna persönlich nicht verschieden. Aus Seinem grenzenlosen Mitleid mit den bedingten Seelen in der materiellen Welt erscheint Krischna in der Form von *prasadam,* so daß wir Ihn einfach durch Essen kennenlernen können.

Weil uns Krischna von den Reaktionen auf unser *karma,* d.h. unsere materiellen Handlungen, befreit, können wir mit Leichtigkeit die Illusion transzendieren und Ihm in Hingabe dienen. Wer ohne *karma* tätig ist, kann sein Bewußtsein mit Gottes Bewußtsein verbinden und stets Seiner persönlichen Anwesenheit gewahr werden. Das ist der wahre Nutzen von *prasadam.*

Wer *prasadam* ißt, erweist dem Herrn hingebungsvollen Dienst und wird mit Sicherheit von Ihm gesegnet. Srila Prabhupada sagte oft, *prasadam* könne uns vom Kreislauf der Geburten und Tode befreien, wenn wir es nur einmal essen, und selbst der größte Sünder könne in einen Heiligen verwandelt werden, wenn er sich ausschließlich von *prasadam* ernähre. Die vedischen Schriften berichten von vielen Menschen, deren Leben durch *prasadam* umgewandelt wurde, und jeder Hare-Krischna-Devotee wird die spirituelle Kraft von *prasadam* und die Wirkung, die es auf sein Leben hat, gern bezeugen.

Nur noch Nahrung zu essen, die zu Krischna geopfert wurde, ist die höchste Vollkommenheit der vegetarischen Lebensweise. Schließlich sind auch viele Tiere, wie Tauben und Affen, Vegetarier, und deshalb ist die vegetarische Lebensweise allein noch keine besondere Errungenschaft. Die *Veden* teilen uns mit, daß die Hauptaufgabe des menschlichen Lebens darin besteht, die Beziehung der Seele zu Gott wiederzuerwecken; nur wenn wir den Vegetarismus transzendieren und *prasadam* zu uns nehmen, können unsere Eßgewohnheiten hilfreich sein, dieses Ziel zu erreichen.

Fußnoten und Quellenangaben

1) *Journal of the American Medical Association*, Editor: Diet and Stress in vascular disease. JAMA 176: 134-35, 1961.
2) Inter-Society for Heart Desease Resources. Report of Inter-Society Commission for Heart Disease Resources: Primary prevention of the arteriosclerotic diseases. 42. Auflage: A53-95, Dezember 1970; außerdem Senate Select Committee on Nutrition and Human Needs: Dietary Goals for the United States. U.S. Government Printing Office, Washington, D.C., 20402, 1977.
3) Gesättigte Fette sind hauptsächlich, aber nicht ausschließlich, in Nahrung tierischen Ursprungs zu finden; gehärtete Fette kommen in kommerziellen Produkten vor, Cholesterin *nur* in Tierprodukten.
4) Kaare R. Norum: „What is the Experts' Opinion on Diet and Coronary Heart Diseases?" *Journal der Norwegischen Medizinischen Gesellschaft*, 12. Februar 1977.
5) C.R. Sirtori (und andere): „Soybean Protein Diet in the Treatment of Type II Hyperlipoproteinaemia", *The Lancet 1* (8006): 275-7 (5. Februar 1977).
6) R.L. Phillips: „Role of Lifestyle and Dietary Habits in Risk of Cancer Among Seventh-Day Adventists", *Cancer Research* 35:3513, (November 1975); Morton Mintz, „Fat Intake Seen Increasing Cancer Risk", *Washington Post*, 10. September 1976.
7) M.J. Hill: „Bacteria and the Aetiology of Cancer of the Large Bowel", *Lancet*, 1:95-100, 1971.
8) Zitat aus *Cancer and Other Diseases from Meat Consumption*, Blanche Leonardo, Ph.D., 1979, S.12.
9) M. Jacobson: „How Sodium Nitrite Can Affect Your Health", (Washington, D.C.: Center for Science in the public interest, 1973); W. Linjinsky u. S.S. Epstein: „Nitrosamines as Environmental Carcinogens", *Nature*, Nr.225 (1970), S. 21-23; Committee on Nitrate Accumulation, National Academy of Sciences, 2101 Constitution Ave., Washington, D.C., 20418, 1972, und *im Lancet*, „Nitrate and Human Cancer", 2 (8032): 281, 6. August 1977.
10) Gary und Steven Null, *Poisons in Your Body*, Arco Press, 1977, S. 52
11) American Academy of Sciences: *Diet, Nutrition, and Cancer*, National Research Consul, National Academy Press, Washington, Juni 1982.
12) Ernährungsbericht 1984, herausgegeben von der Deutschen Gesellschaft für Ernährung e.V., Frankfurt a.M., 1984, S. 16.
13) Dr. Paavo Airola: „Health Forum", *Vegetarian Times*, August 1982, S. 67.
14) Irving Fisher: „The Influence of Flesh Eating on Endurance", *Yale Medical Journal*, 13(5); 205-221 (März 1907).
15) J.L. Buttner: *A Fleshless Diet: Vegetarianism as a rational dietary*, Fredrick A. Stokes Company, New York, 1910, S. 131-132.
16) Frances Moore Lappé, *Diet for a Small Planet* (New York Ballantine Books, 1975), S. 12.
17) ebd. S. 10.
18) ebd. S. 235.
19) Georg Borgström, zitiert in *Diet for a Small Planet* von Frances Moore Lappé, S. 25.
20) Lester Brown, zitiert in Vic Sussmans *The Vegetarian Alternative* (Rodale Press, 1978), S. 234.
21) Dr. Jean Mayer, zitiert vom U.S. Senate Select Committee on Nutrition and Human Needs, Dietary Goals for the U.S. (Washington, D.C.: Februar 1977), S. 44.
22) Georg Borgström, zitiert in *Diet for a Small Planet* von Frances Moore Lappé, S. 32.
23) Paul und Anne Ehrlich: *Population, Resources, Environment*, W.H. Freeman and

Company, 1970, S. 64.

24) „Food Price Rises": Sylvia Porter, *New York Post*, 27. Juli 1973

25) Diese Zahlen stammen aus den Statistiken des FAO–Produktionsjahrbuches 1984, Bd.38, Serie „Statistik" Nr.61, Rom, S. 226-247 (FAO - Food and Agriculture Organization of the United Nations. Die FAO ist die UN-Fachorganisation für Ernährung, Landwirtschaft, Forsten und Fischerei).

Die Unterlagen für die Anzahl der geschlachteten Tiere, die in diesem Jahrbuch angegeben sind, wurden aus rund 200 Ländern und Nationen zusammengetragen. Für Länder ohne oder mit unvollständigen Angaben stellte die FAO Schätzungen an. Für interessierte Leser hier einige Schlachtungsraten von 1984: Kühe und Kälber: 29 249 000; Büffel: 7 269 000; Schafe und Lämmer: 409 500 000; Ziegen: 177 296 000; Schweine: 765 424 000; Pferde: 4 032 000; Hühner: 21 902 400 000; Enten: 234 000 000, und Puten: 372 000 000. Anstelle der Anzahl jährlich geschlachteter Pferde, Hühner, Enten und Puten gibt das FAO–Produktionsjahrbuch die Tonnenmengen der Pferde- und Geflügelfleischproduktion an. Die Weltgesamtsumme von 1984 beträgt 504 000 t Pferdefleisch und 29 958 000 t Geflügelfleisch (davon Hühner: 27 378 000 t; Enten: 390 000 t; Puten: 2 190 000 t). Der Autor schrieb an den Direktor der FAO-Abteilung für Daten und Statistik und kam zu dem Resultat, daß durchschnittlich etwa 7 Pferde, 800 Hühner, 600 Enten und 170 Puten jeweils einer Tonne Fleisch entsprechen. Rückfragen bei mehreren Schlachtern in Paris bestätigten dieses Ergebnis.

26) Interessanterweise betrachten die vedischen Schriften Buddha als eine Inkarnation Krischnas. Das *Srimad-Bhagavatam* hatte Buddhas Erscheinen in dieser Welt vorausgesagt, und der bedeutende spirituelle Meister Srila Jayadeva Gosvami schrieb später in seinen Gebeten an Sri Krischna: „O mein Herr, o Persönlichkeit Gottes, gepriesen seist Du! Aus Deinem Mitleid heraus bist Du in der Gestalt Buddhas erschienen, um den Tieropfern Einhalt zu gebieten."

Sri Sri Radha-Madana-mohana, die Bildgestalten des Hare-Krischna-Tempels *Goloka Dhama* im Hunsrück.

Ein Krischna-Tempel bei Ihnen zu Hause

VIELE Gäste, die zum ersten Mal einen Krischna-Tempel besuchen, wundern sich über die zeremoniellen vegetarischen Opferungen zur Bildgestalt Krischnas auf dem Altar. Und das ist auch verständlich. Was will schließlich der allmächtige, allwissende, allgegenwärtige Herr mit unserem kleinen Teller Reis und Gemüse? Ist Er plötzlich hungrig geworden? Hat Er nicht unzählige Tonnen Nahrung geschaffen? Ist Gott nicht unabhängig? Braucht Krischna wirklich diese Opferung?

Krischna fordert uns sogar zu solchen Opferungen auf – das heißt, eigentlich ist Er nicht an unserem Reis und Gemüse interessiert, sondern an unserer Liebe und Hingabe. In der *Bhagavad-gita* (9.26) sagt Er: „Wenn mir jemand mit Liebe und Hingabe ein Blatt, eine Blume, eine Frucht oder etwas Wasser opfert, werde Ich es annehmen."

Wenn Krischna uns dazu auffordert, Ihm Speisen zu opfern, möchte Er eigentlich, daß wir unsere ewige liebevolle Beziehung zu Ihm wiedererwecken. Am Anfang folgen wir Seiner Aufforderung in einer Mischung aus Glauben und Pflichtgefühl; später, wenn unsere Verwirklichung heranreift, tun wir es aus Liebe und Zuneigung. Genauso wie ein Mann das Beste, was er besitzt, seiner Geliebten anbietet, bietet ein Gottgeweihter Krischna seinen Reichtum, seine Intelligenz, sein Leben und seine vegetarischen Speisen an.

Krischna ist für jeden das höchste Objekt der Liebe, doch wie können wir jemandem, den wir noch gar nicht kennen, Gaben darbringen? Die vedische Tradition bietet uns die geeigneten Anleitungen. Falls Sie es gern ausprobieren würden, jedoch nicht in der Lage sind, alle Vorgänge zu befolgen, können Sie an die Geschichte von König Rama (eine Inkarnation Krischnas) denken, in der Hanuman mit seinen Gefährten eine Brücke aus großen, schweren Steinen baute: Eine kleine Spinne erfreute den Herrn ebensosehr wie der starke Hanuman, indem sie so große Steinchen trug, wie sie eben konnte.

Halten Sie zunächst einen Platz für die Opferung bereit. Hierzu kann eine kleine Tischplatte dienen oder ein ganzes Zimmer, das in einen Tempelraum umgewandelt wurde. Stellen Sie auf den Altar ein Bild von Sri Krischna. (Hierzu können Sie das Foto auf Seite 34 benutzen. Zur Linken Krischnas steht Srimati Radharani, Seine ewige Gefährtin. Sie ist Krischnas Freudenkraft, und Sie ist es, die dem aufrichtigen Gottgeweihten Liebe zu Gott gewährt.

Weiterhin sollte das Bild eines Krischna-bewußten spirituellen Meisters auf dem Altar stehen. Der spirituelle Meister nimmt die Opferung des Schülers an und gibt sie an seinen spirituellen Meister weiter, der sie wiederum seinem spirituellen Meister darbringt. Auf diesem Wege steigt die Opferung durch die Nachfolge spiritueller Meister auf, bis sie schließlich Sri Krischna erreicht. Die Devotees der Hare-Krischna-Bewegung haben auf dem Altar immer ein Bild von Srila Prabhupada stehen, dem Gründer-*acarya* der Internationalen Gesellschaft für Krischna-Bewußtsein (ISKCON), bzw. zusätzlich noch ein Bild ihres eigenen spirituellen Meisters, falls sie von einem der Schüler Srila Prabhupadas eingeweiht wurden.

Ein Krischna-bewußter spiritueller Meister, der sichtbar in dieser Welt gegenwärtig ist, kann Sie persönlich zur Vollkommenheit im spirituellen Leben führen. Kurz bevor Srila Prabhupada die materielle Welt verließ, beauftragte er einige seiner älteren Schüler, die Aufgabe des spirituellen Meisters zu übernehmen und so die vedische Tradition fortzuführen. Falls es Sie interessiert, mehr über diese spirituellen Meister zu erfahren oder mit einem von ihnen zusammenzukommen, können Sie sich bei einem der ISKCON-Zentren erkundigen.

Ob beim Einkaufen oder beim Kochen, Sie sollten immer darüber meditieren, wie Sie Krischna erfreuen können. Halten Sie Ausschau nach dem frischsten und besten Obst und Gemüse. Das Einkaufen in Supermärkten erfordert große Sorgfalt. Es ist mehr zu beachten, als nur Fleisch, Fisch und Eier zu vermeiden. Nehmen Sie sich die Zeit, alle Etiketten und Verpackungsaufschriften durchzulesen. Sie können nicht davon ausgehen, daß die Produkte immer gleich bleiben – oft ändern sich die Zutaten. Achten Sie vor allem auf Lab (hergestellt aus dem Labmagen des Kalbes, wird bei der Käseproduktion verwendet), Gelatine (Bindemittel aus gekochten Knochen, Hufen und Hörnern) und Lecithin (wenn es nicht ausdrücklich als Soja-Lecithin gekennzeichnet ist, wird es aus Eiern gewonnen). Produkte mit Zusatz von Knoblauch, Zwiebeln, Essig oder Pilzen können Krischna nicht geopfert werden, weil solche Nahrungsmittel nach Aussage der *Veden* die Erscheinungsweise der Unwissenheit fördern. Viele Produkte enthalten auch tierische Fette. Und kaufen Sie grundsätzlich keine Ware ohne Inhaltsbezeichnung – der Hersteller wird seinen Grund haben, die Zutaten zu verheimlichen.

Es stehen Ihnen auch Alternativen zum Supermarkt offen. Viele Konsumgenossenschaften führen verhältnismäßig billige Produkte, die nicht mit Kunstdünger oder Schädlingsbekämpfungsmitteln behandelt wurden. Und sollten Sie etwas Platz in Ihrem Garten haben – warum nicht einmal selbst etwas für Krischna anpflanzen?

Nun können Sie beginnen, für Krischna zu kochen. In unseren Tempeln beachten wir dabei folgende Regeln:

- Der Koch denkt an Krischnas Genuß und nicht an seinen eigenen. Er denkt: „Mein Herr hat mir gütigerweise all diese Zutaten zur Verfügung gestellt; ich werde sie nun so verarbeiten und kochen, daß Er Seine Freude daran hat." Um sich in der Küche an Krischna zu erinnern und weltliche Gespräche zu vermeiden, ist es dienlich, den Hare-Krischna-*mantra* zu chanten oder Krischna-bewußte Musikkassetten zu hören.
- Gottesbewußtsein und Reinlichkeit sind unmöglich voneinander zu trennen. Der Koch sollte körperlich und geistig rein sein und in der Küche saubere Kleidung tragen. Die Haare sollten nach hinten gebunden werden, damit sie weder ins Essen fallen noch Feuer fangen. Küche und Küchengeräte sollten makellos rein sein; daher nimmt sich der Koch stets die Zeit, den Arbeitsplatz vor dem Kochen sauberzuwischen. „Krischna akzeptiert jede noch so einfache Opferung aus einer sauberen Küche", sagte Srila Prabhupada, „aber Er nimmt keine opulente Opferung aus einer unsauberen Küche an."
- *Prasadam* (bereits geopferte Speisen) und *bhoga* (ungeopferte Nahrung) werden niemals miteinander vermischt. Da wir Krischna nicht zweimal das gleiche opfern wollen, bewahren wir *prasadam* stets in getrennten Behältern auf, um es nicht versehentlich mit *bhoga* zu verwechseln.
- Es mag überraschend klingen, aber der Koch probiert niemals eine Speise vor der Opferung, nicht einmal zum Abschmecken. Krischna muß der erste sein, der die Speisen kostet. Die Erfahrung lehrt den Koch, die richtigen Mengen der Gewürze genau abzuschätzen. Probiert jemand die Speisen vor der Opferung, gelten sie als verunreinigt und können nicht mehr geopfert werden.

Wenn die Mahlzeit fertig ist, wird es Zeit, sie Krischna darzubringen. In unseren Tempeln servieren wir Krischna je eine Portion der Speisen auf speziell für diesen Zweck vorgesehenem Eßgeschirr.

(Niemand sonst sollte von diesem Geschirr essen.) Der Rest der Speisen bleibt in den Töpfen, bis die Opferung vorbei ist.

Stellen Sie immer ein kleines Glas kaltes Wasser sowie Salz und Pfeffer neben Krischnas Teller, nicht zu vergessen natürlich einen Löffel. Sie können auch ein oder zwei Räucherstäbchen anzünden, um für eine angenehme Atmosphäre zu sorgen. Stellen Sie nun den Teller auf den Altar und sprechen Sie den Hare-Krischna-*mantra:* *

Hare Krischna, Hare Krischna, Krischna Krischna, Hare Hare
Hare Rama, Hare Rama, Rama Rama, Hare Hare

Wiederholen Sie den *mantra* dreimal. Dann lassen Sie die Opferung für einige Minuten auf dem Altar stehen. Der Hare-Krischna-*mantra* ist ein Gebet mit der Bedeutung: „Meine liebe Radharani, mein lieber Krischna, bitte beschäftigt mich in Eurem hingebungsvollen Dienst."

Je mehr unser Bewußtsein darauf gerichtet ist, Krischna zu erfreuen, desto mehr wird Ihn unsere Opferung erfreuen. Wir mögen Krischna das Beste vom Besten opfern, aber was Ihn eigentlich interessiert, ist unsere Aufrichtigkeit. Unsere Liebe und Hingabe sind die wichtigsten Zutaten. Sri Krischna wird auch *Bhavagrahi-janardana* genannt, was soviel heißt wie „jemand, dessen Freude die Hingabe Seiner Geweihten ist". Als Krischna vor 5000 Jahren auf dieser Erde weilte, opferte Ihm Sein Freund und reiner Geweihter Vidura Bananen. Aufgrund der Anwesenheit Krischnas wurde Vidura von ekstatischer Liebe überwältigt, und so warf er versehentlich die Früchte fort und opferte die Schalen; doch Krischna aß diese mit Behagen, weil sie mit Liebe geopfert waren. Ein anderer großer Gottgeweihter, Sanatana Gosvami, war so arm, daß er Krischna nur trockene *chapatis* opfern konnte; Krischna jedoch schmeckten sie wie Nektar, denn sie waren mit Liebe geopfert.

Nehmen Sie Krischnas Teller nach Beendigung der Opferung vom Altar und transferieren Sie das *prasadam* auf einen Servierteller. Als nächstes werden Krischnas Teller und Schüsseln abgewaschen und weggeräumt. Nun kann das *prasadam* ausgeteilt werden. Das *prasadam*, das direkt vom Teller des Herrn kommt, wird *maha-prasadam* genannt (*maha* bedeutet „groß" und *prasadam* „Barmherzigkeit") und ist etwas ganz Besonderes. Derjenige, der das *prasadam* austeilt, sollte darauf achten, daß jeder etwas von dem *maha-prasadam* bekommt.

---

* Weitere Informationen darüber, wie Sie Ihr Essen opfern können, finden Sie im Anhang auf Seite 294/95.

Die richtige Einstellung zum Essen von *prasadam* wird von Srila Prabhupada im *Sri Caitanya-caritamrita* beschrieben: „*Prasadam* ist nicht verschieden von Krischna. Deshalb sollten wir *prasadam* nicht *essen,* sondern mit Respekt zu uns nehmen. Wenn man *prasadam* zu sich nimmt, sollte man nicht denken, dies seien gewöhnliche Speisen. *Prasadam* bedeutet ‚Gunst'. Man sollte *prasadam* als eine Gunst Krischnas ansehen. Krischna ist sehr gütig. Wir alle in dieser materiellen Welt lieben es, eine Vielfalt von Speisen zu schmecken. Daher ißt Krischna viele verschiedene wohlschmeckende Speisen und gibt sie den Gottgeweihten als *prasadam* zurück. Auf diese Weise wird nicht nur unser Bedürfnis nach mannigfaltigen Geschmacksrichtungen zufriedengestellt, sondern wir machen durch das Essen von *prasadam* obendrein noch spirituellen Fortschritt. Deshalb sollten wir *prasadam* niemals mit gewöhnlichem Essen gleichsetzen."

Mit anderen Worten, wenn man während des Essens das *prasadam* als eine Manifestation von Krischnas Barmherzigkeit ansieht, hat man eigentlich *aufgehört* zu essen. Der Vorgang des Essens wird statt dessen zur respektvollen Verehrung. Wenn wir Krischna, der in Form von *prasadam* zu uns gekommen ist, auf diese Weise respektieren, erfreuen wir Ihn, und wenn Krischna zufrieden ist, ist auch Sein Geweihter zufrieden.

Dies ist echter *yoga,* die Verbindung mit dem Höchsten Herrn. Dieser einfache Vorgang des Opferns macht uns auf eine grundlegende Lehre der *Veden* aufmerksam: Alles kommt von Krischna, und alles sollte Ihm wiederum zu Seiner Freude dargebracht werden.

Wann immer Sie also am Herd stehen – kochen Sie für Krischna und opfern Sie die Speisen zu Ihm. Ehe Sie sich versehen, wird sich Ihr Zuhause wie ein Tempel ausnehmen, und Sie machen schnellen Fortschritt auf Ihrem Weg zurück zu Gott.

Srila Prabhupada, Gründer und spiritueller Meister der Internationalen Gesellschaft für Krischna-Bewußtsein, verteilt *prasadam* an seine Schüler und an Gäste.

Vegetarismus und die Hare-Krischna-Bewegung

BHAKTI-YOGA, die Wissenschaft der Hingabe zu Krischna, wird seit unvordenklichen Zeiten zum Nutzen der gesamten Menschheit wahrheitsgetreu überliefert. In der vedischen Kultur gilt jemand, der nur die Launen des Körpers und des Geistes befriedigt und die Bedürfnisse der Seele vernachlässigt, als spirituell krank. So wie Ärzte ein Medikament und eine bestimmte Diät gegen eine Krankheit verschreiben, so empfehlen die vedischen Weisen das Chanten von Krischnas heiligen Namen als Medikament gegen die Krankheit des Materialismus und *prasadam* als Diät. Die vedischen Schriften haben vorausgesagt, daß dieses Heilmittel gegen die Leiden der Menschheit jede Stadt und jedes Dorf auf der Welt erreichen wird.

Um die Erfüllung dieser Vorhersage zu beschleunigen, hat His Divine Grace A.C. Bhaktivedanta Swami Prabhupada, den Fußspuren seiner spirituellen Vorgänger folgend, sein Leben der Verbreitung des Krischna-Bewußtseins gewidmet. Im Jahre 1965 verließ er Indien und begab sich nach Amerika, um Krischna-Bewußtsein den Menschen im Westen zugänglich zu machen, womit ihn sein spiritueller Meister, His Divine Grace Bhaktisiddhanta Sarasvati, viele Jahre zuvor beauftragt hatte. Sein hohes Alter und viele andere Hindernisse, die sich ihm in den Weg stellten, konnten Srila Prabhupada in seiner Entschlossenheit nicht aufhalten. In vollem Vertrauen auf die Gnade Sri Krischnas rief er eine weltweite Bewegung ins Leben, die International Society for Krishna Consciousness (Internationale Gesellschaft für Krischna-Bewußtsein, kurz ISKCON). Zwischen 1965, als Srila Prabhupada aus Indien nach Amerika kam, und 1977, als er aus dieser Welt verschied, vermittelte er durch seine Bücher, Vorträge, Briefe, Interviews etc. wie auch durch sein persönliches Beispiel die ganze Fülle des spirituellen Lebens. Er errichtete mehr als einhundert Tempel, übersetzte an die achtzig Bände transzendentaler Literatur und weihte über fünftausend Schüler ein.

Srila Prabhupadas Drang zu predigen war deshalb so stark, weil er sah, wie sehr die Welt Indiens bedeutende spirituelle Kultur brauchte – eine Kultur, die zusehends ihrem Verfall entgegensteuerte. In Indien beobachtete er, wie politische Führer ohne Glauben an die Lehren der *Veden* und ohne das Wissen um ihre Anwendung versuchten, letztlich spirituelle Probleme mit materiellen Lösungen zu beheben. Er sah, wie sich die junge Generation Indiens zugunsten des westlichen Materialismus von ihrem erhabenen spirituellen Erbe abwandte, während zur gleichen Zeit viele Menschen im Westen aus Enttäuschung über den Materialismus ein neues Leben mit höheren Werten suchten.

Srila Prabhupada war sich sowohl der Probleme Indiens wie auch der des Westens sehr klar bewußt, und er wies einen vernünftigen Weg, um sie zu lösen. Er verglich Indien mit seinem immer noch vorhandenen, wenn auch im Schwinden begriffenen spirituellen Verständnis und seinem Mangel an technologischem Fortschritt mit einem Lahmen und die westlichen Länder, die technologisch sehr weit sind, aber die spirituelle Sicht verloren haben, mit einem Blinden. Wenn nun der sehende Lahme sich auf die Schultern des gehenden Blinden setzt, gleichen beide zusammen einem Mann, der sehen und gehen kann. In ähnlicher Weise vereint die Internationale Gesellschaft für Krischna-Bewußtsein die besten Aspekte der indischen und der westlichen Kultur, um die vedische Kultur in Indien wiederzubeleben und auf der ganzen Welt zu verbreiten.

„Krischna-Bewußtsein", sagte Srila Prabhupada oft, „ist keine trokkene Angelegenheit." Und *prasadam* war ein Weg, diese Aussage zu demonstrieren. Er zeigte seinen Schülern, wie man viele Arten vegetarischer Gerichte zubereitet, wie man sie Krischna, dem Höchsten Herrn, opfert und wie man durch die so geweihten Speisen Krischnas Barmherzigkeit kosten kann. Srila Prabhupada war immer sehr zufrieden, wenn er sah, daß seine Schüler nur Krischna-*prasadam* zu sich nahmen. Viele Male bereitete er persönlich das *prasadam* zu und teilte es eigenhändig an seine Schüler aus.

In Band 2 der Reihe *Prabhupada Nectar* beschreibt Srila Satsvarupa dasa Goswami die Stimmung, in der Srila Prabhupada *prasadam* verteilte. „Er liebte es, das *prasadam* eigenhändig auszuteilen, und jeder nahm es gern entgegen. Es war keine gewöhnliche Nahrung, es waren die Segnungen *bhaktis*, die Essenz des hingebungsvollen Dienstes. Srila Prabhupada verteilte das *prasadam* in aller Ruhe, gutgelaunt und ohne Unterschiede zu machen. Wenn er es Kindern gab, mochten diese natürlich den süßen Geschmack der Kekse oder anderer Süßigkeiten, doch sie sahen es auch als eine besondere Geste von Prabhupada, der auf dem *vyasasana*-Sitz des spirituellen Meisters saß und sich ihnen entgegenbeugte. Den Frauen gefiel es, weil sie die seltene Gelegenheit bekamen, vorzutreten und ihre Hand vor Prabhupada auszustrecken. Sie fühlten dabei eine Mischung aus Freude und Scheu. Und erwachsene Männer kamen nach vorn wie erwartungsvolle Kinder, einander schubsend und drängelnd, nur um Prabhupadas Barmherzigkeit zu bekommen. Für Prabhupada war es eine ernste, hochwichtige Angelegenheit, und er sorgte persönlich dafür, daß immer ein großer Teller *prasadam* zum Verteilen für ihn bereitstand. Inzwischen hat die *prasadam*-Verteilung in der Bewegung für Krischna-Bewußtsein enorme Ausmaße angenommen – genau wie Prabhupada es sich wünschte –, doch alles begann damit, daß er es eigenhändig an jeden einzelnen austeilte."

Srila Prabhupada lehrte, daß das Austeilen von *prasadam* an andere ein wesentlicher Bestandteil des Krischna-bewußten Lebensstils sei. Eine spirituelle Bewegung, die kein kostenloses geweihtes Essen verteilt, hat nach Srila Prabhupadas Ansicht keinen Wert. Freies *prasadam* durfte auf keiner Hare-Krischna-Veranstaltung fehlen. In der Tat wollte Srila Prabhupada, im festen Vertrauen auf die spirituelle Kraft von *prasadam,* die ganze Welt Krischna-*prasadam* kosten lassen, um so die Menschheit zum Gottesbewußtsein zu erheben.

Und so stehen die Türen der rund 200 Hare-Krischna-Tempel und 35 Farmgemeinschaften rund um die Welt täglich der Allgemeinheit offen, so daß jedermann kostenloses Krischna-*prasadam* bekommen kann. An Sonntagen lädt jedes Zentrum zu einem mehrgängigen lukullischen „Liebesmahl" ein, ein Programm, das Srila Prabhupada 1966 im ersten Tempel in der Lower East Side in New York einführte. Jedes Zentrum veranstaltet außerdem mehrere öffentliche Festivals im Jahr, wie das Ratha-yatra-Wagenfest, das wohl älteste spirituelle Fest der Welt. Und bei jedem Festival sehen Zehntausende die wunderschöne Gestalt Krischnas und essen Krischna-*prasadam.*

Im Jahre 1979 veranstalteten einige Gottgeweihte in Nordamerika zum erstenmal das populäre „Festival of India", ein kulturelles Programm auf Rädern, das quer durch die Vereinigten Staaten und Kanada zieht und Jahr für Jahr vierzig Festivals in zwanzig Städten abhält. Unter sechs großen Zelten und an zahlreichen Ständen und Ausstellungstafeln lernen Tausende von Menschen die vedische Kultur kennen, so wie Srila Prabhupada sie einst dem Westen präsentierte: durch Schauspiel, Tanz, Musik, Diorama-Ausstellungen, Bücher der vedischen Literatur und kostenlose vegetarische Festmenüs.

Ferner betreibt die Hare-Krischna-Bewegung Restaurants in Großstädten wie London, Paris, Mailand, Stockholm, Los Angeles, Dallas und Sidney. Soweit wie möglich verwenden die Restaurants ISKCON-eigene Farmprodukte. Die Gottgeweihten geben auch Kochkurse für Krischna-*prasadam*. In England, den Vereinigten Staaten und Australien bietet der Hare-Krischna-Club für Vegetarier an den meisten größeren Colleges und Universitäten eine humane Alternative zu den Schlachthaus-orientierten Kochkursen, die dort im allgemeinen angeboten werden. Sobald die Kursteilnehmer mit der Philosophie des Krischna-Bewußtseins vertraut sind, die über die übliche Argumentation hinaus einleuchtende spirituelle Argumente ins Feld führt, werden sie in den meisten Fällen zu konsequenten Vegetariern.

Viele haben die Krischna-Devotees durch das öffentliche Chanten von Krischnas heiligen Namen kennengelernt. Während des öffentlichen Chantens, das vor 500 Jahren in Indien eingeführt wurde, wird auch stets kostenloses *prasadam* verteilt.

In einigen Ländern unterhalten die Tempel auch *prasadam*-Restaurants zum Nulltarif. Zum Beispiel wurden in Mukunda's Drop-In Centre in Sydney, Australien, bis Ende 1984 über eine Million Mahlzeiten verteilt.

Ein weiteres *prasadam*-Programm wurde 1973 ins Leben gerufen, als Srila Prabhupada in Mayapur, Indien, eines Tages aus dem Fenster seines Zimmers schaute und sein Blick auf ein junges Mädchen fiel, das den Abfall nach etwas Eßbarem durchsuchte. In diesem Augenblick beschloß er, daß niemand im Umkreis von zehn Kilometern um den Hare-Krischna-Tempel in Sri Mayapur jemals hungern solle, und teilte dies seinen Schülern mit. Ein paar Tage später beobachtete Srila Prabhupada vom selben Fenster aus mit großer Genugtuung, wie seine Schüler an Hunderte von Dorfbewohnern *prasadam* verteilten, die, in langen Reihen sitzend, nach Herzenslust von runden Blättertellern aßen. „Nur weiter so", sagte Srila Prabhupada zu seinen Schülern. „Verteilt immer *prasadam*." Dies war die Geburtsstunde des *ISKCON Food Relief*-Programms, das inzwischen über 15 000 Portionen *prasadam* pro Woche verteilt, hauptsächlich in Indien und Afrika.

Ein ähnliches Projekt, *Hare Krishna Food for Life*, wird seinem Motto „weltweite Massenspeisung" gerecht, indem es täglich über 20 000 Portionen *prasadam* an Bedürftige in der Dritten Welt wie auch in den westlichen Industrienationen verteilt. Die Hare-Krischna-Bewegung ist einer der führenden Verfechter der vegetarischen Ernährung zur langfristigen Lösung des Welthungerproblems. Durch das *Food for Life*-Programm geben die Geweihten Krischnas Katastrophenopfern, Heimatlosen, Arbeitslosen und Hungernden zu essen, um den unmittelbaren Auswirkungen des Hungers entgegenzutreten. Da das *Food for Life*-Programm mit den lokalen Behörden in den jeweiligen Ländern zusammenarbeitet, wird es oftmals durch staatliche Beihilfen und überschüssige Lebensmittel unterstützt.

Durch diese Projekte wird jedoch weit mehr geleistet als nur Essen verteilt. Srila Prabhupada betonte, daß es nicht ausreiche, den Hungrigen zu essen zu geben. Einfach jemanden zu speisen sei falsche Wohltätigkeit, es sei denn, man gibt ihm *prasadam* und befreit ihn so von Geburt und Tod.

Es kommt also nicht von ungefähr, daß die Hare-Krischna-Religion manchmal als Küchenreligion bezeichnet wird, als die Bewegung, die Philosophie mit gutem Essen verbindet. Manche mögen zwar die Philosophie nicht akzeptieren, doch kaum einer lehnt *prasadam* ab. Jahr für Jahr haben nicht weniger als 20 Millionen Menschen die Gelegenheit, Krischna-*prasadam* zu kosten. Mit Freuden sehen wir der Zeit entgegen, wenn auf der ganzen Welt unbegrenzte Mengen *prasadam* verteilt werden und die Menschen überall ihr Essen zu Gott opfern. Eine solche Revolution dieses wohl universalsten menschlichen Rituals, des Essens, wird sicherlich die materialistische Krankheit des Menschen heilen.

Sri Bhagavan Dhanvantari, die Inkarnation Krischnas, die die Wissenschaft der Medizin in unserem Universum einführte.

Die Wissenschaft der gesunden Ernährung

In Indien ist nicht nur die vegetarische Küche beheimatet, sondern auch die Wissenschaft des gesunden Lebens. Der *Ayur-veda* ist die älteste bekannte Abhandlung über Biologie, Hygiene, Medizin und Ernährungskunde. Dieser Zweig der *Veden* wurde vor Tausenden von Jahren von Sri Bhagavan Dhanvantari, einer Inkarnation Krischnas, offenbart. „Alt" ist jedoch nicht gleichbedeutend mit „primitiv", und einige Anweisungen des *Ayur-veda* werden den Leser von heute wie Ratschläge der modernen Ernährungswissenschaft anmuten oder einfach wie angewandter gesunder Menschenverstand. Andere Anweisungen werden weniger vertraut klingen, werden sich aber von selbst bestätigen, wenn man sie beherzigt.

Wir sollten nicht überrascht sein, daß sich spirituelle Schriften auch mit körperlicher Gesundheit befassen. Die vedischen Schriften betrachten den menschlichen Körper als eine Gabe Gottes, als eine Möglichkeit für die gefangene Seele, sich vom Kreislauf von Geburt und Tod zu befreien. Auf die Bedeutsamkeit eines gesunden Lebenswandels im spirituellen Leben weist auch Sri Krischna in der *Bhagavad-gita* (6.16-17) hin: „O Arjuna, es ist nicht möglich, ein *yogi* zu werden, wenn man zuviel ißt oder zuwenig ißt, wenn man zuviel schläft oder zuwenig schläft. Wer in seinen Gewohnheiten des Essens, Schlafens, der Erholung und des Arbeitens maßvoll ist, kann durch die Ausübung des *yoga*-Systems alle materiellen Leiden lindern."

Richtige Ernährung ist doppelt wichtig: Abgesehen von der Auswirkung auf die physische Gesundheit – übermäßiges Essen, hastiges oder nervöses Essen sowie das Essen unreiner Nahrung führt zu Verdauungsstörungen, der „Mutter aller Krankheiten" –, können geeignete Eßgewohnheiten dem angehenden Transzendentalisten helfen, seine Sinne unter Kontrolle zu bringen: „Von allen Sinnen ist die Zunge am schwierigsten zu beherrschen", heißt es im *Prasada-sevaya,* einem Lied von Srila Bhaktivinoda Thakura, einem der spirituellen Vorgänger Srila Prabhupadas, „aber Krischna hat uns in Seiner Güte dieses wunderbare *prasadam* gegeben, damit wir lernen, unsere Zunge zu beherrschen."

Hier nun ein paar Richtlinien aus dem *Ayur-veda* und anderen vedischen Schriften:

Spiritualisieren Sie Ihr Essen

Die *Bhagavad-gita* (17.8-10) unterteilt Nahrung in drei Klassen: Nahrung in der Erscheinungsweise der Tugend, Nahrung in der Erscheinungsweise der Leidenschaft und Nahrung in der Erscheinungsweise der Unwissenheit. Am gesündesten sind Nahrungsmittel in der Erscheinungsweise der Tugend. „Nahrungsmittel in der Erscheinungsweise der Tugend (Milchprodukte, Getreide, Früchte und Gemüse) verlängern die Lebensdauer, läutern die Existenz des Menschen und geben Kraft, Gesundheit, Glück und Zufriedenheit. Solche Nahrungsmittel sind süß, saftig, fetthaltig und schmackhaft."

Nahrungsmittel, die zu bitter, zu sauer, zu salzig, zu scharf, zu trocken und zu heiß sind, befinden sich in der Erscheinungsweise der Leidenschaft und verursachen Leid. Nahrungsmittel in der Erscheinungsweise der Unwissenheit, wie Fleisch, Fisch und Geflügel, die faulig, verwesend und unrein sind, verursachen Schmerzen, Krankheit und schlechtes *karma*. Mit anderen Worten, alles, was wir essen, beeinflußt unsere Lebensqualität. Es gibt sehr viel unnötiges Leid in unserer heutigen Welt, weil die meisten Menschen keine anderen Kriterien kennen, um ihre Nahrung auszuwählen, als den Preis und den Drang der Zunge.

Nahrung dient jedoch nicht nur dazu, unsere Lebensdauer zu verlängern und unseren Körper zu stärken, sondern auch dazu, Verstand und Bewußtsein zu läutern. Deshalb opfert der Spiritualist seine Nahrung zum Herrn, bevor er ißt. Solche geopferten Speisen ebnen den Weg zu spirituellem Fortschritt. Es gibt viele Millionen Menschen in Indien und rund um die Welt, die nicht auf die Idee kämen zu essen, ohne die Nahrung zuvor Sri Krischna darzubieten.

Essen Sie zu festgelegten Zeiten

Nehmen Sie Ihre Hauptmahlzeit möglichst mittags ein, wenn die Sonne am höchsten steht. Warten Sie nach einer leichten Mahlzeit mindestens drei Stunden und nach einer üppigen Mahlzeit fünf Stunden, bevor Sie wieder etwas essen. Essen Sie nur zu festgesetzten

Zeiten, ohne Zwischenmahlzeiten; auf diese Weise können Sie unnötige Agitationen der Zunge und des Verstandes vermeiden.

Essen Sie in einer angenehmen Atmosphäre

Gute Laune ist gut für die Verdauung, eine spirituelle Gemütsstimmung sogar noch besser. Essen Sie in einer angenehmen Atmosphäre und vermeiden Sie während des Essens tunlichst weltliche Gesprächsthemen. Betrachten Sie Ihre Nahrung als Krischnas Barmherzigkeit; sie ist ein Geschenk Gottes. Deshalb sollten Sie sie mit Freude und Respekt zubereiten, servieren und essen.

Kombinieren Sie Ihre Speisen mit Bedacht

Seine Nahrung sollte man unter den Gesichtspunkten des Geschmacks, der guten Verdauung und der optimalen Assimilation der Nährstoffe kombinieren. Reis und anderes Getreide paßt sehr gut zu Gemüse. Milchprodukte, wie Käse, Joghurt und Buttermilch, passen sehr gut zu Getreide, aber Frischmilch verträgt sich nicht mit Gemüse.

Das typisch vedische Mittagessen, bestehend aus Reis, *dal*-Suppe, Gemüse und *chapatis,* ist eine völlig ausgewogene Mahlzeit.

Vermeiden Sie eine Kombination von Gemüse und frischem Obst (Obst ißt man am besten als getrennte Mahlzeit oder zu heißer Milch). Nicht zu empfehlen sind außerdem Verbindungen von sauren und alkalischen Früchten sowie von Milch und fermentierten Milchprodukten.

Teilen Sie Ihr prasadam *mit anderen*

Srila Rupa Gosvami erklärt im *Upadesamrita,* einem 500 Jahre alten Klassiker über hingebungsvollen Dienst: „Eine der Arten des liebevollen Austausches unter Gottgeweihten besteht darin, sich gegenseitig *prasadam* anzubieten und *prasadam* anzunehmen." Ein Geschenk Gottes ist eine zu gute Sache, um es für sich zu behalten, und so empfehlen die Schriften, *prasadam* mit anderen zu teilen, ob sie nun Freunde oder Fremde sind. Im alten Indien – und es folgen auch heutzutage noch viele Menschen diesem Brauch – öffnete der Haushälter zur Essenszeit die Tür und rief: *„Prasadam! Prasadam! Prasadam!* Wer Hunger hat, ist herzlich eingeladen!" Nachdem er seine Gäste willkommengeheißen und ihnen alle zur Verfügung stehenden Annehmlichkeiten angeboten hatte, reichte er ihnen so viel zu essen, wie sie mochten, bevor er seine eigene Mahlzeit zu sich nahm. Selbst wenn Sie diesem Brauch nicht folgen können, sollten Sie nach Möglichkeiten suchen, anderen *prasadam* anzubieten; so werden Sie selbst das *prasadam* viel mehr zu würdigen wissen.

Achten Sie auf Reinheit

Die vedische Kultur legt sehr großen Wert auf innere wie auch äußere Reinheit. Was innere Reinheit betrifft, so können wir Herz und Verstand von aller materiellen Verunreinigung befreien, indem wir vedische *mantras* chanten, vor allem den Hare-Krischna-*mantra*. Äußere Reinheit beinhaltet ein hohes Maß an Sauberkeit beim Kochen und Essen. Selbstverständlich gehört hierzu auch die gute Sitte, sich vor dem Essen die Hände und nachher die Hände und den Mund zu waschen.

Essen Sie maßvoll

Vitalität und Stärke sind nicht davon abhängig, wieviel wir essen, sondern wieviel unser Verdauungssystem absorbieren kann. Der Magen braucht seinen Platz zum Verdauen. Daher ist es ratsam, ihn anstatt bis zum Rand nur halb zu füllen. Essen Sie also nur halb soviel, wie Sie eigentlich schaffen könnten. Ein Viertel sollte für Getränke freigehalten werden und das restliche Viertel für Luft. Diese Faustregel ist nicht nur für die Verdauung förderlich; Sie werden auch mehr Freude am Essen haben.

Kein Wasser auf das Verdauungsfeuer

Sichtbare Flammen und unsichtbare Verbrennung sind zwei Aspekte dessen, was wir „Feuer" nennen. Bei der Verdauung spielt Verbrennung sicherlich eine Rolle. Oft sprechen wir von Fetten oder Kalorien, die „verbrannt" werden, und in der Tat bezieht sich das Wort „Kalorien" auf Hitze, die entsteht, wenn Nahrung verbrannt wird. Aus den *Veden* erfahren wir, daß unsere Nahrung von einem Feuer namens *Jatharagni* (das Feuer im Magen) verdaut wird. Und da wir beim Essen oft trinken, sollte die Wirkung von Flüssigkeit auf Feuer bei der Kunst des Essens unbedingt mit berücksichtigt werden.

Trinken vor der Mahlzeit mäßigt den Appetit und folglich auch den Drang, sich zu überessen. Maßvolles Trinken während des Essens hilft dem Magen bei seiner Arbeit. Trinken im Anschluß an das Essen jedoch hat eine Verdünnung der Magensäfte zur Folge, so daß das Verdauungsfeuer gedrosselt wird. Warten Sie nach dem Essen mindestens eine Stunde, bevor Sie wieder etwas trinken; danach können Sie, wenn nötig, bis zur nächsten Mahlzeit stündlich etwas trinken.

Verschwenden Sie keine Nahrung

Aus den Schriften erfahren wir, daß für jedes bißchen Nahrung, das in Zeiten des Überflusses verschwendet wird, die gleiche Menge in Notzeiten fehlen wird. Füllen Sie nur soviel auf Ihren Teller, wie Sie auch wirklich essen können, und bewahren Sie alle Überreste für die nächste Mahlzeit auf. Um Essen aufzuwärmen, ist es meistens nötig, etwas Flüssigkeit hinzuzufügen, es in einem bedeckten Topf zu erhitzen und dabei öfters umzurühren. Reis und Spinat sollten nicht aufgewärmt werden, da dadurch Giftstoffe entstehen. Sollte es aus irgendeinem Grunde einmal vorkommen, daß *prasadam* schlecht wird, dann verfüttern Sie es entweder an Tiere, verbrennen Sie es, oder schütten Sie es in ein Gewässer. *Prasadam* ist heilig und sollte niemals in den Abfall geworfen werden. Achten Sie sowohl beim Kochen als auch beim Essen darauf, keine Nahrung zu verschwenden.

Legen Sie ab und zu eine Fastenkur ein

Es mag ungewöhnlich erscheinen, in einem Kochbuch Fasten zu empfehlen, aber laut dem *Ayur-veda* wird durch Fasten sowohl die Willenskraft als auch die körperliche Gesundheit gestärkt. Gelegentliches Fasten gönnt dem Verdauungssystem eine Ruhepause und erfrischt Sinne, Verstand und Bewußtsein.

In den meisten Fällen empfiehlt der *Ayur-veda,* während des Fastens nur Wasser zu sich zu nehmen. Bei uns im Westen sind Saftkuren sehr verbreitet, da hier meist längeres Fasten empfohlen wird. In der *Ayur*-vedischen Behandlung hingegen sind die meisten Fastenkuren von kurzer Dauer, nicht länger als ein bis drei Tage. Während des Fastens sollte man nicht mehr Wasser trinken, als man braucht, um den Durst zu löschen. *Jatharagni,* das Verdauungsfeuer, ist kurzzeitig von der Aufgabe, Nahrung zu verdauen, befreit und ist damit beschäftigt, die angesammelten Abfallstoffe im Körper zu verbrennen; zu viel Wasser würde diesen Vorgang behindern.

Am *Ekadasi,* dem elften Tag nach Vollmond und nach Neumond, halten die Gottgeweihten ein besonderes Fasten ein, indem sie kein Getreide und keine Hülsenfrüchte zu sich nehmen. In der *Brahmavaivarta* heißt es: „Wer *Ekadasi* einhält, wird von allen Arten sündhafter Reaktionen befreit und macht Fortschritt auf dem Pfad der Religion."

Küchengeräte

NEULINGE auf dem Gebiet der indischen Kochkunst entdecken oft mit freudiger Überraschung, daß ein gutes Gelingen mehr vom kreativen Erfindungsgeist des Kochs abhängt als von einer Spezialausrüstung an Küchengeräten. Wenn Ihre Küche mit den gebräuchlichsten Utensilien ausgestattet ist – Bratpfannen, Kochtöpfe, Messer, ein Schneebesen, Schüsseln, ein Reibeisen, ein Metallsieb, eine Schaumkelle, Küchenbretter, Käsetücher, ein Sortiment Meßlöffel und vielleicht eine Waage –, dann haben Sie alles, was Sie brauchen, um original-indische Gerichte zu kochen.

Natürlich finden auch moderne Errungenschaften wie Schnellkochtöpfe und Küchenmaschinen ihre Verwendung beim indischen Kochen. Ein Schnellkochtopf eignet sich zum Beispiel, um die Kochzeit bei *dal*-Suppen und Kichererbsengerichten zu verkürzen, und eine Küchenmaschine, um Ingwer und Kräuter zu zerkleinern oder um Brotteig und *paneer* zu kneten. *Paneer* ist nach wenigen Sekunden durchgeknetet. Stellen Sie die Maschine rechtzeitig ab, sonst zerfällt er. Den Gebrauch von Mikrowellenherden empfehlen wir jedoch nicht. Einige Wissenschaftler vermuten, daß sie der Nahrung einen Teil der Nährstoffe entziehen.

Die Funktionen der meisten Geräte, die in der indischen Küche gebraucht werden, können ebensogut ihre westlichen Gegenstücke erfüllen, manchmal sogar noch wirkungsvoller. Hierzu einige Beispiele:

• Gewöhnliche Töpfe aus Schwermetall können die Messing-*dekchi* (ein Kochtopf ohne Henkel, wie er überall in Indien benutzt wird) ersetzen. Schwermetall verteilt die Hitze gleichmäßig und verhindert, daß das Essen anbrennt oder ansengt. Dünne Töpfe aus Leichtmetall bilden heiße Stellen, wo das Essen immer wieder ansetzt. Achten Sie darauf, daß Ihre Töpfe mit gut abschließenden Deckeln ausgestattet sind. (Mit Deckel werden die Speisen im allgemeinen schneller gar, und Sie sparen Energie. Benutzen Sie keine Aluminiumtöpfe, denn dadurch wird Ihr Essen chemisch verunreinigt, vor allem wenn es sich um Milchprodukte oder säurehaltige Speisen handelt.

- Der vielseitige elektrische Mixer kann den Mahlstein, der in der indischen Küche täglich verwendet wird, ersetzen. Außer Gewürze zermahlen kann ein Mixer auch Früchte und Gemüse pürieren oder entsaften. Besorgen Sie sich einen Mixer mit tiefliegenden Klingen, der auch geringe Mengen zerkleinern kann.

Ein anderes praktisches Gerät ist die elektrische Kaffeemühle. Sie kann kleine Mengen Gewürze oder Nüsse in Sekundenschnelle zerkleinern und ist nicht sehr teuer. Wenn Ihnen „elektrisches Kochen" nicht zusagt, können Sie auch hervorragende Ergebnisse mit Mörser und Stößel (plus ein wenig Muskelkraft) erzielen.

- Hölzerne Kochlöffel und Pfannenwender werden zwar für gewöhnlich in Indien nicht verwendet, da Holz schwer zu säubern ist, sind aber praktischer als Metallöffel, da diese sehr heiß werden und den Geschmack der Speisen beeinträchtigen. Dazu bewahrt der Gebrauch hölzerner Kochlöffel die Töpfe vor Verschleiß und Kratzern.

Es gibt natürlich auch indische Küchengeräte, die das indische Kochen erleichtern. Wenn Sie sie jedoch nicht beschaffen können, werden Sie auch mit ihren westlichen Gegenstücken auskommen.

- *Karhai.* Eine runde, tiefe Pfanne mit Henkeln an beiden Seiten. Das Material kann Messing, Gußeisen oder Edelstahl sein. Weil sie oben weit und am Boden gewölbt ist, braucht man nur wenig Öl, um große Mengen Nahrungsmittel zu fritieren. Sie wird auch manchmal zum Sautieren von Gemüse verwendet. Der chinesische Wok hat die gleiche Form wie die *karhai* und tut die gleichen Dienste. Beide sind zu einem erschwinglichen Preis und leicht erhältlich. Die gebräuchlichste und praktischste Größe hat einen oberen Durchmesser von 30 bis 35 cm. Wenn Sie weder eine *karhai* noch einen Wok beschaffen können, tut es auch eine Bratpfanne mit hohem Rand.
- *Tava.* Eine kreisrunde, leicht gewölbte, gußeiserne Pfanne mit einem Griff: Sie eignet sich ideal für die Zubereitung von *chapatis* oder *parathas.* Eine gußeiserne Bratpfanne mit gleichmäßiger Hitzeverteilung kann die *tava* ersetzen. Um *chaunces* herzustellen und Gewürze zu rösten, können Sie auch eine kleine gußeiserne Bratpfanne benutzen.
- *Chimti.* Eine lange, flache Zange mit stumpfen, runden Enden, die benutzt wird, um *chapatis* umzudrehen und über die Flamme zu halten, ohne sie zu beschädigen. Jede andere lange Zange mit flachen, runden Enden ist genauso geeignet.
- *Velan.* Dieses Nudelholz ohne Griffe mißt in der Länge etwa 30 bis 35 cm, ist in der Mitte am stärksten und nimmt zu den Seiten hin

leicht an Umfang ab. Der *velan* ist sehr praktisch, um indisches Fladenbrot zu rollen. Wenn sie keinen *velan* finden können, lassen Sie sich von jemandem einen anfertigen. Ansonsten verwenden Sie irgendein anderes Rollholz.

- *Masala dibba.* Ein Behälter aus Edelstahl oder Messing, der sieben kleine Gefäße mit Gewürzen für den täglichen Gebrauch enthält. Ein fest abschließender Metalldeckel schützt die Gewürze vor Feuchtigkeit. Wenn der *masala dibba* nirgends erhältlich ist, kann eine hölzerne Gewürzdose mit Glasbehältern den gleichen Zweck erfüllen.

Empfohlene Menüs

DER vedische Speiseplan empfiehlt ein kräftiges Frühstück, ein noch kräftigeres Mittagessen, ein leichtes Abendessen und ab und zu ein ausgiebiges Festmahl. Die in diesem Kapitel vorgeschlagenen Menüs vermitteln eine Vorstellung, welche Gerichte gut zusammenpassen. Mit den Rezepten in diesem Buch wird es Ihnen möglich sein, jeden Tag im Monat ein anderes Menü zuzubereiten. Natürlich können Sie nach Belieben auch andere Zubereitungen hinzufügen oder manche weglassen.

• Ein typisches Frühstück besteht aus einem Hauptgericht aus Getreide und Gemüse, einem leichten Fladenbrot, ein wenig Joghurt und einer Scheibe frischem Ingwer. Ein Kräutertee (z.B. Ingwertee) paßt gut zu dieser Mahlzeit. Wer ein leichteres Frühstück bevorzugt, hat die verschiedensten Möglichkeiten, wie *puris* und Marmelade, *shrikhand* und *papadams*, Gemüse- oder Früchte-*pakoras*, ein *raita* oder frisches Obst und Joghurt.

Käse mit gebratenen Tomaten
Vollweizen-Pfannkuchen
Gebratene Kichererbsen
mit Paprika
Salziger Joghurttrank

Reis, dal und Gemüse, gekocht
Bananen-puris
Gebratene Kichererbsen
in Joghurtsoße
Joghurt

Gemüse- und dal-Eintopf
Dal und Joghurt, gedämpft
Kokosnußchutney
Joghurt

Pikante Grießspeise mit Gemüse
Pfannkuchen mit Kartoffelfüllung
Pikante Kichererbsen
Süßer Joghurttrank

• Das klassische vedische Mittagessen besteht aus Reis, *dal, chapatis* und einem Gemüsegericht. Zum Abrunden können Sie einen Salat, ein Chutney, eine Süßspeise und ein Getränk hinzufügen. Im Sommer ist eine kleine Portion Joghurt zu empfehlen.

Weißer Reis
Dal- und Gemüsesuppe
Chapatis
Grüne Bohnen in Kadhisoße
Tomatenchutney oder
Spinatsalat in Joghurt
Obstkrapfen
Salziger Joghurttrank

Zitronenreis
Sämige Gemüsesuppe
Kichererbsenmehl-Pfannkuchen
Erbsen, Käse und Tomaten
Ananaschutney oder
Kartoffel-Kokosnußsalat
Indische Eiscreme
Anisgetränk

Reis mit Joghurt
Tomaten- und toor-dal-Suppe
Chapatis
Auberginen-, Spinat- und
Tomatenpüree
Dal-Kroketten in Joghurt
Datteln-Tamarindenchutney
Indische Grießspeise

Kokosreis
Urad-dal mit pikantem Joghurt
Fladenbrot aus Kichererbsenmehl
Blumenkohl und
Kartoffeln in Joghurtsoße
Gebratener, würziger Käse
Vermicelli in Sahnesoße
Kreuzkümmel-Tamarindentrank

• Zum Abendessen empfiehlt sich ein Gemüsegericht mit einem leichten Fladenbrot, dazu ein pikanter Snack, ein Chutney, eine Süßspeise und ein Getränk. Es ist nicht ratsam, vor dem Schlafengehen viel Getreide zu sich zu nehmen, sonst muß der Magen die ganze Nacht hindurch verdauen. Als kleiner Imbiß vor der Nachtruhe eignet sich heiße Milch mit Bananen-*puris.*

Okra mit Kokosnuß
Indische Cracker
Kartoffelbratlinge
Tomatenchutney
Knusperspiralen in Sirup

Gefüllte Kohlblätter
Puris
Zitronenreis
Süßes Karottendessert
Anismilch

Bengalisches Gemüsecurry
Vollweizen-Blätterteigfladen
Apfelchutney
Obsttaschen
Zitronentrank

Gemüse- und dal-Eintopf
Fladenbrot mit Kartoffelfüllung
Gemüsekrapfen
Chutney aus frischer Minze
Cremiges Joghurtdessert

• Srila Prabhupada gab uns folgendes Muster für ein Festmenü: einen opulenten Reis, ein Gemüsegericht mit, eines ohne Soße, einen pikanten Snack, ein Chutney, *puris*, einen *raita*, ein oder zwei Süßspeisen, ein Getränk und *khir*. Ein üppiges Festmahl gibt vielen Menschen die Gelegenheit, den Reichtum Krischnas zu erfahren. Srila Prabhupada lehrte, daß ein Gottgeweihter normalerweise nicht nach schmackhaften Speisen trachtet und nur das ißt, was er braucht. Deshalb riet er den Gottgeweihten, während der Woche möglichst einfach zu essen und sich am Sonntag gemeinsam mit den Tempelgästen das „Love feast" (Liebesmahl) schmecken zu lassen. Die Anzahl der Gerichte kann unbegrenzt erhöht werden. In unseren Tempeln feiern wir festliche Anlässe, wie den Geburtstag Sri Krischnas oder des spirituellen Meisters, mit nicht weniger als 108* oder sogar noch mehr verschiedenen Gerichten.

Gemischter Gemüsereis
Fritierte Käsebällchen in Sahnesoße
Gratin-Kartoffeln
Würzige Karottenkroketten
Chutney aus frischer Minze
Bananen-puris
Obsttaschen
Kreuzkümmel-Tamarindentrank
Nektarreis

Gewürzreis
Gemüseeintopf mit Käse
Blumenkohl, Kartoffeln und Frischkäse, fritiert
Dal-Kroketten in Joghurt
Datteln-Tamarindenchutney
Puris
Cremiges Joghurtdessert
Anisgetränk
Nektarreis

Weißer Reis
Süß-saures Gemüse
Gedünsteter Spinat mit Frischkäse
Gemüsekrapfen
Tomatenchutney
Puris
Laddus
Zitronentrank
Nektarreis

Safranreis mit Käsebällchen
Spinatbällchen in Tomatensoße
Gefülltes Gemüse
Gemüsetaschen
Korianderchutney
Masala puris
Exquisites indisches Käsedessert
Süßer Joghurttrank
Nektarreis

Anmerkung: Alle obengenannten Rezepte sind im Anhang des Buches alphabetisch aufgeführt.

* Die Zahl 108 gilt in der vedischen Kultur als Glückszahl. So gibt es zum Beispiel 108 Haupt-*gopis* (Krischnas Kuhhirtenfreundinnen) und 108 *Upanisaden*.

B.G.

Zubereiten und Servieren einer vedischen Mahlzeit

KOCHEN zur Freude der Höchsten Persönlichkeit Gottes ist eine wundervolle Art, seine Kreativität zum Ausdruck zu bringen. Die Kombination der Farben, Geschmäcke und der Konsistenz verschiedener Gerichte (ohne die Haushaltskasse zu überlasten) lassen das Geschick eines wahren Künstlers erkennen. Kochen für Krischna erfordert persönliche Hingabe, d.h., der Koch sollte nicht nur den Wunsch haben, Krischna Speisen vorzusetzen, sondern Ihn auch zu erfreuen.

Vedisches Kochen ist praktisch, denn es bedeutet, die besten Speisen in kürzester Zeit zuzubereiten. Wer kocht, um den Höchsten Herrn zu erfreuen, kocht mit Bedacht, ohne Hast und Verschwendung. Srila Prabhupada zeigte uns, wie man eine vollständige Mahlzeit in weniger als einer Stunde fertigstellt.

Teilen Sie sich Ihre Zeit sinnvoll ein, indem Sie vorausplanen – zum Beispiel die Reihenfolge, in der Sie die Gerichte zubereiten. Am besten, Sie fangen schon am Abend zuvor an. Es dauert nur ein paar Minuten, um Joghurt anzusetzen, *paneer* zu machen und abzuhängen oder Bohnen einzuweichen. Fast alle indischen Süßspeisen können einen Tag im voraus zubereitet und im Kühlschrank aufbewahrt werden. Auch können Sie einige Stunden vor dem Essen Getränke zubereiten und kaltstellen.

Falls Sie mit dem indischen Kochen gerade anfangen, ist es vielleicht zweckdienlich, alle Zutaten im voraus bereitzustellen, da das Kochen Ihre ungeteilte Aufmerksamkeit in Anspruch nehmen wird. Beginnen Sie mit den Gerichten, die am längsten garen, wie *dal* und gekochtes Chutney. Als nächstes rühren Sie den Brotteig an, so daß er lange genug gehen kann. Falls Sie am Abend zuvor keinen Frischkäse gemacht haben, können Sie dies jetzt nachholen und anschließend mit einem Gewicht die Molke auspressen. Falls Reis und *halava* auf dem Plan stehen, sollten Sie darauf einen Topf Wasser aufsetzen. Dann können Sie mit dem Gemüse und den Beilagen beginnen. Falls ein Gericht sehr viel Vorbereitung erfordert, sollten die übrigen Speisen möglichst schnell und einfach zuzubereiten sein. Warten Sie mit dem Fladenbrot, den *pakoras, samosas* und anderen Beilagen, die heiß serviert werden, bis zum Schluß.

Sie können einen klaren Kopf behalten und sich am Ende eine Menge Abwasch ersparen, wenn Sie schon während des Kochens saubermachen. „Kochen bedeutet putzen", pflegte Srila Prabhupada zu sagen. Nehmen Sie sich die Zeit, zwischendurch einmal den Arbeitsplatz abzuwischen und nebenher stets Töpfe abzuwaschen. Wenn Sie einmal zu der Erkenntnis gekommen sind, daß das halbe Vergnügen beim Kochen im Saubermachen liegt, werden Sie die Küche immer sauberer verlassen, als Sie sie vorgefunden haben.

Mit der gleichen Sorgfalt, die Sie bei der Zubereitung des Essens aufgebracht haben, sollten Sie auch beim Servieren vorgehen. In Indien werden die Speisen im allgemeinen in *katoris* abgefüllt, kleinen Schalen aus Silber, Messing oder Edelstahl, welche wiederum auf eine *thali*, einen runden Eßteller aus demselben Metall mit erhöhtem Rand, gestellt werden. Reis, Fladenbrot und andere trockene Speisen werden direkt auf der *thali* serviert. Gemüse, Chutneys, *dal*, Joghurt und andere flüssige oder halbflüssige Speisen gibt man in die *katoris*. Nichtvorhandene *katoris* und *thalis* können auch durch normale Teller und Schalen ersetzt werden. Alle Gänge werden zusammen serviert und können in beliebiger Reihenfolge gegessen werden.

Ein indisches Mahl sollte zuerst das Auge verführen, dann die Nase und schließlich die Zunge. Das hausgemachte Fladenbrot, die Süßspeisen in verschiedenen Farben und Formen sowie die Suppe und das Gemüse, garniert mit Zitronenscheiben und frischen Korianderblättern, bestechen das Auge; das Aroma der Gewürze und frischen Zutaten erfreut die Nase, und die Ausgewogenheit zwischen pikanten und milden Speisen stellt die Zunge zufrieden.

Falls Sie gerne ausprobieren möchten, wie man im indischen Stil ißt: Setzen Sie sich auf einen Teppich, eine Matte oder ein Kissen, und stellen Sie die *thali* vor sich auf einen niedrigen Tisch. Indische Musik (oder besser noch Vaisnava-Musik) sorgt für eine angenehme Atmosphäre.

Alkoholische Getränke haben keinen Platz auf der vedischen Speisekarte. Der Geschmack von *prasadam* belebt die Seele und reinigt die Sinne; Rauschmittel haben den gegenteiligen Effekt. Wenn Rauschmittel irgendwie zur Erhebung des Bewußtseins beitragen könnten, dann würden echte *yogis* trinken und rauchen – was sie jedoch nicht tun. Alkohol trübt das Bewußtsein und beeinträchtigt den feinen Geschmack vegetarischer Speisen. Deshalb ist es besser, Wasser zu trinken oder eines der Getränke aus diesem Buch. Normalerweise wird nach einer indischen Mahlzeit auch kein Tee oder Kaffee ausgeschenkt; statt dessen kaut man etwas Anissamen und zerstoßenen Kardamom, um den Mund zu erfrischen und den Magen zu beruhigen.

Es bleibt Ihnen selbst überlassen, Bestecke zu verwenden oder nicht. Inder essen mit den Fingern der rechten Hand (die linke Hand reinigt den Körper, die rechte ernährt ihn). Finger und indisches Essen scheinen wie füreinander geschaffen zu sein. Wie sonst sollte es möglich sein, mit einem abgerissenen Stück *chapati* etwas Gemüse und Soße aufzunehmen und zum Munde zu führen, ohne unterwegs etwas zu verlieren? Wenn Sie wollen, können Sie natürlich auch Besteck benutzen.

Ein gutes, reichliches Mahl, heiß und pünktlich serviert, wird zu einer noch größeren Freude, wenn der Gastgeber bemüht ist, seinen Gast zufriedenzustellen. Der Gast kann natürlich beschließen, mäßig zu essen, doch der Gastgeber sollte einfach darauf bedacht sein, daß jeder nach Herzenslust essen kann. In einem Vaisnava-Lied zur Verherrlichung des spirituellen Meisters heißt es: „Wenn der spirituelle Meister sieht, daß die Gottgeweihten durch das Essen von Krischna-*prasadam* zufriedengestellt sind, ist auch er zufrieden."

Einen kleinen Eindruck hiervon vermittelt uns *Prabhupada*, die Biographie des gleichnamigen ISKCON-Gründer-*acarya* von Srila Satsvarupa dasa Goswami. Dort erinnert sich ein Devotee an die Anfangszeiten der Hare-Krischna-Bewegung: „Prabhupadas offizielle Anordnung, daß jeder so viel *prasadam* wie möglich essen solle, schuf eine humorvolle, familiäre Atmosphäre. Niemandem war es erlaubt, untätig dazusitzen und in seinem Essen herumzustochern oder wie ein Spatz zu essen. Alle aßen mit sichtlichem Wohlbehagen, und Swamiji (Srila Prabhupada) drängte sie regelrecht dazu. Wenn er jemanden sah, der nicht kräftig zulangte, rief er den Betreffenden beim Namen und protestierte lächelnd: ‚Warum ißt du nicht? Nimm *prasadam*.' Und er lachte. ‚Als ich mit dem Schiff in euer Land kam, dachte ich: Wie werden die Amerikaner jemals diese Speisen essen?' Und während die Devotees ihren Teller vorschoben, teilte Keith (jetzt Srila Kirtanananda Swami) Nachschlag aus – Reis, *dal*, *chapatis* und *sabji*."

Selbst Sri Krischna persönlich (in Seiner Inkarnation als Sri Caitanya Mahaprabhu vor 500 Jahren) machte es große Freude, *prasadam* an Seine Geweihten auszuteilen. Im Sri *Caitanya-caritamrita*, dem bengalischen *bhakti*-Klassiker über die Spiele der barmherzigsten Inkarnation Gottes, heißt es: „Sri Caitanya Mahaprabhu war es nicht gewohnt, *prasadam* in kleinen Mengen zu Sich zu nehmen. Deshalb gab Er so viel auf jeden Teller, daß mindestens fünf Personen davon satt werden konnten. Sri Caitanya Mahaprabhu sagte den Essensverteilern immer wieder: ‚Gebt ihnen mehr! Gebt ihnen mehr!' Und da Sri Caitanya der allwissende Herr selbst ist, versetzte Er alle dadurch in Erstaunen, daß Er ganz genau wußte, was jeder einzelne am liebsten aß. So speiste Er alle Devotees, bis sie vollauf zufrieden waren."

Auch Sie und Ihre Gäste werden vollauf zufrieden sein. Ob Sie auf dem Boden oder an einem Tisch sitzen, ob Sie mit den Fingern oder mit einem Löffel essen, ob Sie servieren oder bedient werden, ob Ihr Mahl aus nur einem oder aus 120 Gängen besteht, Sie werden Ihr hausgemachtes indisches Mahl als ein Labsal für Körper, Geist und Seele empfinden.

Rezepte

• Die Rezepte in diesem Buch enthalten Mengenangaben für vier bis sechs Personen.
• Die Zutaten sind jeweils in der Reihenfolge des Gebrauchs aufgeführt.
• Maßangaben in der Einheit „Teelöffel" oder „Eßlöffel" beziehen sich stets auf gestrichene Löffel.
• Zwei der häufigsten Zutaten – *ghee* (geklärte Butter) und *paneer* (selbstgemachter Käse) – sind in dem Abschnitt über Milchprodukte beschrieben, der auf Seite 84 beginnt. Die benötigte Menge Milch für eine bestimmte Menge *paneer* können Sie der Tabelle auf Seite 91 entnehmen.
• Viele Rezepte lassen die Wahl zwischen *ghee* und Pflanzenöl. Wenn Sie Pflanzenöl verwenden, dann nehmen Sie gemischtes Pflanzenöl oder Erdnußöl, Maisöl, Sonnenblumenöl, Distelöl oder Senföl. Olivenöl ist nicht zu empfehlen, da sein kräftiges Aroma den feinen Geschmack der Gewürze überdeckt.
• Verwenden Sie etwa ½ Teelöffel Salz für 450 g Gemüse bzw. für ca. 275 ml Wasser. Denken Sie immer daran, daß es leichter ist, später Salz hinzuzufügen, als es wieder herauszunehmen.
• Kleingeschnittene Nahrungsmittel haben etwa folgende Größe:
grobgewürfelt – 10-25 mm im Durchmesser
gewürfelt – 5 mm im Durchmesser
feingewürfelt – 3 mm im Durchmesser
• Seien Sie nicht entmutigt, wenn etwas mißlingt; selbst den besten Köchen unterlaufen Pannen. Der Erfolg kommt mit der Praxis.
• Die meisten Rezepte enthalten am Ende Ratschläge zum Servieren. Die empfohlenen Kombinationen der Gerichte sind nur Richtlinien, und sicher möchten Sie auch andere Kombinationen ausprobieren. Ein Ratschlag jedoch gilt für alle Rezepte und alle Kombinationen: Opfern Sie die Speisen grundsätzlich zuerst zu Sri Krischna.

Merkregeln für die Opferung

• Die Opferung beginnt im Grunde schon in der Küche; deshalb probieren Sie das Essen niemals während des Kochens. Krischna soll es als erster kosten.
• Geben Sie nach Beendigung des Kochens eine großzügige Portion auf Krischnas Teller. Reservieren Sie, wenn möglich, ein Service aus Tellern, Schalen und Bechern für Seinen persönlichen Gebrauch.
• Stellen Sie den Teller vor ein Bild Krischnas (Sie können das Bild auf Seite 34 in diesem Buch verwenden).
• Bitten Sie Krischna in Hingabe, Ihre Opferung anzunehmen. Dies können Sie tun, indem Sie dreimal den Hare-Krischna-*mantra* sprechen: *

Hare Krischna, Hare Krischna, Krischna Krischna, Hare Hare
Hare Rama, Hare Rama, Rama Rama, Hare Hare

Danach nehmen Sie die Speisen vom Opferteller. Diese Speisen und die in den Töpfen zurückgebliebenen Speisen können jetzt serviert werden.

---

* Weitere Details finden Sie in dem Kapitel „Ein Krischna-Tempel bei Ihnen zu Hause" sowie im Anhang auf Seite 294/95.

ROSE WATER
MADE IN INDIA
MDH
Amchoor
POWDER

Gewürze und Kräuter

1 Asafötida oder Teufelsdreck *(hing)*
2 Bockshornklee oder Griechisches Heu *(methi)*
3 Cayennepfeffer *(pesa hui lal mirch)*
4 Chilis, frisch *(hari mirch)*
5 Chilis, ganz, getrocknet *(sabut lal mirch)*
6 Curryblätter *(kari patti)*
7 Fenchel *(sauf)*
8 Ingwer, frisch *(adrak)*
9 Kalinjisamen *(kalinji)*
10 Kardamom *(elaichi)*
11 Korianderblätter, frisch *(hara dhania)*
12 Korianderkörner, ganz und gemahlen *(dhania, sabut* und *pesa)*
13 Kreuzkümmel, ganz und gemahlen *(safed jeera, sabut* und *pesa)*
14 Mangopulver *(amchur)*
15 Minzblätter *(pudina ki patti)*
16 Muskat *(jaiphal)*
17 Nelken *(laung)*
18 Rosenwasser *(gulab jal)*
19 Safran *(kesar)*
20 Senfkörner, schwarz *(rai)*
21 Tamarinde *(imli)*
22 Turmerik, Kurkuma oder Gelbwurz *(haldi)*
23 Zimt *(dalchini)*

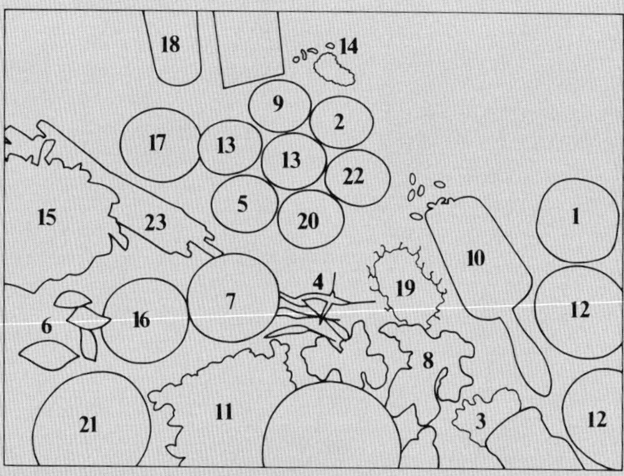

DAS Herz der indischen Küche ist das Würzen – der sachkundige Gebrauch der Gewürze und Kräuter. Zu den Gewürzen zählen Wurzeln, Rinde und Samen, die entweder ganz, zerstoßen oder gemahlen Verwendung finden. Kräuter sind frische Blätter oder Blüten. Dazu kommen natürliche Würzmittel wie Salz, Zitrussäfte, Nüsse und Rosenwasser.

Der schöpferische Gebrauch ausgewählter, aromatischer Gewürze und Kräuter läßt den latenten Geschmack eines Gerichtes erst richtig zur Geltung kommen und verleiht dem indischen Kochen seinen einzigartigen Charakter. Es ist nicht das starke Würzen, das für die appetitanregenden Schattierungen subtilen Geschmacks und Aromas verantwortlich ist, sondern die feinen Nuancen. Die Dosierung beim Würzen ist keinen starren Regeln unterworfen, sondern richtet sich nach dem individuellen Geschmack. Obwohl indisches Essen immer gewürzt wird (manche Gerichte erfordern nur ein Gewürz, andere mehr als zehn), muß es nicht unbedingt scharf sein. Die Schärfe in indischen Gerichten kommt von den Chilis, von denen Sie soviel oder sowenig verwenden können, wie Sie möchten. Sie können sie sogar ganz weglassen, und Ihr Essen wird immer noch schmackhaft und echt indisch sein.

Gewürze und Kräuter, die „Juwele der indischen Küche", machen die Mahlzeit nicht nur wohlschmeckend, sondern auch besser verdaulich. Viele Gewürze haben Heilkräfte. Turmerik zum Beispiel ist ein harntreibendes Mittel, Cayennepfeffer regt die Tätigkeit des Magens an, und frischer Ingwer ist ein Tonikum. Die Wissenschaft des richtigen Würzens zur Akzentuierung der Geschmäcke und zur Erhaltung der Gesundheit geht auf den *Ayur-veda* und die *Artha-sastra*, jahrtausendealte vedische Schriften, zurück.

Babur, der Gründer des Mogulreiches in Indien, zollte der Rolle der Gewürze in der indischen Küche hohe Achtung. Vor tausend Jahren schrieb er in seinen Memoiren *(Baburnama)*: „Hätten meine Landsleute das Wissen der Inder über Gewürze gehabt, hätte ich die ganze Welt erobert."

Das Geheimnis des Würzens liegt in der *masala*, der Gewürzmischung. Der Koch, der sich auf die Kunst versteht, wie man Gewürze und Kräuter zusammenstellt, kann das alltägliche Essen in eine unbegrenzte Vielfalt der herrlichsten Gerichte verwandeln. Selbst die gewöhnliche Kartoffel wird, mit den richtigen *masalas* zubereitet, eine erstaunliche Fülle von Geschmäcken entfalten.

Die Zubereitung von masalas

Die Technik, Gewürze in heißem *ghee* oder Öl anzubräunen, um ihren Geschmack und ihr Aroma freizusetzen, ist einzigartig in der indischen Küche. Mal werden ungemahlene Gewürze benutzt, mal gemahlene Gewürze, meistens jedoch eine Kombination von beiden. Stellen Sie zunächst alle Gewürze in die Nähe des Herdes. Erhitzen Sie gerade so viel *ghee* oder Pflanzenöl, daß die Gewürze und die anderen Zutaten nicht anbrennen (im allgemeinen 1 bis 2 Eßlöffel). Die Temperatur sollte sehr hoch sein, natürlich nicht so hoch, daß das *ghee* bzw. Öl verbrennt. Nun geben Sie die Gewürze dazu. Sie werden sofort anschwellen, zerspringen, braun werden oder sich auf andere Weise verändern. Dann, gerade im rechten Augenblick, wenn die Gewürze fertiggebräunt oder gar sind, geben Sie sie in das Gericht, das Sie gerade zubereiten, oder umgekehrt – schütten Sie dieses Gericht in die Gewürzmischung, um es zu sautieren oder zu dünsten.

Da die einzelnen Gewürze unterschiedlich lange brauchen, um braun zu werden, aber alle zur gleichen Zeit fertig sein müssen, ist ein gutes Zeitgespür von äußerster Wichtigkeit. Nehmen wir zum Beispiel einmal an, Sie bräuchten für ein bestimmtes Gericht Kreuzkümmel, Bockshornsamen, geriebenen frischen Ingwer, gemahlenen Koriander und Asafötidapulver. Da sowohl Kreuzkümmel wie Bockshornsamen ungefähr 30 Sekunden zum Bräunen brauchen, kommen sie zuerst ins heiße *ghee* bzw. Öl, 10 Sekunden später der geriebene Ingwer, der ungefähr 20 Sekunden braucht. Der gemahlene Koriander, der ca. 5 Sekunden zum Anbräunen braucht, wird weitere 15 Sekunden später hineingegeben und zum Schluß die Asafötida. Und fertig ist die *masala!*

Wenn Sie ein Gericht zur *masala* dazugeben, dann rühren Sie als erstes einmal um, so daß die Zutaten sich mit den Gewürzen vermengen, damit diese nicht am Topfboden versengen. Bei Rezepten mit ausschließlich gemahlenen Gewürzen sollte das *ghee* bzw. Pflanzenöl nur mäßig heiß sein, so daß die Gewürze bräunen können, ohne anzubrennen. Was Kräuter und andere Würzmittel wie Zitronensaft betrifft, so werden sie meistens erst während des Kochens oder am Schluß hinzugefügt.

Mit nur ein wenig Erfahrung bei der Zubereitung von *masalas* werden Sie schon bald mit dem Geschmack und Aroma jedes einzelnen Gewürzes vertraut sein. Starke Gewürze wie Nelken, Cayennepfeffer und Asafötida werden Sie nur in geringer Menge verwenden, milde Gewürze wie Kreuzkümmel und gemahlenen Koriander in größerer Menge.

Einige *masala*-Mischungen, wie *panch masala* und *garam masala*, können auf Vorrat zubereitet werden. Sie können sie in solcher Menge machen, daß Sie mehrere Wochen oder sogar einige Monate damit auskommen. *Panch masala*, eine Mischung aus fünf ungemahlenen Gewürzen, wird meistens für Gemüsegerichte verwendet. *Garam masala* ist eine Mischung aus gemahlenen Backgewürzen und wird erst am Ende des Kochens hinzugefügt, manchmal auch erst kurz vor dem Servieren.

Im folgenden ein Rezept für *panch masala* und eines für *garam masala*:

Panch masala: Je 2 Eßlöffel Kreuzkümmelsamen, schwarze Kreuzkümmelsamen oder Kalinjisamen, schwarze Senfkörner und Anis- oder Fenchelsamen miteinander vermischen; dann einen Eßlöffel Bockshornsamen dazugeben, wiederum durchmischen und in einem luftdichten Behälter an einem kühlen, trockenen und dunklen Ort aufbewahren. Schütteln Sie das Gefäß vor jedem Gebrauch, um sicherzugehen, daß die Gewürze gleichmäßig verteilt sind.

Garam masala: In einer schweren, gußeisernen Bratpfanne die folgenden Gewürze getrennt ohne Fett anrösten: 4 Eßlöffel Korianderkörner, je 2 Eßlöffel Kreuzkümmelsamen, schwarze Pfefferkörner, Kardamomensamen, 1 Teelöffel ganze Nelken und 2 Zimtstangen von je 5 cm Länge. Schwenken Sie die Pfanne, bis das Gewürz jeweils einen Ton dunkler geworden ist und ein frisch geröstetes Aroma ausströmt. Mahlen Sie die gerösteten Gewürze alle zusammen in einer elektrischen Kaffeemühle zu einem feinen Pulver. Füllen Sie die gemahlene *masala* in ein Glasgefäß mit dicht abschließendem Deckel, und bewahren Sie sie an einem kühlen Ort auf.

Bei einer anderen *garam-masala*-Mischung wird die gleiche Menge Kardamom, Nelken und Zimt wie im vorherigen Rezept geröstet und gemahlen; dazu kommt eine halbe feingeriebene Muskatnuß.

- Vor dem Gebrauch ungemahlener Gewürze, besonders wenn Sie sie in großen Mengen gekauft haben, sollten Sie sie nach Stengeln und Steinchen durchsuchen.
- Bewahren Sie alle Ihre Gewürze in geschlossenen Gläsern oder Dosen an einem kühlen, trockenen Ort auf, wo kein direktes Sonnenlicht hinscheint. Um nicht ständig in die großen Behälter hineinlangen zu müssen und die Gewürze somit der Gefahr des Verderbens auszusetzen, sollten Sie für den täglichen Bedarf kleinere Gläser abfüllen. Gläser und Dosen sollten grundsätzlich beschriftet sein.
- Kaufen Sie keine fertig gemahlenen Gewürze, da diese schnell ihr Aroma verlieren. Es zahlt sich in jedem Fall aus, ungemahlene Gewürze zu kaufen und sie bei Bedarf selbst zu mahlen. In Indien geschieht dies mit einem Mahlstein, aber eine elektrische Kaffeemühle ist mindestens ebensogut für diesen Zweck geeignet. Das Aroma und der Geschmack frisch gemahlener Gewürze sind unvergleichlich besser.
- Kaufen Sie keine gebrauchsfertigen Gewürzmischungen. Oft werden sie aus minderwertigen Gewürzen hergestellt, und diese geschmacklosen Mischungen verleihen Ihrem Kochen einen faden, eintönigen Charakter. In Indien sind sie praktisch unbekannt. Es ist weitaus besser, selbst frische Gewürzmischungen zuzubereiten.
- Für manche Rezepte brauchen sie einen *masala*-Brei. Diesen Brei können Sie herstellen, indem Sie die einzelnen Gewürze zusammen mit ein paar Tropfen Wasser in einem Mörser zerkleinern. Dünsten Sie den Brei für ca. eine Minute in *ghee* oder Öl an, so daß die Gewürze ihren individuellen Geschmack entfalten, bevor Sie weitere Zutaten hinzufügen.
- Bevor Sie mit dem Kochen beginnen, sollten Sie das Rezept sorgfältig durchlesen. Stellen sie die Gewürze, die sie brauchen, in die Nähe des Herdes. Später haben Sie vielleicht keine Zeit, sich mit der Suche nach einem Gewürz aufzuhalten.
- Manchmal können Sie als Ersatz für ein Gewürz, das Sie nicht haben, ein anderes verwenden. Oft können Sie dieses fehlende Gewürz auch weglassen, ohne daß das Gericht deshalb unbedingt an Qualität einbüßt. Die Rezepte weisen manchmal auf Möglichkeiten hin, Gewürze auszutauschen oder wegzulassen. Hierbei ist auch die eigene Erfahrung ein guter Lehrmeister.
- Obwohl getrocknete Kräuter oft doppelt so pikant sind wie frische, sollten Sie möglichst frische Kräuter verwenden. Auf Seite 77/78 finden Sie ein paar Tips, wie Sie eigenen Koriander und Bockshornklee anpflanzen und lagern können.

Da indische Gerichte ihren unverkennbaren Charakter der wohlüberlegten Mischung der Gewürze verdanken, ist es bestimmt der Mühe wert, sie einzeln aufzuzählen und mit ihren individuellen Eigenschaften und ihrer richtigen Verwendung beim indischen Kochen vertraut zu werden.

ASAFÖTIDA *(hing):* Dieses aromatische Harz, das aus der Wurzel der *Ferula asafoetida* gewonnen wird, benutzt man wegen seines ausgeprägten Geschmacks und seiner Heilkräfte nur in kleinen Prisen. Asafötida ist ein so wirkungsvolles Mittel gegen Blähungen, daß sie sogar Pferde von Verdauungsstörungen befreien kann. Im Handel bekommt man sie als Harz oder als feines Pulver. Die erstere Form ist die reinere, aber Sie müssen sie vor Gebrauch zerreiben. Gemahlene Asafötida ist mit weißem Mehl gestreckt, ist aber praktischer in der Anwendung. Fügen Sie ein oder zwei Sekunden vor den anderen Zutaten eine Prise oder eine Teelöffelspitze zum *ghee* oder Pflanzenöl hinzu. Wenn Sie keine Asafötida besorgen können oder sie nicht verwenden möchten, wird Ihr Rezept auch so gelingen.

BOCKSHORNKLEE *(methi):* Die Blätter und zarten Stengel des *Trigonella fenumgraecum* sind in Indien ein weitverbreitetes Gemüse. Seine viereckigen, ziemlich flachen, beige-bräunlichen Samen sind ein wesentlicher Bestandteil vieler Gemüsecurrys und anderer pikanter Gerichte. In Indien essen Frauen Bockshornsamen mit *jaggery* (unraffinierter Palmzucker) nach der Geburt eines Kindes, um den Rücken zu stärken, die Körperkraft zurückzugewinnen und die Sekretion der Muttermilch anzuregen. Da Bockshornsamen einen leicht bitteren Geschmack haben, sollten Sie immer darauf achten, die vorgeschriebene Menge nicht zu überschreiten und sie nicht anbrennen zu lassen, denn dadurch werden sie noch bitterer. Bockshornklee kann, genauso wie Koriander, problemlos zu Hause angepflanzt werden.

CAYENNEPFEFFER *(pesa hui lal mirch):* wird aus getrockneten roten Chilis hergestellt und trägt auch die Bezeichnung „Chilipulver". Es verleiht dem indischen Essen seine Schärfe. Verwenden Sie es je nach Geschmack.

CHILIS, frisch *(hari mirch):* Diese knallroten oder grünen Schoten des *Capsicum annum* bekommt man sowohl in Asienläden als auch in manchen Supermärkten. Die flachen, runden, weißen Samen aus dem

Innern verleihen einer Speise die Schärfe. Falls Sie den Geschmack haben möchten, jedoch nicht die Schärfe, können Sie die Schoten aufschneiden und die Samen mit der Spitze eines kleines Messers entfernen. Wenn Sie Chilis angefaßt haben, sollten Sie Ihre Hände hinterher mit Seife und warmem Wasser waschen, denn ihre ätherischen Öle reizen die Haut. Bewahren Sie sie ungewaschen und in Zeitungspapier eingewickelt im Kühlschrank auf. Chilis, die schlecht werden, sollten Sie wegwerfen.

CHILIS, ganz, getrocknet *(sabut lal mirch):* Getrocknete rote Chilischoten finden in der indischen Küche vielfach Verwendung, sowohl um ihrer Schärfe als auch um ihres Geschmacks willen. Wenn zerbröselte Chilis verlangt sind, so zerstoßen Sie sie mit Mörser und Stößel, oder zerbröseln Sie sie zwischen den Fingern. Vergessen Sie nicht, sich hinterher die Hände zu waschen. Wenn Sie Chilis nicht mögen, können Sie sie teilweise oder auch ganz weglassen.

CURRYBLÄTTER *(kari patti):* Die frischen Blätter des südasiatischen Karibaumes, *Murraya koenigri,* werden meist zum Würzen von Currys und Suppen verwendet. Getrocknete Blätter sind leichter zu bekommen als frische, haben aber weniger Aroma. Wenn Sie ein Curry oder eine *masala* vorbereiten, geben Sie die frischen bzw. getrockneten Blätter ins Öl und rösten Sie sie, bis sie knusprig sind.

FENCHEL *(sauf):* Die länglichen, blaßgrünen Samen des *Foeniculum vulgare* sehen wie Kreuzkümmel aus, schmecken aber ähnlich wie Anis oder Lakritze. Fenchelsamen werden auch manchmal in Currys verwendet. Geröstete Fenchelsamen sind ein hervorragender Atemreiniger. Wenn Sie sie nicht bekommen können, verwenden Sie ersatzweise die gleiche Menge Anissamen.

INGWER, frisch *(adrak):* Dieser hellbraune, knollige Wurzelstock des *Zingiber officinalis* findet in allen Bereichen des indischen Kochens weitverbreitete Anwendung. Suchen Sie Ingwer, der frisch und rund und nicht runzlig ist, der festes Fleisch hat und möglichst wenig fasert. Bevor Sie Ingwer zerhacken, zerreiben, in Scheiben schneiden oder zu einem Brei zermahlen, sollten Sie die kartoffelartige Haut mit einem scharfen Messer abschälen. Verwenden Sie zum Reiben die feinen Löcher einer Metallreibe. Ingwerpulver kann frischen Ingwer nicht ersetzen, da sein Aroma ein anderes ist. Getrockneter Ingwer *(sonth)* ist schärfer als frischer Ingwer und muß vor Gebrauch eingeweicht werden (ein Teelöffel getrockneter Ingwer entspricht einem

Eßlöffel frischen Ingwer). Ingwer wird als Heilmittel gegen Koliken und Verdauungsstörungen verwendet. In kleinen Mengen gegessen, heilt er Magenschmerzen, und Ingwertee ist ein hervorragendes Mittel gegen Erkältungen.

KALINJISAMEN *(kalinji)*: Dies sind die schwarzen, tränentropfenförmigen Samen der Zwiebelpflanze *Nigella indica.* Sie verleihen dem Essen einen leichten Zwiebelgeschmack und werden in Gemüsegerichten und für *pakora*-Teig verwendet. Sie werden oft mit schwarzem Kreuzkümmel verwechselt, haben mit ihm jedoch keine Gemeinsamkeiten. Falls sie nicht erhältlich sind, können Sie sie einfach weglassen.

KARDAMOM *(elaichi)*: Die blaßgrünen Samenkapseln der Kardamomenpflanze *(Elettaria cardamomum)*, die zur Gattung der Ingwergewächse gehört, werden zum Würzen von Süßspeisen verwendet oder zur Atemreinigung und Appetitanregung gekaut. Weiße Kardamomenkapseln, die nichts anderes sind als gebleichte grüne Kapseln, sind leicht zu bekommen, haben aber weniger Würzkraft. Wenn Sie die ganzen Kapseln mitgekocht haben, dann nehmen Sie sie vor dem Servieren heraus oder schieben Sie sie an den Tellerrand. Mit Schale sind sie nicht zum Essen bestimmt. Wenn für ein Rezept ausschließlich die schwarzen, scharfen Samen verlangt sind, so entfernen Sie diese aus der Hülse und zerstoßen Sie sie mit einem Mörser oder einem Nudelholz. Für *garam masala* werden gemahlene Kardamomensamen verwendet.

KORIANDERBLÄTTER, frisch *(hara dhania)*: Die frischen Blätter des *Coriandrum sativum* werden in Indien so häufig verwendet wie Petersilie im Westen – jedoch nicht nur zum Garnieren, sondern als eines der wesentlichen Würzmittel. Es lohnt sich immer, nach frischem Koriander Ausschau zu halten. Sein feiner Geschmack ist einmalig. Ersatzweise können Sie auch Petersilie verwenden, doch der Geschmack wird nicht der gleiche sein. Frischer Koriander wird meistens im Bund verkauft. Stellen Sie die Wurzeln oder abgeschnittenen Stengel in eine kleine Vase mit Wasser, die Vase in eine Plastiktüte, und bewahren Sie beides im Kühlschrank auf. So werden die Korianderblätter länger als eine Woche halten. Verwenden Sie die gehackten Blätter und oberen Stengel.

Wenn Sie keine frischen Korianderblätter und keinen frischen Bockshornklee bekommen können, ist es auch möglich, sie selbst anzupflanzen. Verstreuen Sie ein paar Korianderkörner (bzw. Bockshornsamen) in Ihrem Garten, bedecken Sie sie mit einer dünnen Schicht Erde und bewässern Sie sie täglich. Die Keimdauer beträgt 18 bis 20 Tage, und die Triebe wachsen sehr schnell. Pflücken Sie sie, wenn sie etwa 15 cm hoch sind, bevor sie zu schießen beginnen.

KORIANDERKÖRNER, ganz und gemahlen *(dhania, sabut* und *pesa):* Die runden, beigen und hocharomatischen Korianderkörner, die eines der wichtigsten Gewürze der indischen Küche sind, nehmen auch im Westen an Beliebtheit zu. Im Jahre 1983 importierten sowohl die USA als auch Großbritannien jeweils über 3 Mio. Tonnen Korianderkörner. Die im Koriander enthaltenen Öle helfen bei der Verdauung von stärkehaltigen Speisen und Wurzelgemüse. Korianderkörner werden vor Gebrauch meistens gemahlen und verleihen dem Essen ein frisches, frühlingshaftes Aroma. Um das größtmögliche Aroma zu erhalten, ist es ratsam, ganze Körner zu kaufen und sie in kleinen Mengen in einer elektrischen Kaffeemühle zu mahlen.

KREUZKÜMMEL, ganz und gemahlen *(safed jeera, sabut* und *pesa):* Die Samenkörner des Weißen Kümmels, *Cuminum cyminum* (auch Cumin genannt), sind eine unentbehrliche Zutat für Gemüsecurrys, Reisgerichte und *dal.* Gemahlener Kreuzkümmel ist zwar in den meisten Feinkostläden und manchmal auch in Supermärkten erhältlich, aber es ist doch besser, ihn bei Bedarf selbst zu mahlen. Wenn in einem Rezept gerösteter Kreuzkümmel verlangt wird, dann erhitzen Sie die angegebene Menge in einer vorgewärmten Pfanne. Schwenken Sie die Pfanne so lange, bis die Samen dunkler werden und ihr Aroma entfalten. Wenn Sie gerösteten *und* gemahlenen Kreuzkümmel benötigen, mahlen Sie den bereits gerösteten Kreuzkümmel in der elektrischen Kaffeemühle zu einem feinen Pulver. Wenn Sie keine Kaffeemühle haben, können Sie einen Mörser verwenden oder die Samenkörner einfach mit dem Rücken eines Löffels zerdrücken.

Kala jeera, schwarze Kreuzkümmelsamen *(Cuminum nigrum),* sind kleiner und dunkler als die weißen und haben einen bittereren Geschmack und einen schärferen Geruch.

MANGOPULVER *(amchur):* Die frischen Früchte des Mangobaumes, *Mangifera indica,* werden in Streifen geschnitten, getrocknet, gemahlen und dann als säuerlich würzender Wirkstoff in Gemüsecurrys verwendet. Mangopulver wird in der nordindischen Küche so großzügig benützt wie in der westlichen Küche Zitrone, um dem Gericht einen scharfen und sauren Beigeschmack zu geben. Da es sehr leicht verbrennt, sollten Sie es mit Bedacht verwenden.

MINZBLÄTTER *(pudina ki patti):* Die zwei gebräuchlichsten Minzarten sind Grüne Minze *(Mentha spicata)* und Pfefferminze *(Mentha piperita).* Minzblätter werden häufig zum Garnieren benutzt. Außerdem geben sie Getränken einen erfrischenden Geschmack und können auch zu Minzchutney verarbeitet werden. Minze stimuliert den Verdauungstrakt und lindert Übelkeit und Brechreiz. Sie können sie problemlos zu Hause anpflanzen – sie gedeiht in praktisch jeder Erde, sowohl in der Sonne als auch im Halbschatten. Getrocknete Minze verliert rasch ihre Farbe, behält aber ihr Aroma recht lange.

MUSKAT *(jaiphal):* Die Muskatnuß ist der Samenkern des tropischen Baumes *Myristica fragrans.* Kaufen Sie ganze Kerne, die rund, kompakt, ölig und schwer sind. Von Natur aus ist die Muskatnuß dunkel; weiße Muskatnüsse wurden zum Schutz vor Insektenfraß in Kalkmilch getaucht. Geriebene Muskatnuß wird in kleinen Mengen (manchmal zusammen mit anderen Gewürzen) verwendet, um Süßspeisen und Gemüsegerichte zu würzen. Am besten, Sie reiben den Muskat direkt in das betreffende Gericht, da er nach dem Reiben rasch an Würzkraft verliert. Bewahren Sie den ganzen oder geriebenen Muskat in einem fest verschlossenen Behälter auf.

NELKEN *(laung):* Diese getrocknete Blütenknospe des tropischen Gewürzbaumes *Myrtus caryophyllus* bildete schon immer die Grundlage des Gewürzhandels. Das Wort „Nelke" ist eigentlich eine Abwandlung von „Nägelein" oder „Nägelchen" und weist auf die Form der Knospen hin. Nelkenöl ist antiseptisch und stark aromatisch. Es wird gesagt, daß der Brauch des „Nelkenkauens in der Gegenwart des Kaisers" in China begann. Während der Herrschaft Königin Elisabeths I. war es bei den Höflingen Brauch, in Anwesenheit der Königin eine Nelke zu kauen. Nelken können zur Blutreinigung, zur Verdauungshilfe und als örtliches Analgetikum gegen Zahnschmerzen angewandt werden. Geröstete und gemahlene Nelken sind ein essentieller Bestandteil von *garam masala.* Kaufen Sie nur dicke, runde Nelken, nicht verschrumpelte oder vertrocknete.

ROSENWASSER *(gulab-jal):* Rosenwasser ist die verdünnte Essenz von Rosenblättern und wird durch Dampfdestillation gewonnen. Es wird sehr häufig für indische Süßigkeiten und Reisgerichte verwendet. Für normales Rosenwasser können Sie einen Meßlöffel benutzen; wenn Sie jedoch Rosenessenz oder Konzentrat verwenden, sollten Sie genau darauf achten, nicht zuviel zu nehmen. Zählen Sie die einzelnen Tropfen.

SAFRAN *(kesar):* Safran ist als der „König der Gewürze" bekannt. Er besteht aus den getrockneten Blütennarben des Safrankrokus *(Crocus sativus),* der in Kaschmir, Spanien und Portugal angebaut wird. Jede Krokusblüte hat nur drei Safranfäden. So kommt es, daß man für ein Kilo Safran etwa 140 000 Blüten braucht, deren Blütennarben alle per Hand gepflückt werden müssen. Safran ist teuer, aber man kommt mit einer kleinen Menge lange aus. Kaufen Sie keinen billigen Safran, sogenannten Saflor. Er sieht sehr ähnlich aus und ergibt auch eine safranartige Farbe, kommt aber bei weitem nicht an den echten Duft heran.

Safran hat ein angenehmes, feines Aroma und verleiht allen Speisen, in die man es hineingibt, eine tiefgelbe Farbe. Es wird zum Würzen und Färben von Süßigkeiten, Reisgerichten und Getränken verwendet. Sie können das Aroma und die hellorange Farbe aus den Safranfäden extrahieren, indem Sie sie rösten, zerbröseln und in etwa einem Eßlöffel warmer Milch einweichen. Geben Sie das Ganze dann in das zu würzende Gericht. Safran gibt es auch als Pulver, welches doppelt so stark würzt wie die Fäden.

SENFKÖRNER, schwarz *(rai):* Die indische Küche wäre nicht dieselbe ohne die Samen der *Brassica juncea.* Schwarze Senfkörner sind rund, klein (kleiner als die gelbe Sorte) und nicht tiefschwarz, sondern eher dunkel-rotbraun. Sie sind scharf (mit einem nußartigen Beigeschmack) und nahrhaft und verleihen dem Gericht außerdem Struktur und ein gefälliges Aussehen. Das Rösten der Senfkörner ist einer der Höhepunkte beim Zubereiten einer *masala.* Streuen Sie die Körner in eine kleine Menge siedendheißes *ghee* oder Pflanzenöl, und ein paar Sekunden später werden sie anfangen zu knistern und zu knacken ... und aus der Pfanne zu springen, wenn Sie sie nicht schnell genug zudecken.

TAMARINDE *(imli):* Dieses säuerliche Gewürz gewinnt man aus den langen, breiten, bohnenartigen Schoten eines tropischen Baumes, des *Tamarindus indica.* Das braune Fleisch wird (manchmal zusammen mit den dunklen, glänzenden Samen) aus den Schoten herausgeschabt, getrocknet und in Päckchen verkauft.

Entfernen Sie vor Gebrauch die Samen und brechen oder schneiden Sie das Fruchtfleisch in kleine Stücke. Kochen Sie die Stücke für etwa zehn Minuten in einer kleinen Menge Wasser, bis sie weich werden und zerfallen (ungefähr ¼ Liter Wasser auf 200 g Tamarinde). Pressen Sie dann so viel wie möglich von dem Fruchtfleisch durch ein Sieb. Behalten Sie die Flüssigkeit und werfen Sie den faserigen Rest, der in dem Sieb zurückgeblieben ist, weg. Wenn Sie keine Tamarinde bekommen, können Sie mit einer Mischung aus Zitronensaft und braunem Zucker einen ähnlichen Geschmack imitieren.

TURMERIK *(haldi):* ein Wurzelstock der Ingwerfamilie *(Curcuma longa);* seine Farbe schwankt zwischen dunkelorange bis rötlich-braun, aber im getrockneten und gemahlenen Zustand ist er immer hellgelb. Turmerik (auch Kurkuma oder Gelbwurz genannt) wird in kleinen Mengen verwendet und verleiht Gemüsegerichten, Suppen und Chutneys ein scharfes, pikantes Aroma. Oft wird er einfach zum Färben von Reisgerichten benutzt. Gemahlener Turmerik bewahrt seine Färbekraft für lange Zeit, verliert aber ziemlich schnell sein Aroma. Die kleinste Packung reicht für den häuslichen Vorrat, es sei denn, Sie ernähren sich von Reis- und Currygerichten. Turmerik kann Flecken hinterlassen; sehen Sie sich also mit Ihrer Kleidung vor. Beachten Sie auch, daß Turmerik leicht anbrennt. Turmerik wird in der ayurvedischen Medizin als harntreibendes Mittel, zur Blutreinigung und zur Verdauungsförderung verwendet.

ZIMT *(dalchini):* Echter Zimt wird aus der inneren Rinde des *Cinnamomum zeylanicum,* eines immergrünen, auf Sri Lanka und den westindischen Inseln beheimateten Baumes, gewonnen. Versuchen Sie, die sonnengetrockneten, dünnen, ineinandergewickelten Rindenschichten zu bekommen. Werden ganze Zimtstangen verwendet, wie bei Chutneys oder bestimmten Reisgerichten, so nimmt man die Stangen vor dem Servieren heraus. Kaufen Sie anstatt gemahlenen Zimts grundsätzlich ganze Stangen, die Sie bei Bedarf rösten und mahlen können. Der stark aromatische, leicht bittere Zimt, der im Handel in dicken Stücken oder als Pulver erhältlich ist *(Cinnamomum cassia),* ist ein dürftiger Ersatz für den oben beschriebenen Zimt, der einen milden, süßlichen Geschmack hat.

Milchprodukte

1 Ghee *(Geklärte Butter)* *88*
2 Paneer *(Selbstgemachter Käse)* *90*
3 Dahi *(Joghurt)* *92*

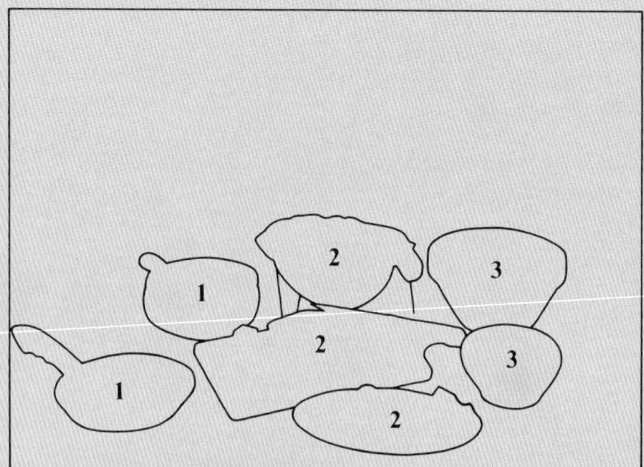

SOWOHL in modernen Lehrbüchern als auch in den alten *Veden* wird Milch als Wundernahrung gepriesen, da sie alle für die Gesundheit benötigten Nährstoffe enthält. Die vedischen Schriften fügen noch hinzu, daß Milch die Bildung der feinen Gehirnzellen fördert, die erforderlich sind, um Krischna-Bewußtsein zu verstehen. Zu vedischer Zeit lebten viele *yogis* nur von Milch, die es in so reichlicher Menge gab, daß Haushälter sie kostenlos austeilten. Da Milch den Menschen sowohl physisch wie auch spirituell ernährt, galt sie in der vedischen Kultur als das wichtigste aller Nahrungsmittel, unentbehrlich für eine zivilisierte Gesellschaft.

Die Bedeutsamkeit der Milch weist darauf hin, wie wichtig es ist, die Kühe zu beschützen. Wie der Mensch, so ist auch die Kuh glücklich, wenn sie sich geborgen fühlt. Eine Kuh, die ihr Kalb säugen kann, ohne befürchten zu müssen, daß sie getötet wird, wenn sie keine Milch mehr gibt, ist glücklich und gibt ganz natürlich mehr und qualitativ bessere Milch. Aus dem *Srimad-Bhagavatam* erfahren wir, daß unter dem Schutz des heiligen Königs Yudhisthira die Kühe so glücklich waren, daß ihre prallen Euter zum Überlaufen voll waren und sie den Boden mit sahniger Milch befeuchteten. Als Maharaja Pariksit, ein anderer bedeutender vedischer König, dazukam, als jemand versuchte, in seinem Königreich eine Kuh zu töten, war er so zornig, daß er den Missetäter auf der Stelle gefangennahm und bestrafte.

Da die Menschen Kuhmilch trinken, sehen die *Veden* die Kuh als eine der Mütter der menschlichen Gesellschaft an. „Das Blut der Kuh ist sehr nahrhaft", sagte Srila Prabhupada, „aber zivilisierte Menschen nehmen es in Form von Milch zu sich." Der Ochse, der beim Bestellen der Felder und somit bei der Getreideproduktion hilft, wird als der Vater der menschlichen Gesellschaft betrachtet. Aus diesem Grunde spricht Krischna persönlich in der *Bhagavad-gita* von *go-raksyam,* dem

Schutz der Kuh. Leider legen die Menschen unserer „fortschrittlichen" Zivilisation keinen Wert auf spirituelles Wissen und fördern statt dessen das großangelegte Schlachten von Kühen. „Daraus kann man ersehen", schreibt Srila Prabhupada, „daß sich die menschliche Gesellschaft in die falsche Richtung entwickelt und auf dem besten Wege ist, in ihr eigenes Verderben zu rennen."

Was nun den Schutz der Kühe betrifft, so werden manche Fleischesser hier protestieren. Doch darauf entgegnen wir, daß Krischna den Schutz der Kuh ausdrücklich betont und daß daher diejenigen, die trotz aller vernünftigen Gegenargumente zum Fleischessen neigen, das Fleisch von weniger wichtigen Tieren wie Schweinen, Geflügel oder Fischen essen sollten; auf keinen Fall sollten sie Kühe töten. In den *Veden* wird gesagt, daß jeder, der am Töten einer Kuh beteiligt ist, so oft in der materiellen Welt wiedergeboren werden muß, wie diese Kuh Haare auf dem Rücken hat. Und die *Veden* sind nicht die einzigen Schriften, die das Kühetöten verbieten. In der Bibel heißt es zum Beispiel: „Wer einen Ochsen schlächtet, ist wie einer, der einen Menschen erschlägt." (Jes. 66,3)

Alles in allem ist das Fleischessen in der vedischen Kultur nicht vollständig verboten. Einer bestimmten Klasse von Menschen ist es unter bestimmten Umständen nach genau festgelegten Regulierungen erlaubt, Fleisch zu essen. Auf keinen Fall jedoch darf irgend jemand Kühe töten. Srila Prabhupada machte einmal den Vorschlag, daß diejenigen, die unbedingt Rindfleisch essen müßten, doch die Überreste einer Kuh, die eines natürlichen Todes gestorben sei, essen sollten. Es würde dabei zu Anfang natürlich einen Mangel an Tierkadavern geben, doch später würden sie in ausreichendem Maße zur Verfügung stehen.

Der wichtigste Grund, die Kühe zu beschützen, ist, daß Krischna sie liebt. Auf Krischna-loka, Sri Krischnas ewigem Reich, so berichten uns die vedischen Schriften, werden die Kühe *surabhis* genannt, und der Herr selbst behütet sie. Krischnas Reich wird auch Goloka, der Planet der Kühe, genannt.

Als Krischna vor fünftausend Jahren auf dieser Welt erschien, hütete Er als Kuhhirtenjunge zusammen mit Seinen Freunden in dem nordindischen Dorf Vrindavana die einheimischen Kuhherden und zeigte so Seine Zuneigung zu den Kühen. Seine Kindheitsspiele drehten sich um Kühe und Kälber, um Seine Kuhhirtenfreunde und um Milchprodukte. Deshalb wird Krischna auch Govinda genannt, „jemand, der den Kühen Freude bereitet", und Gopala, „der Freund der Kühe". Weil Er im Spiel die Butter- und Joghurtvorräte der Nachbarn stibitzte, wird er Makhana-taskara, „der Butterdieb", genannt.

Kuhmilch ist die Grundlage dreier essentieller Zutaten der vedischen Küche: *ghee* (geklärte Butter), *paneer* (Frischkäse), und *dahi* (Joghurt). *Ghee* war bereits zu vedischen Zeiten ein geschätztes Kochmittel und gilt neben Getreide und Kühen als Reichtum des Haushalts. *Ghee* ist die Essenz der Butter. Man gewinnt es, indem man Butter sehr langsam erhitzt, bis alles Wasser verdampft ist und sich die festen Bestandteile vom Öl getrennt haben. *Ghee* hat einen leicht süßlichen, leckeren, nußartigen Geschmack, der den Speisen eine unwiderstehliche Anziehungskraft verleiht. Und Sie brauchen keine Angst um Ihren Cholesterinspiegel zu haben.

Ghee hat noch andere Qualitäten als nur seinen Geschmack. Man kann es auf sehr hohe Temperaturen erhitzen, ohne daß es anfängt zu schäumen oder zu rauchen, da das Wasser (das bei 100 Grad kocht) und die Eiweißbestandteile (die bei 125 Grad verbrennen) bereits ausgesondert wurden. *Ghee* ist ideal zum Sautieren, Dünsten, Braten und Fritieren. Es wird Ihrem Kochen eine neue Dimension geben.

Käse, wie wir ihn im Westen kennen, ist in Indien praktisch unbekannt; die Menschen dort geben frischen Milchprodukten den Vorzug. *Paneer* ist hausgemachter Frischkäse, der vielseitig verwendet wird. Abgehangener Käse kann direkt in Suppen oder Gemüsegerichte gegeben oder so gegessen werden, wie er ist. Gepreßter *paneer* kann zu Milchsüßigkeiten verarbeitet oder in Würfel geschnitten und dann, roh oder fritiert, in Gemüsegerichten verwendet werden.

Joghurt paßt auf die eine oder andere Art zu praktisch jeder indischen Mahlzeit. Außer daß man ihn „natur" in einer kleinen Schüssel (stets ungesüßt) anbietet, ist es auch möglich, ihn bei der Zubereitung der verschiedensten Gerichte zu verwenden. Der milde Geschmack von Joghurt rundet das Aroma von pikanten Gerichten ab, und mit Reis und Gemüsen vermischt, wirkt er als Bindemittel und erleichtert das Essen mit den Fingern. Der *Ayur-veda* empfiehlt, Joghurt stets mit anderen Speisen zusammen zu essen.

Joghurt verdankt seine gesundheitsfördernden Eigenschaften den wohlverträglichen Bakterien, die in ihm enthalten sind. Kaufen Sie keinen hitzebehandelten, sterilisierten Joghurt mit künstlichen Farb-, Aroma-, Konservierungs- und Süßstoffen. Die Vorbehandlung zerstört die Bakterien. Wir hoffen, daß Sie schnell herausfinden, wie einfach es ist, Joghurt selbst zu machen.

Ghee

Geklärte Butter

Ghee *selbst herzustellen ist weder schwierig noch kompliziert, aber es dauert seine Zeit. Um das süße, nußartige Aroma der geschmolzenen Butter freizusetzen, ist ein langer, allmählicher Siedevorgang notwendig. Wenn das Wasser völlig verdampft ist und sich die festen Bestandteile gelöst haben, so daß sie auf der Oberfläche schwimmen, bleibt schließlich das klare, amberfarbene* ghee *übrig.*

1-5 kg ungesalzene Butter

Zunächst die Butter in einem großen, schweren Kochtopf auf mittlerer Flamme zum Sieden bringen. Wenn die Oberfläche der Butter mit weißem Schaum bedeckt ist, die Flamme auf klein stellen und ohne Deckel sieden lassen, dabei ab und zu die festen Bestandteile von der Oberfläche abschöpfen. Das *ghee* sollte auf keinen Fall anbrennen. Wenn es überhitzt wird oder zu lange siedet, nimmt es eine dunkle Färbung und einen beißenden Geruch an.

Die Zubereitungszeit für *ghee* ist abhängig von der Menge (siehe Tabelle). Das fertige *ghee* sollte goldfarben und klar genug sein, daß man den Topfboden deutlich sehen kann. Gießen Sie das *ghee* vorsichtig in eine Kanne oder einen Krug und lassen Sie es unbedeckt auf Zimmertemperatur abkühlen. Die von der Oberfläche abgeschöpften Milchbestandteile und die Feststoffe, die am Boden des Topfes zurückbleiben, können mit Gemüsegerichten, Suppen und Getreide vermischt werden.

Ghee, das nach Vorschrift zubereitet wurde und in einem geschlossenen Behälter an einem kühlen, trockenen Ort aufbewahrt wird, ist monatelang haltbar.

Zubereitungs- und Kochzeit

Buttermenge	Kochzeit	ghee-Ertrag
1 kg	½ Std.	800 g
2,5 kg	3 Std.	2,2 kg
5 kg	5 Std.	4,6 kg

Zur Beachtung beim Fritieren mit ghee

• Es gibt zwei Sorten *ghee: usli ghee* und pflanzliches *ghee.* Wenn wir in diesem Buch von *ghee* sprechen, meinen wir immer *usli ghee,* d.h. echtes *ghee,* wie oben beschrieben. Pflanzliches *ghee* ist eine Mischung verschiedener Pflanzenöle und kann in großen Kanistern gekauft werden. Es ist zwar billiger und leichter, kann aber einem geschmacklichen Vergleich mit echtem *ghee* niemals standhalten.

• Alle Zutaten, die fritiert werden sollen, sollten in Reichweite und bei Zimmertemperatur vorbereitet, geschält, geschnitten bzw. gerollt werden. Beim Zubereiten einer *chaunce* sollten Sie zunächst alle Gewürze bereitstellen.

• Bevor Sie *ghee* zum Fritieren in einen Topf geben, sollten Sie sich vergewissern, daß der Topf völlig trocken ist. Lassen Sie niemals heißes *ghee* mit Wasser in Berührung kommen. Schon ein paar Wassertropfen reichen aus, das *ghee* in allen Richtungen wegspritzen zu lassen.

• Nasses Gemüse bringt *ghee* zum Schäumen; folglich muß von der Oberfläche des *ghee* bis zum Topfrand genug Raum frei bleiben, um ein Überschäumen zu vermeiden. Sie können leicht feststellen, ob das *ghee* schon heiß genug zum Fritieren ist, indem Sie ein Stückchen Teig oder Gemüse hineinfallen lassen. Wenn es sofort zur Oberfläche steigt und zischt, ist die die Temperatur hoch genug. Reduzieren Sie die Flamme gerade soweit, daß das *ghee* nicht verbrennt.

• Ist das *ghee* zu heiß, so werden die Fritüren außen verbrennen, ehe sie innen richtig gar sind. Ist das *ghee* nicht heiß genug, so werden sie sich mit *ghee* vollsaugen. Bedecken Sie die Oberfläche des *ghee* mit nur einer Lage Fritüren, so daß sie genug Platz haben, sich frei zu bewegen. Ansonsten wird die Temperatur zu stark absinken.

• Die Gottgeweihten bezeichnen *ghee* manchmal auch als „flüssiges Gold" und sind stets bestrebt, es nicht zu verschwenden. Es ist daher ratsam, die Fritüren in einem Sieb über einem Topf abtropfen zu lassen, um das überschüssige *ghee* aufzufangen. Bereits benutztes *ghee* muß vor erneutem Gebrauch gefiltert werden; ansonsten verbrennen die Rückstände vom letzten Kochen, so daß sich Farbe und Geschmack nachteilig verändern.

• Zum Fritieren können Sie das gleiche *ghee* mehrere Wochen lang verwenden, vorausgesetzt, daß es nicht verbrennt. Bleibt das *ghee* selbst nach dem Filtern dunkel oder gibt es einen beißenden Geruch von sich, so sollte es weggeschüttet werden.

Paneer

Hausgemachter Käse

Frischkäse, auf Hindi paneer *genannt, kann entweder so gegessen oder als Zutat für die verschiedensten Rezepte benutzt werden. Es gibt keinen Ersatz für* paneer. *Er ist einzigartig unter allen Käsesorten hinsichtlich seiner Vielseitigkeit, seinem hervorragendem Geschmack und seiner Schmelzbeständigkeit bei hohen Temperaturen.*

2,3 l Vollmilch
5 EL Zitronensaft oder 2 TL Zitronensäure
oder ¼ l Joghurt oder 600 ml saure Molke

Erhitzen Sie die Milch bei mittlerer Temperatur in einem Topf, der groß genug ist, um die Milch hochsteigen zu lassen, ohne daß sie überkocht. Bis die Milch kocht, können Sie das Gerinnungsmittel vorbereiten. Kleiden Sie ein Sieb mit zwei Lagen Käsetuch aus und setzen Sie es auf ein Gefäß, um die Molke aufzufangen.

Wenn die Milch steigt, das Gerinnungsmittel hineinrühren und den Topf von der Flamme nehmen. Fast unmittelbar trennt sich der schwammartige *paneer* von der klaren, gelbgrünen Molke. Wenn die Molke nicht klar ist, den Topf wieder auf die Flamme stellen und noch etwas Gerinnungsmittel hinzugeben.

Nachdem sich die geronnene Milch und die Molke vollkommen getrennt haben, den *paneer* im Käsetuch auffangen und eine halbe Minute unter fließendes, kaltes Wasser halten, um den *paneer* zu festigen und die überschüssigen Gerinnungsmittelreste zu entfernen, die den Geschmack verändern würden. Dann pressen Sie den Rest der Flüssigkeit auf eine der folgenden Arten heraus:

- Wenn Sie festen *paneer* benötigen, zum Beispiel für Käsewürfel oder um ihn zu einem Teig zu kneten, dann binden Sie den *paneer* ins Käsetuch und pressen ihn für einige Zeit mit Hilfe eines Gewichts aus. Je länger er gepreßt wird, desto fester wird er. Dann nehmen Sie das Gewicht herunter, schneiden den *paneer* in die gewünschte Form und verwenden ihn nach Bedarf. *Paneer* wird auch fest, wenn Sie ihn im Käsetuch aufhängen und lange genug abtropfen lassen.
- Wenn Sie weichen Käse brauchen, spannen Sie einfach das Käsetuch eng um den *paneer* und pressen das Wasser mit der Hand aus.

Zubereitungs- und Kochzeit: etwa 30 Minuten

Ein paar Tips zum Herstellen von paneer

Manchmal wird Frischkäse auch als *chenna* bezeichnet und gepreßter *chenna* als *paneer.* In diesem Buch jedoch ist mit *paneer* Frischkäse gemeint, und „gepreßter *paneer*" bedeutet gepreßter Frischkäse. Beachten Sie auch, daß die Begriffe Käse, indischer Käse und *paneer* alle ein und dasselbe bedeuten, nämlich *paneer.* Wieviel Milch Sie in etwa für eine bestimmte Menge *paneer* (für einige Minuten abgehangen) oder gepreßten *paneer* (10 Minuten unter einem schweren Gewicht gepreßt) benötigen, können sie aus nachfolgender Tabelle ersehen.

Milchmenge	paneer-Ertrag	gepreßter paneer
½ l	85 g	65 g
1 l	150 g	115 g
2 l	285 g	250 g

Nun wollen wir uns mit den Eigenschaften der gebräuchlichsten Gerinnungsmittel vertraut machen.

- *Zitronensaft.* Verleiht dem Käse einen leicht säuerlichen Geschmack. Ein Eßlöffel Zitronensaft reicht aus, um ½ l Milch gerinnen zu lassen.
- *Zitronensäure.* Diese sauren Kristalle, die man in jeder Apotheke und in den meisten Supermärkten bekommt, sind praktisch in der Anwendung und Aufbewahrung. Um guten, festen Käse zu erhalten, müssen Sie die Milch voll aufkochen lassen. Nehmen Sie die kochende Milch von der Flamme und geben Sie nach und nach unter ständigem Rühren die Zitronensäure hinzu, bis die Milch gänzlich geronnen ist. Dann ist es genug. Zuviel Zitronensäure macht den *paneer* weich und breiig. Ein halber Teelöffel Zitronensäure reicht für etwa ½ l Milch.
- *Joghurt.* Manche Köche bevorzugen Joghurt, weil der Käse dann voll und weich wird. Bevor Sie den Joghurt zu der kochenden Milch hinzugeben, lösen Sie ihn in einer kleinen Menge warmer Milch. Im allgemeinen reichen 4 oder 5 Eßlöffel Joghurt für ½ l Milch.
- *Molke.* Übriggebliebene Molke kann am darauffolgenden Tag als Gerinnungsmittel verwendet werden. Molke wird sauer und ist deshalb noch wirksamer, wenn sie zwei Tage oder noch länger steht. Ähnlich wie Zitronensaft verleiht sie dem Käse einen leicht säuerlichen Geschmack. Es werden mindestens 150 ml saure Molke benötigt, um ½ l Milch gerinnen zu lassen.

Dahi

Joghurt

2 l Vollmilch
50 ml Naturjoghurt

Bringen Sie die Milch in einem Topf zum Kochen und nehmen Sie sie dann vom Feuer. Senken Sie jetzt die Temperatur der Milch, entweder indem Sie den Topf in kaltes Wasser stellen oder sie einfach abkühlen lassen.

Die ideale Temperatur für Joghurtbakterien liegt bei 43 bis 45 Grad. Falls Sie kein Thermometer haben, können Sie auch einfach die Fingerprobe machen: Die Milch sollte gerade heiß genug sein, daß Sie den kleinen Finger für zehn Sekunden hineinhalten können, ohne ihn sich zu verbrennen, gerade lange genug, um „Hare Krischna, Hare Krischna, Krischna Krischna, Hare Hare/Hare Rama, Hare Rama, Rama Rama, Hare Hare" zu sagen. Vermischen Sie den Joghurt mit einer Tasse warmer Milch und rühren Sie ihn dann in den Topf. An kalten Tagen brauchen Sie eventuell etwas mehr Joghurt, um die Kultur anzusetzen, als an warmen Tagen.

Die Joghurtbakterien brauchen einige Stunden Wärme und Ruhe, um sich zu vermehren. Sie können die Temperatur der Milch dadurch konstant halten, daß Sie den bedeckten Topf in eine saubere Decke wickeln und in die Nähe einer Wärmequelle stellen. Vermeiden Sie es, den Topf an Orten abzustellen, wo er Erschütterungen ausgesetzt ist. Wenn möglich, setzen Sie den Joghurt abends an, weil dann die Störungsmöglichkeiten am geringsten sind. Gewöhnlich braucht der Joghurt 4 bis 8 Stunden, um fest zu werden. Sobald der Joghurt einmal dick ist, stellen Sie ihn in den Kühlschrank, um die Vermehrung der Bakterien zu verlangsamen. Sonst werden sie in fortschreitendem Maße den Milchzucker fressen, und binnen zwei Tagen wird der Joghurt sauer.

Der Joghurt sollte für vier bis fünf Tage haltbar bleiben. Vergessen Sie nicht, einen Rest Joghurt aufzubewahren, um die nächste Kultur anzusetzen. Wenn die Ausgangskultur schwächer wird, dann ersetzen Sie sie durch frisch gekauften Joghurt.

Zubereitungs- und Kochzeit: 15 Min.
Reifezeit: 4 bis 8 Std.

Aufgrund seiner gesundheitsfördernden Eigenschaften und seiner vielfältigen Verwendungsmöglichkeiten beim Zubereiten der verschiedensten Gerichte nimmt Joghurt in der vedischen Ernährung eine wichtige Stellung ein. Der *Ayur-veda* gibt eine detaillierte Beschreibung der heilenden Eigenschaften von Joghurt.

Außerhalb Indiens ist Joghurt am weitesten unter den Einwohnern Rußlands und der Balkanländer verbreitet, die für ihre lange Lebensdauer bekannt sind. Die direkte Beziehung zwischen joghurtreicher Ernährung und einer verlängerten Lebensdauer wurde vor einhundert Jahren von dem russischen Gerontologen Ilja Metschnikow entdeckt. Sein vorrangiger Beitrag zur Wissenschaft war seine Autotoxikosetheorie, die besagt, daß der Inhalt des Dickdarms in den Blutkreislauf übergehen und dabei den gesamten Körper vergiften kann. Metschnikow untersuchte und befragte viele Hundertjährige in Asien und Rußland und beobachtete, daß ihre Nahrung große Mengen Joghurt und gegorene Milch enthielt. Er schloß daraus, daß ihre Langlebigkeit auf die Bakterien in diesen Produkten zurückzuführen sei, die die Fäulnisbakterien im Darm einfach ersetzen. Unmittelbar auf seine Theorie folgte die erste Welle des Interesses an Joghurt als Gesundheitskost. Im Zuge des gesteigerten Joghurtkonsums im Westen hat die moderne Wissenschaft inzwischen noch weitere seiner bemerkenswerten Eigenschaften herausgefunden.

Hierzu einige Beispiele:

- Joghurt erzeugt Milchsäure, und Milchsäure zerstört die Bakterien, die für die Verwesung der Nahrung im Dickdarm verantwortlich sind. Diese Fäulnisbakterien sind eine der Hauptursachen für Krankheit und frühzeitiges Altern.
- Weil Joghurt aufgrund seiner *Lactobacillus-bulgaris*-Bakterien vorverdaut ist, wird er vom Körper schneller assimiliert als Milch.
- Joghurt enthält reichlich Proteine, Minerale, Enzyme und die meisten bekannten Vitamine, selbst die seltenen Vitamine D und B_{12}.
- Joghurt versorgt die Darmbakterien mit ihrer Lieblingsspeise: Laktose. Patienten, deren Darmbakterien durch Antibiotika zum Großteil vernichtet wurden, bekommen von ihrem Arzt oft den Rat, Joghurt zu essen, um die Anzahl dieser Bakterien wieder zu ergänzen.
- Joghurt birgt in sich natürliche antibiotische Wirkstoffe, die stark genug sind, um bestimmte Amöben und selbst so bösartige Bakterien wie Staphylokokken, Streptokokken und Thyphuserreger zu töten.

Reis

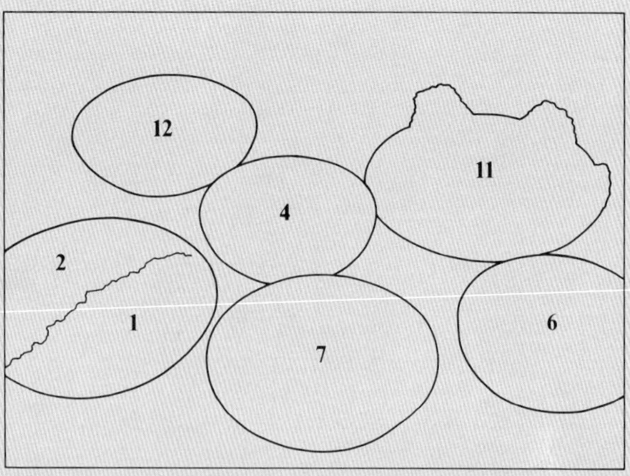
12
11
4
2
1
7
6

REIS ist einer der wichtigsten Grundbestandteile der vedischen Küche. In Indien, wo die Menschen mindestens einmal am Tag Reis essen, kennt man schier endlose Möglichkeiten, Reis zuzubereiten und mit anderen Nahrungsmitteln zu kombinieren.

Gekochter Reis mit Kräutern, Gewürzen, Nüssen und Rosinen, hausgemachtem Käse und Gemüse ergibt ein herzhaftes *pulao.* Gekochter Reis mit Gewürzen und daruntergemischtem Joghurt ist eine erfrischende Beilage für einen heißen Sommertag. Reis mit Gewürzen, *dal* und Gemüse ergibt einen köstlichen Eintopf. In Milch gekochter Reis mit Zucker und Kuchengewürzen ergibt ein cremiges Dessert. Reis kann zu Mehl gemahlen, zu Puffreis verarbeitet sowie für Pfannkuchen, Klöße, Süßigkeiten und diverse Snacks verwendet werden.

Egal welches Rezept Sie kochen möchten, der erste Schritt besteht immer darin, den besten Reis auszuwählen. In unserer Küche verwenden wir niemals Kochbeutel-, vorgekochten oder 5-Minuten-Reis, weil er sowohl vom Geschmack als auch vom Nährwert nichts hergibt. Abgesehen davon ist es in jedem Falle vorzuziehen, selbstgekochte Speisen zu Krischna zu opfern.

Verschiedene Reissorten eignen sich für verschiedene Gerichte. Wegen seiner flockigen Konsistenz benutzen wir am häufigsten Langkornreis. Rundkornreis wird für Milchpudding verwendet, und manchmal wird er auch gemahlen, zum Beispiel um *dosas* zu backen. Brauner Reis benötigt mehr Wasser und braucht etwa eine Stunde Kochzeit (45 Minuten im Schnellkochtopf).

Es gibt drei ausgezeichnete Sorten Langkornreis: Nordindischer Patnareis, Amerikanischer Carolina und Dehradun *basmati* (der beste unter den besten). Diejenigen, die *basmati*-Reis ernten, schälen und worfeln, vermeiden das Bleichen, Granulieren, Ölen und Pudern, das den handelsüblichen Reis auf Kosten von Geschmack und Nährwert so attraktiv erscheinen läßt. *Basmati*-Reis ist nahrhaft und außergewöhnlich leicht zu kochen und hat darüber hinaus einen einzigartigen nußartigen Geschmack und Geruch. Sie können ihn in den meisten indischen und vorderasiatischen Lebensmittelgeschäften oder in Feinkostläden kaufen.

Die meisten Menschen im Westen wissen nicht, wie man Reis richtig kocht. Sie verwenden zuviel Wasser und kochen ihn länger als nötig. Das Ergebnis ist meistens ein pampiger und unappetitlicher Reis. Wenn Sie jedoch die Rezepte in diesem Kapitel befolgen, wird es Ihnen leichtfallen, den Reis so zu kochen, daß jedes einzelne Korn locker, körnig und voller Geschmack ist.

Ein paar Tips für die Zubereitung von Reis

- Nehmen Sie ungefähr 50 g Reis pro Person.
- Verpackter amerikanischer oder europäischer Reis braucht nicht nach kleinen Steinchen oder anderen Unreinheiten durchgesehen zu werden, bei *basmati*-Reis jedoch ist dieser Vorgang notwendig. Schütten Sie hierzu den Reis auf eine Hälfte eines großen Servierbrettes oder Backblechs und schieben sie ihn häufchenweise zur anderen Seite, wobei Sie sorgfältig alle Steinchen und anderen Fremdkörper aussortieren.
- Waschen sie den Reis, um die Staub-, Spreu- und Stärkepuderreste auszusondern. Schütten Sie den Reis in eine große Schüssel kaltes Wasser. Wenn Sie den Reis mit der Hand durchrühren, wird sich das Wasser von der Stärke milchig färben. Gießen Sie langsam das Wasser ab, wobei Sie mit der anderen Hand die Körner zurückhalten, oder verwenden Sie ein Sieb. Wiederholen Sie diesen Vorgang drei- bis viermal, bis das Wasser einigermaßen klar bleibt.
- Lassen Sie den Reis vor dem Kochen 15 bis 30 Minuten einweichen. Jedes Korn saugt Wasser auf und wird deshalb beim Kochen weniger an den anderen Körnern kleben. Geben Sie den eingeweichten Reis vor dem Kochen in ein Sieb und lassen Sie ihn für ein paar Minuten abtropfen. Falls Sie beabsichtigen, den Reis zu sautieren, sollte er mindestens 10 bis 15 Minuten abtropfen.
- Eine andere Art, das Zusammenkleben zu verhindern, besteht darin, den Reis vor dem Kochen, Backen oder Dämpfen zu sautieren. Sautieren Sie den Reis leicht in etwas *ghee*, Butter oder Pflanzenöl, wobei Sie ständig umrühren, damit der Reis nicht anbrennt und damit jedes Korn etwas Fett aufsaugt. Rühren Sie so lange, bis ein Teil der Körner glasig geworden ist.

• Wenn Sie den Reis durch Dämpfen garen, verwenden Sie etwa 1¾ Teile Wasser auf je einen Teil Reis. Wenn Sie den Reis vorher eingeweicht haben, können Sie etwas weniger Wasser zum Dämpfen verwenden.

• Wenn Sie große Mengen Reis dämpfen, brauchen Sie weniger Wasser. Zum Beispiel reichen bei mehr als einem Kilo Reis 1½ Teile Wasser, bei über 2 Kilo Reis etwas weniger als 1½ Teile Wasser.

• Wenn Sie kochendes Wasser hinzugießen, sollten Sie einmal umrühren, damit die Körner nicht zusammenkleben.

• Bei den meisten Rezepten ist es vorteilhaft, wenn der Dampf im Topf bleibt. Achten Sie also darauf, daß der Deckel gut schließt. Sollte dies nicht der Fall sein, so können Sie einfach zwischen Topf und Deckel eine Schicht Aluminiumfolie einziehen. Dämpfen Sie den Reis auf kleinster Flamme, ohne den Deckel zu öffen oder umzurühren. Der Grund dafür, daß man Reis nicht umrühren sollte, ist folgender: Wenn der Reis aufgeht, bildet sich ein Netz von „Dampftunneln". Werden diese Tunnel zerstört, so kocht der Reis ungleichmäßig durch; von unten wird er klebrig oder brennt an, und von oben ist er noch nicht gar.

• Der Reis ist fertig, wenn die Körner weich und dennoch körnig sind. Nehmen Sie den Deckel ab, und lassen Sie den Reis noch 2 bis 3 Minuten weiterkochen. So verkocht die überschüssige Feuchtigkeit, ohne daß die Körner zusammenkleben.

• Entfernen Sie vor dem Servieren jegliche ganzen Gewürze von der Oberfläche. Nehmen Sie den Reis in Lagen heraus, ohne die Körner zu verletzen. Dann mischen Sie den Reis behutsam mit einer Gabel durch.

Chawal

Weißer Reis

Richtig zubereiteter weißer Reis ist eine Delikatesse. Er kann opulente oder pikante Gerichte abrunden oder mit Garnierungen und gerösteten Gewürzen dekoriert werden. Ein Teelöffel Turmerik, aufgelöst in einem Eßlöffel ghee, *kann mit dem Reis vermischt werden, um ihn gelb zu färben. Im folgenden finden Sie drei verschiedene Methoden, weißen Reis zuzubereiten.*

275 g basmati oder anderer weißer Langkorn-Qualitäts-reis
500 ml Wasser
1 TL Salz
1-2 EL ghee oder Butter

Gedämpfter Reis: Diese Methode, Reis zu kochen, wird in Indien am häufigsten angewandt. Alles Wasser sowie sämtliche Würzmittel werden restlos vom Reis absorbiert. Sie brauchen einen gut schließenden Deckel, so daß der Dampf nicht entweichen kann. Wenn zu viel Wasser herausdampft, kann der Reis nicht garkochen.

Wenn Sie den Reis würzen wollen, versuchen Sie einmal folgendes: etwas Zitronensaft, eine kleine Prise Turmerik, ein paar ungemahlene Kreuzkümmelsamen, einen grünen Chili (entkernt), ein Stück frischen Ingwer.

Den Reis waschen, einweichen und dann abtropfen lassen. Das Wasser mit dem Salz in einem 2-Liter-Topf aufsetzen.

Das *ghee* bzw. die Butter in einem anderen Topf auf mittlerer Flamme erhitzen und den abgetropften Reis für etwa eine Minute unter ständigem Rühren andünsten, bis er gleichmäßig vom *ghee* durchdrungen ist. Wenn die Körner glasig werden, das kochende Wasser hinzugießen und auf mittlerer Flamme zum Kochen bringen. Nach einer Minute Kochzeit einmal umrühren, so daß der Reis keine Klumpen bilden kann. Den Deckel fest schließen und den Reis ungefähr 15 bis 20 Minuten (je nach Reissorte) auf niedrigster Flamme kochen lassen, bis der Reis alles Wasser absorbiert hat und zart und locker ist.

Gekochter Reis: Kochen ist der schnellste Weg, um Reis zu garen. Diese Methode ist besonders dann vorteilhaft (aber nicht unbedingt notwendig), wenn der Reis mit anderen Zutaten vermischt werden soll. Der (ungewaschene oder gewaschene) Reis wird in mehr Wasser gekocht, als er aufnehmen kann; wenn er gar ist, läßt man ihn in einem Sieb abtropfen.

2,3 l Wasser mit dem Salz in einem Topf mit schwerem Boden zum Kochen bringen, den Reis hinzufügen und auf größerer Flamme für etwa 10 Minuten kochen lassen. Sie können nachprüfen, ob der Reis lange genug gekocht hat, indem Sie ein Korn aus dem Wasser nehmen und es zwischen Daumen und Zeigefinger zerdrücken. Es sollte sich völlig zerquetschen lassen, ohne einen harten Kern. Sollte der Kern noch nicht weich sein, so lassen Sie den Reis noch ein paar Minuten weiterkochen und probieren dann wieder. Den Reis in einem Sieb abtropfen lassen, in eine Servierschüssel füllen und ein Stück Butter darangeben.

Gebackener Reis: Zunächst wird der Reis auf dem Herd gekocht, bis er etwa halbgar ist, dann wird er zum Fertiggaren in den Backofen geschoben. Diese Methode ist die langsamste, erfordert aber wenig Aufmerksamkeit und ergibt einen Reis mit zarten, lockeren Körnern.

Den Ofen auf 150 Grad vorheizen. 2,3 l Wasser mit dem Salz zum Kochen bringen, dann den Reis hinzugeben. Das Ganze erneut zum Kochen bringen und den Reis 4 bis 6 Minuten heftig sprudeln lassen. Den Reis in einem Sieb abtropfen lassen, in ein feuerfestes Gefäß umfüllen und ein Stück Butter darangeben. Manche Köche versprengen auch ein paar Tropfen Milch über dem Reis.

Das Gefäß mit Alufolie bedecken und den Rand des Gefäßes so dicht wie möglich mit der Folie umschließen. Der Reis sollte im eigenen Dampf garen. Den Reis in den Ofen schieben und nach etwa 20 Minuten nachsehen, ob er fertig ist. Er sollte körnig, locker und weich sein.

Zubereitungs- und Kochzeit

Gedämpfter Reis: 20 Min.
Gekochter Reis: 15 Min.
Gebackener Reis: 30 Min.

Nimbu chawal

Zitronenreis

Dies ist das ideale Reisgericht für ein Picknick im Sommer. Eine der größten Attraktionen auf unserem jährlichen Ratha-yatra-Festival in Los Angeles ist der „Berg" Zitronenreis. Da das Aroma von nimbu chawal *hauptsächlich auf den Zitronen beruht, sollten Sie darauf achten, die empfohlene Menge der anderen Gewürze nicht zu überschreiten.*

350 g basmati oder anderer Langkorn-Qualitätsreis
1 EL ghee oder Pflanzenöl
1½ TL Kreuzkümmelsamen
½ TL schwarze Senfkörner
5 Curryblätter (falls vorhanden)
1 Zimtstange, in kleine Stücke zerbrochen
1 grüner Chili, gehackt
825 ml Wasser
2 TL Salz
½ TL Turmerik (kann entfallen)
4 EL Zitronensaft
2 EL Butter
1 Zitrone, geachtelt
5 oder 6 Stengel Petersilie

Den Reis in kaltem Wasser waschen und für 15 bis 20 Minuten einweichen, dann in einem Sieb abtropfen lassen. Das *ghee* bzw. Öl in einem Topf auf mittlerer Flamme erhitzen und die Kreuzkümmelsamen, die schwarzen Senfkörner, die Curryblätter und den Zimt hineingeben. Wenn die Kreuzkümmelsamen ihre Farbe verändern, den gehackten Chili und danach den abgetropften Reis hinzufügen.

Den Reis 2 bis 3 Minuten unter ständigem Rühren andünsten. Wenn die Körner glasig werden, das kochende Salzwasser hinzugießen und alles zusammen eine Minute aufkochen lassen (falls Sie den Reis gelb färben möchten, können Sie zusammen mit dem Wasser auch das Turmerikpulver hinzufügen). Den Topf bedecken, die Hitze reduzieren und den Reis etwa 18 Minuten kochen lassen (ohne umzurühren), bis das Wasser restlos absorbiert ist.

Den Deckel abnehmen, die Zimtstücke herausnehmen und den Zitronensaft darüber versprengen, dann die Butter darangeben. Das Ganze ohne Deckel 2 bis 3 Minuten weiterkochen lassen. Zum Schluß den Reis behutsam mit einer Gabel auflockern und jede Portion mit einer achtel Zitrone und einem Stengel Petersilie garnieren.

Einweichzeit: 15 bis 20 Min.
Zubereitungs- und Kochzeit: 30 Min.

Palak chawal

Reis mit Spinat

Srila Prabhupadas Predigerprogramme – bestehend aus Chanten, Tanzen, Philosophie und prasadam-*Verteilung – hatten in Kenia großen Erfolg. Wie die Bengalen, essen auch die Kenianer viel Blattgemüse und große Mengen Reis, und immer wenn die Devotees in Kenia eine Kombination aus Blattgemüse und Reis kochen, wie* palak chawal, *wird das Festmahl ein durchschlagender Erfolg.*

350 g basmati oder anderer Langkorn-Qualitätsreis
1½ TL Salz
825 ml Wasser
225 g frischer Spinat
1 EL ghee
1 TL gem. Koriander
2 Lorbeerblätter
100 g ungesalzene, angebratene Erdnüsse (kann entfallen)
1 Prise gem. schwarzer Pfeffer

Den Reis gründlich waschen, einweichen und dann abtropfen lassen. Wasser und Salz in einem Topf auf großer Flamme aufsetzen. Die dicken Stengel vom Spinat entfernen, die Blätter mehrmals mit frischem Wasser waschen und abtropfen lassen, dann kurz in kochendes Wasser geben, so daß sie weich werden. Anschließend in einem Sieb unter kaltem Wasser abspülen, abtropfen lassen und in kleine Stücke hacken.

Das *ghee* in einem mittelgroßen Kochtopf erhitzen und den Koriander und die Lorbeerblätter, dann nach kurzem Warten den Reis hinzugeben und unter Rühren andünsten, bis die Reiskörner mit *ghee* überzogen sind und glasig werden. Jetzt den gehackten Spinat dazugeben, eine Minute umrühren, das Salzwasser in den Topf gießen und zum Kochen bringen.

Den Topf bedecken und für 20 Minuten auf kleiner Flamme kochen lassen. Die Erdnüsse gegebenenfalls 5 Minuten vor Schluß hinzugeben. Wenn der Reis fertig ist, den Pfeffer hinzufügen und die Zutaten vor dem Servieren mit einer Gabel vermischen.

Zubereitungs- und Kochzeit: 30 bis 40 Min.

Narial chawal

Kokosreis

Auf Bali, dem indonesischen Inselparadies, das einstmals von vedischen Königen beherrscht wurde, sind einige der talentiertesten traditionellen Tänzer Krischna-Devotees geworden. Wenn der Tempel eine Theateraufführung aus dem Ramayana *zeigt, wird zur musikalischen Untermalung gewöhnlich ein Gamelan-Orchester (40 bis 50 einheimische Musiker mit traditionellen Instrumenten) engagiert. Und die Musiker sind dermaßen begeistert von dem* prasadam, *besonders wenn es sich um ein so delikates Reisgericht wie* narial chawal *handelt, daß sie auf ihre Gage verzichten und sich einfach mit der Erstattung ihrer Reisekosten sowie dem Vorrecht zufriedengeben, soviel* prasadam *zu essen, wie sie nur eben können.*

350 g basmati oder anderer Langkorn-Qualitätsreis
825 ml Wasser
200 g Zucker
½ TL feingemahlene Kardamomensamen
150 g Kokosraspeln, leicht geröstet
50 g geröstete Pistazien oder Cashewnüsse
50 g Rosinen
1 TL Butter

Den Reis für eine Stunde einweichen und gut abtropfen lassen. In einem mittelgroßen Topf das Wasser, den Zucker und das Kardamomenpulver zum Kochen bringen, den Reis hinzugeben und erneut aufkochen lassen. Nach 2 bis 3 Minuten die Flamme auf kleinste Stufe stellen. Den Topf gut zudecken und für weitere 10 Minuten kochen lassen; dann den Deckel abnehmen und die übrigen Zutaten hinzugeben. Den Topf wieder verschließen und nochmals 10 Minuten oder so lange kochen lassen, bis der Reis gar ist. Dann den Deckel wieder herunternehmen und das Ganze für weitere 2 bis 3 Minuten kochen lassen, so daß das restliche Wasser verdampfen kann.

Zum Schluß den Reis behutsam durchmischen und zusammen mit *masala dosas* oder *atta dosas* auf einem Teller zum Frühstück oder Mittagessen reichen.

Einweichzeit: 1 Std.
Zubereitungs- und Kochzeit: 30 Min.

Masala bhat

Gewürzreis

350 g basmati oder anderer Langkorn-Qualitätsreis
825 ml Wasser
1 TL Salz
2 EL ghee oder Pflanzenöl
1 TL Kreuzkümmelsamen
2 frische rote oder grüne Chilis, entkernt und in Scheiben geschnitten
1 TL gem. Zimt
1 TL geriebener frischer Ingwer
3 Kardamomenkapseln, zerstoßen
2 EL gehackte frische Koriander- oder Petersilienblätter
2 EL Butter

Den Reis gründlich waschen und 15 Minuten einweichen, dann 15 Minuten abtropfen lassen. Wasser und Salz in einem Kochtopf auf hoher Flamme aufsetzen.

Das *ghee* bzw. Pflanzenöl in einem mittelgroßen Topf erhitzen, darin die Kreuzkümmelsamen und die Chilis anrösten. Nach einigen Sekunden, wenn die Kreuzkümmelsamen dunkler werden, Zimt, Ingwer und Kardamom hinzugeben. Einmal umrühren, den Reis hinzuschütten und weiterrühren. Nach 1 bis 2 Minuten sollte der Reis leicht glasig werden. Das kochende Wasser hineingießen, den Deckel schließen und die Flamme auf kleinste Stufe stellen. 15 bis 18 Minuten kochen lassen, ohne den Deckel zu heben oder umzurühren, bis der Reis das Wasser restlos absorbiert hat.

Den Deckel abnehmen, den Dampf für einige Minuten entweichen lassen, dann mit einer Gabel behutsam die Butter und die gehackten Koriander- bzw. Petersilienblätter unter den Reis heben. *Masala bhat* paßt zu jedem Gemüsegericht und zu jedem mehrgängigen Mahl.

Einweichzeit: 30 Min.
Zubereitungs- und Kochzeit: 25 Min.

Dahi bhat

Reis mit Joghurt

Dahi bhat, *heiß oder kalt serviert, ist ein sehr beliebtes Reisgericht Südindiens. Sie können es auch mit einer oder mehreren der folgenden Zutaten anreichern: gewürfelte rohe rote oder grüne Paprikaschoten, kleingeschnittene Tomaten, fritierte, grobgewürfelte Kartoffeln oder gedämpfte Erbsen.*

350 g basmati oder anderer Langkorn-Qualitätsreis
1 EL ghee oder Pflanzenöl
1 EL urad-dal
1 TL schwarze Senfkörner
¾ TL Fenchelsamen
2 frische Chilis, entkernt und kleingeschnitten
1 TL geriebener frischer Ingwer
600 ml Wasser
2 TL Salz
200 ml Joghurt
1 TL Butter

Den Reis waschen und für ca. 15 Minuten einweichen, dann in einem Sieb abtropfen lassen. Das *ghee* bzw. Pflanzenöl in einem mittelgroßen Topf erhitzen und den *urad-dal* sowie die Senfkörner hineingeben. Sofort den Topf zudecken. Wenn die Senfkörner aufhören zu springen, die Fenchelsamen, die Chilis und den Ingwer hinzugeben und einmal umrühren. Nun den Reis hinzufügen und unter Rühren für etwa eine Minute anrösten, bis die Reiskörner glasig werden. Wasser und Salz hinzuschütten und das Ganze für eine Minute kochen lassen. Den Topf abdecken, die Flamme auf niedrigste Stufe reduzieren und für 18 bis 20 Minuten köcheln lassen.

Fünf Minuten bevor der Reis völlig gar ist, den Deckel abnehmen, Joghurt und Butter dazugeben und alles schnell mit einer Gabel verrühren. Den Topf wieder bedecken und weiterkochen lassen, bis die Körner flockig sind und die meiste Flüssigkeit absorbiert haben. Zum Schluß den Deckel abnehmen und den Rest der Flüssigkeit in 2 bis 3 Minuten verkochen lassen.

Einweichzeit: 15 Min.
Zubereitungs- und Kochzeit: 25 Min.

Matar pulao

Reis mit Erbsen und Käse

Pulaos *sind ausnehmend schön. Sie sind der optische Höhepunkt der gedeckten Tafel und können oft auch als Mahl für sich gereicht werden. Jedes* pulao-*Rezept ist durch seine Garnierungen gekennzeichnet (manchmal sind es ein Dutzend oder mehr). Bei jedem der Rezepte wird der Reis zunächst in Butter oder* ghee *sautiert, bevor das kalte Wasser hinzugegossen wird.*

350 g basmati oder anderer Langkorn-Qualitätsreis
200 g gepreßter paneer
ghee oder Pflanzenöl zum Fritieren
1 TL Turmerik
3½ TL Salz
1 EL ghee oder Butter
800 ml kaltes Wasser
6 zerdrückte Kardamomenkapseln
6 Nelken
100 g frische Erbsen, geschält und vorgekocht
1 EL Butter

Den Reis in kaltem Wasser waschen, 15 Minuten einweichen und abtropfen lassen. Den *paneer* in 2,5 cm große Würfel schneiden und diese bei mittlerer Hitze fritieren, bis sie hellbraun sind. Den Turmerik und 2 Teelöffel Salz in einer Tasse warmem Wasser oder Molke auflösen und die *paneer*-Würfel zum Einweichen hineingeben. Den Rest Salz in das Wasser für den Reis schütten.

Das *ghee* bzw. die Butter auf mittlerer Flamme in einem Topf erhitzen und die Kardamomenkapseln und Nelken für eine Minute anrösten; dann den Reis und die Erbsen hinzugeben und ein paar Minuten weiterrühren. Das Wasser mit dem restlichen Salz in den Reis gießen und schnell zum Kochen bringen. Einmal umrühren, die Flamme reduzieren und das Wasser mindestens 20 Minuten köcheln lassen, ohne den Deckel zu heben oder umzurühren.

Den Deckel abnehmen und das restliche Wasser in 2 bis 3 Minuten verdampfen lassen. Die abgetropften Käsewürfel hinzufügen und einige Eckchen Butter darangeben. Vor dem Servieren leicht mit einer Gabel durchrühren.

Einweichzeit: 15 Min.
Zubereitungs- und Kochzeit: 30 Min.

Kesar paneer pulao

Safranreis mit Käsebällchen

Kesar paneer pulao *sieht mit seinen fritierten Käsebällchen, seinen gerösteten Nüssen und seinen Rosinen wie eine safranfarbene, blumenübersäte Landschaft aus. Mit nicht mehr als einer Suppe und einem leichten Fladenbrot ergibt es eine komplette Mahlzeit.*

350 g basmati oder anderer Qualitäts-Langkornreis
200 g gepreßter paneer
50 g Rosinen
½ TL Safranpulver oder 1 TL Safranfäden
2 TL brauner Zucker
250 ml warme Milch
2 EL Butter
600 ml Wasser
2½ TL Salz
50 g abgezogene Mandeln oder Cashewnüsse, geröstet

Den Reis waschen, 15 bis 20 Minuten in kaltem Wasser einweichen und abtropfen lassen. Den *paneer* weichkneten und zu kleinen Kugeln rollen, oder pressen und in Würfel schneiden. Die Kugeln bzw. Würfel in schwimmendem Fett fritieren, bis sie rundherum braun sind. Abtropfen lassen. Den Safran und den Zucker in der warmen Milch auflösen und die Rosinen und Käsebällchen in der Safranmilch einweichen.

Einen Eßlöffel Butter in einem großen Kochtopf schmelzen und den Reis für 3 Minuten unter Rühren andünsten. Wenn die Körner leicht angebraten sind, Wasser und Salz dazuschütten, aufkochen lassen, zudecken und auf sehr niedriger Flamme weiterkochen. Nach 10 Minuten den Deckel abnehmen und vorsichtig die Safranmilch mit den Rosinen (die Käsebällchen vorher aussondern) und die Nüsse einrühren. Die Reiskörner sollten möglichst ganz bleiben. Den Topf zudecken und nochmals 10 Minuten weiterkochen lassen, bis der Reis gar ist. Den Deckel abnehmen und das übrige Wasser verdampfen lassen, indem Sie noch 2 oder 3 Minuten Kochzeit dazugeben.

Zum Schluß die Butter darangeben und das Ganze mit einer Gabel vermischen. Mit den Käsebällchen garnieren und heiß servieren.

Einweichzeit: 15 bis 20 Min.
Zubereitungs- und Kochzeit: 30 bis 40 Min.

Links: *Kesar paneer pulao*

Sabji pulao

Gemischter Gemüsereis

275 g basmati-Reis
1 EL ghee oder Butter
1 frischer Chili, entkernt und feingehackt
½ TL geriebener frischer Ingwer
½ TL Turmerik
100 g frische Erbsen
100 g grüne Bohnen
100 g Blumenkohlröschen
100 g gewürfelte Karotten
575 ml Wasser
2½ TL Salz
3 feste, reife Tomaten, gewaschen und kleingeschnitten
2 Lorbeerblätter
2 Zitronen oder Limonen, geviertelt

Wickeln Sie zunächst die folgenden Gewürze in ein Stück Musselintuch ein (nach dem Teebeutelprinzip):

4 ganze Nelken
2 Zimtstangen, zerstoßen
1 TL Kreuzkümmelsamen
½ TL gem. Kardamomensamen
½ TL Asafötida

Den Reis waschen, 15 Minuten einweichen und 15 Minuten abtropfen lassen. Das *ghee* bzw. die Butter in einem mittelgroßen Topf erhitzen und darin den Chili, den geriebenen Ingwer und den Turmerik andünsten.

Das Gemüse (außer den Tomaten) hinzugeben und 4 bis 5 Minuten sautieren, dann den Reis hinzufügen und kurz umrühren. Nun kommen das Wasser, das Salz, die Tomaten und die Lorbeerblätter hinzu. Nochmals umrühren und kurz aufkochen lassen. Den kleinen Beutel mit den Gewürzen in den Reis hängen, den Topf abdecken und die Flamme auf kleine Stufe stellen, bis der Reis das Wasser restlos absorbiert hat.

Den Gewürzbeutel herausnehmen und über dem Reis auspressen. Den Reis in eine vorgewärmte Servierschüssel stürzen und vor dem Servieren mit Zitronen- oder Limonenstücken garnieren. *Sabji pulao* kann sowohl als vollständige Mahlzeit wie auch als Teil eines Menüs gereicht werden.

Einweich- und Abtropfzeit: 30 Min.
Zubereitungs- und Kochzeit: 35 bis 45 Min.

Seb Pulao

Apfelreis

Dieses süße pulao *kann entweder zum Abschluß einer Mahlzeit oder als leichte Mahlzeit für sich serviert werden. Mit Schlagsahne ist es ein Gedicht. Ersatzweise oder zusätzlich zu den Äpfeln können auch Birnen oder Mangos verwendet werden.*

300 g weißer Langkorn-Qualitätsreis
3 mittelgroße Äpfel
350 g Zucker
¼ TL Safran
400 ml Wasser (für den Sirup)
3 EL ghee oder Butter
1 Zimtstange
6 Nelken
6 Kardamomenkapseln
3 Lorbeerblätter
500 ml Wasser (für den Reis)
50 g Mandelblättchen
50 g Rosinen

Den Reis waschen und abtropfen lassen. Die Äpfel schälen, vom Kerngehäuse befreien und in Stücke schneiden. Als nächstes einen Sirup zubereiten. Hierzu den Zucker, eine Prise Safran und das Wasser für 30 Minuten in einem Topf auf mittlerer Flamme kochen, bis es etwa auf ein Drittel der ursprünglichen Menge heruntergekocht ist.

Das *ghee* bzw. die Butter in einem Topf erhitzen und den Zimt, die Nelken, den Kardamom und die Lorbeerblätter dazugeben. Kurz umrühren, dann den Reis hinzufügen und weitere 2 bis 3 Minuten rühren. Das Wasser hineingießen und zum Kochen bringen. Zwei Prisen Safran ins Wasser geben, den Topf abdecken und 15 Minuten auf kleiner Flamme kochen lassen. Anschließend den Topf vom Feuer nehmen.

In der Mitte des Reises eine Mulde ausheben und die Apfelstücke, etwas von dem Sirup sowie die Rosinen und die gehobelten Mandeln hineinfüllen. Die Mulde mit Reis bedecken und den restlichen Sirup darübergießen. Den Topf wieder schließen und das Ganze auf niedriger Flamme für weitere 15 Minuten kochen, bis der Reis gar ist. Die ganzen Gewürze herausnehmen; vorsichtig umrühren und heiß servieren.

Zubereitungs- und Kochzeit: 40 Min.

Biriyani

Gebackener Gemüsereis

350 g basmati oder anderer Langkorn-Qualitätsreis
1 l Wasser
3 TL Salz
¼ TL Safranpulver
3 EL ghee oder Pflanzenöl
2 TL garam masala
2 TL gem. Koriander
1 TL Turmerik
3 Kartoffeln, geschält und gewürfelt
200 g frische Erbsen, gekocht
4 Tomaten, blanchiert und zerstampft
3 EL gehackte frische Koriander- oder Petersilienblätter
150 ml Joghurt
2 TL Rosenwasser
25 g gehackte Hasel- oder Walnüsse

Den Reis waschen und abtropfen lassen. Das Wasser und 2 Teelöffel Salz in einem mittelgroßen Topf zum Kochen bringen, dann den Reis hinzufügen und erneut aufkochen lassen. Den Topf abdecken und für ungefähr 15 Minuten auf kleiner Flamme kochen lassen.

Inzwischen den Safran in ein wenig warmer Milch auflösen. Das *ghee* bzw. Pflanzenöl in einem anderen Topf erhitzen und die gemahlenen Gewürze unter Rühren anrösten. Nach ein paar Sekunden die Kartoffelwürfel dazugeben und 5 Minuten rühren, bis sie leicht angebräunt sind. Jetzt die Erbsen, die Tomaten, die Hälfte der Korianderblätter und das restliche Salz hinzufügen. Das Gemüse bei geschlossenem Deckel weichdünsten, dabei gelegentlich umrühren. Wenn nötig, etwas Wasser dazugeben, damit das Gemüse nicht anbrennt.

Mittlerweile sollte der Reis gar sein. Den Joghurt, das Rosenwasser und die Safranmilch hineinmengen, den Reis behutsam mit einer Gabel durchrühren und 5 Minuten stehenlassen. Eine Kuchenform oder eine Kasserolle einfetten und den Boden mit einer Hälfte des Reises bedecken. Den Reis am Boden festdrücken. Nun das Gemüse gleichmäßig auf dem Reis verteilen; darauf kommt dann der restliche Reis. Das Ganze sanft zusammendrücken und die Form mit Alufolie verschließen. Den Ofen auf 140 Grad erhitzen und den Reis für 15 bis 20 Minuten backen. Anschließend den Reis in servierfertige Portionen schneiden und mit einem Spatel herausheben. Jede Portion mit gehackten Nüssen und Korianderblättern garnieren. Heiß servieren.

Zubereitungs- und Kochzeit: 45 Min.

Pushpanna

Blumenreis

Pushpanna *ist mit seinen vielen Garnierungen und Gewürzen eines der opulentesten Reisgerichte und, wie der Name bereits andeutet, so farbenfroh wie ein Blumenbukett. Einige Köche geben zusätzlich kleingehackte Trockenfrüchte dazu, um diesen Effekt noch zu verstärken.*

250 g gepreßter paneer
100 g Cashewnüsse oder abgezogene Mandeln
100 g Kokosraspeln
6 EL ghee oder Butter
1 TL Fenchelsamen
1 TL Kreuzkümmelsamen
2 Lorbeerblätter
6 Kardamomenkapseln, zerstoßen
2 TL gem. Koriander
1 TL Turmerik
1 TL geriebene Muskatnuß
1 TL gem. Zimt
½ TL Cayennepfeffer
½ TL gem. schwarzer Pfeffer
¼ TL Asafötida
¼ TL gem. Nelken
350 g basmati oder anderer weißer Langkorn-Qualitätsreis
100 g Rosinen
850 ml Molke
100 g Zucker
1 EL Salz

Den *paneer* entweder in Würfel schneiden oder zu einem Teig kneten und daraus Bällchen von 2½ cm Durchmesser rollen. Die Würfel bzw. Bällchen, dann die Nüsse fritieren und abtropfen lassen. Die Kokosraspeln in 2 Eßlöffeln *ghee* rösten und beiseite stellen.

Das restliche *ghee* in einem großen Topf erhitzen. Wenn es anfängt zu rauchen, Fenchel, Kreuzkümmel, Lorbeerblätter und Kardamom dazugeben und nach 30 Sekunden auch die gemahlenen Gewürze. Ein paar Sekunden umrühren, dann den Reis hinzufügen und weiterrühren, bis die Reiskörner glasig und leicht braun werden. Jetzt den fritierten Käse, die Rosinen, den Zucker und das Salz sowie die Molke dazugeben. (Sie können hierfür das Käsewasser benutzen; falls es nicht ausreicht, ergänzen Sie einfach die fehlende Menge Wasser.) Umrühren. Die Molke zum Kochen bringen, auf niedrigste Flamme stellen und den Topf gut abdecken. 20 Minuten köcheln lassen, bis der Reis gar ist. Dann die fritierten Nüsse und die Kokosraspeln hinzugeben. Vor dem Servieren noch einmal behutsam durchmischen.

Zubereitungs- und Kochzeit: 40 Min.

Dal und Suppen

1 Dal tarkari *(Dal-Suppe mit Gemüse)* 120
2 Tamatar mung dal *(Mung-dal-Suppe mit Tomaten)* 121
3 Jagannath Puri channe ki dal *(Süßer dal)* 123
4 *Gujarati urad dal (Urad-dal mit pikantem Joghurt)* 124
5 Tamatar toor dal *(Toor-dal-Suppe mit Tomaten)* 125
6 Swadisht dal *(Gemischter dal)* 126
7 Sambar *(Gemüse- und dal-Eintopf)* 127
8 Mithi ghani dal *(Mungbohnen in Joghurtsoße)* 128
9 Khitchri *(Reis, dal und Gemüse, gekocht)* 129
10 Geeli khitchri *(Reis, dal und Spinat, gekocht)* 132
11 Channa masala *(Pikante Kichererbsen)* 133
12 Channa raita *(Gebratene Kichererbsen in würziger Joghurtsoße)* 134
13 Channa aur simla mirch *(Gebratene Kichererbsen mit Paprika)* 135
14 Mili-juli sabji ka soup *(Sämige Gemüsesuppe)* 136
15 Tamatar ka soup *(Tomatensuppe)* 137

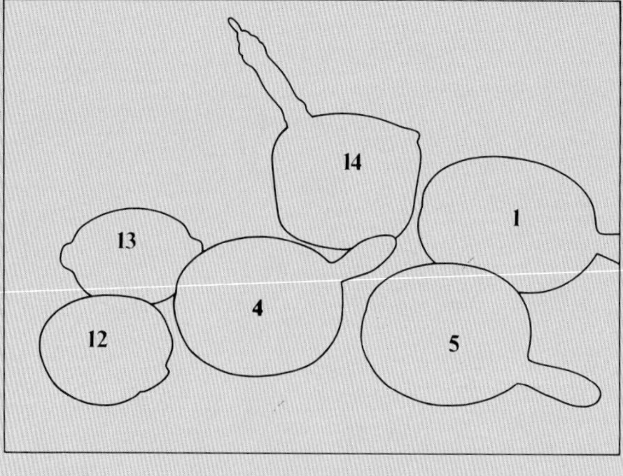

HALBIERTE und geschälte Linsen oder Erbsen werden *dal* genannt, und *dal* ist auch der Name für das suppenartige Gericht, das daraus zubereitet wird. *Dal* wird in Indien zusammen mit der Hauptmahlzeit serviert und wird oft auch über weißen Reis gegossen oder mit Fladenbrot gegessen.

Abgesehen davon, daß *dal* reichlich Eisen und die Vitamine der B-Gruppe enthält, bildet er in der vedischen Küche eine der wichtigsten Proteinquellen. Manche *dal*-Sorten enthalten genausoviel oder sogar noch mehr Protein als Fleisch, und *dal* verhält sich synergetisch zu anderen eiweißreichen Nahrungsmitteln, wie Milchprodukten, Getreide und Nüssen, so daß das verwertbare Protein einer Mahlzeit bis zu vierzig Prozent vermehrt wird. Beispielsweise wächst die Quote der verwertbaren Proteine von Reis (60%) und *dal* (65%) auf 85 Prozent an, wenn sie zusammen gegessen werden.

In Indien gedeihen mehr als sechzig verschiedene Sorten *dal*. Die vier Sorten, die wir in diesem Buch verwenden, gehören zu den gebräuchlichsten und sind in jedem orientalischen Lebensmittelgeschäft und fast allen Reformhäusern erhältlich. Ihre Merkmale werden im folgenden beschrieben.

- *Mung-dal:* klein, blaßgelb und rechteckig. Dieser *dal* wird aus Mungbohnen gewonnen, die eine bedeutende Rolle in der Bohnensprossenproduktion spielen. *Mung-dal* ist leicht zu kochen und hat einen milden Geschmack. Er ist so bekömmlich, daß er besonders für Kinder, ältere Menschen und Rekonvaleszenten empfohlen wird.
- *Urad-dal:* klein, gräulich-weiß und rechteckig. Dieser *dal* enthält doppelt soviel Protein wie Fleisch. Er wird oft für Snacks verwendet oder zu Pulver gemahlen und vergoren, um bestimmte Speisen aufzulockern.

• *Channa-dal:* größer als *mung-dal,* gelblich und rund. *Channa* ist ein kleineres Mitglied der Kichererbsenfamilie und hat einen gehaltvollen, leicht süßlichen Geschmack. Falls *channa* nicht erhältlich ist, können Sie statt dessen auch gelbe, halbierte Schälerbsen nehmen; das Ergebnis wird ein wohlschmeckender, wenn nicht recht authentischer *dal* sein.
• *Toor-dal:* größer als *channa-dal,* blaßgelb und rund. Diese *dal*-Art ist oft mit einer Ölschicht überzogen, die vor dem Kochen abgewaschen werden sollte.

Kichererbsen, in Indien *kabuli channa* genannt, sind eine hervorragende Proteinquelle. Sie sind äußert hart und müssen vor Gebrauch eingeweicht werden. Gekochte Kichererbsen werden für gewöhnlich morgens gegessen, entweder als eigenständige Mahlzeit oder zusammen mit anderen Gerichten wie *upma* oder *khitchri.*

In der vedischen Küche ist eine Mahlzeit ohne *dal* sehr selten. Zu allen Mahlzeiten, vom Frühstück bis zum Abendessen, gibt es passende *dal*-Gerichte. Sie können aus *dal* Suppen, dicke Soßen, Eintopf, pikante Beilagen, saftige Chutneys, knusprige Pfannkuchen, Sprossensalate und Süßigkeiten zubereiten.

Dal sollte vor Gebrauch gewaschen werden. Und bei allen *dal*-Sorten, außer bei denen, die extra für den Verkauf im Supermarkt verpackt wurden, müssen die kleinen Steinchen ausgelesen werden. Am besten schütten sie hierzu den *dal* auf das eine Ende eines großen Backblechs und schieben ihn häufchenweise zur anderen Seite, wobei Sie alle Steinchen oder anderen Fremdkörper aussortieren. Waschen Sie nur so viel *dal,* wie Sie gerade brauchen, und schütten Sie ihn anschließend in ein Metallsieb, das Sie in eine Schüssel mit Wasser tauchen. Reiben Sie die Bohnen für ca. 30 Sekunden zwischen Ihren Händen. Erneuern Sie das Wasser und wiederholen Sie dieses Reiben und Spülen mehrere Male, bis das Wasser einigermaßen klar bleibt. Dann lassen Sie den *dal* abtropfen bzw. einweichen, je nachdem wie es im Rezept verlangt wird.

Dal-Suppe, ob dick oder dünn, braucht meist eine lange Kochzeit, bis die *dal*-Bohnen zerfallen und eindicken, um der *dal*-Suppe ihre sämige Konsistenz zu verleihen. Manche Köche geben den fertigen *dal* noch für ein paar Minuten in einen Elektromixer; so wird er noch sämiger.

Wenn *dal* kocht, bildet sich ein dicker Schaum, der den Weg des Dampfes behindert. Lassen Sie den Deckel einen Spalt offenstehen und schöpfen Sie ab und zu den Schaum mit einem Löffel ab, damit der *dal* nicht hochsteigt und überkocht. Auch ein Eßlöffel Butter vermindert die Schaumbildung.

Die *chaunce* (in *ghee* oder Pflanzenöl geröstete Gewürze), die in den letzten Minuten des Kochens hinzugegeben wird, ist das Element, das dem *dal* seine Rasse verleiht. Erhitzen Sie eine kleine Menge *ghee* oder Pflanzenöl in einer Kelle oder einem kleinen Topf und geben Sie die Gewürze hinzu. Wenn sie braun sind, schütten Sie sie in den kochenden *dal*. Aufgepaßt! Seien Sie bereit, den Deckel sofort auf den Topf zu schlagen, denn der Kontakt des heißen *ghee* mit dem *dal* wird eine kleinere Explosion verursachen – eine der Freuden beim vedischen Kochen.

Dal tarkari

Dal-Suppe mit Gemüse

225 g mung-dal oder grüne halbierte Schälerbsen
2 l Wasser
2-3 TL Salz
2 Lorbeerblätter
1 Zimtstange, 7,5 cm lang, einmal durchgebrochen
2 TL Turmerik
1 EL Butter
300 g gemischtes Gemüse, grobgewürfelt
1 EL ghee
2 TL Kreuzkümmelsamen
2 getrocknete Chilis, zerbröselt
1 TL geriebener frischer Ingwer
¼ TL Asafötida
1 EL gehackte frische Korianderblätter
2 Zitronen, geachtelt

Den *dal* verlesen, waschen und abtropfen lassen. Wasser, Salz, Lorbeerblätter und Zimt in einer großen Kasserolle oder einem schweren Topf aufkochen lassen und den *dal* in das kochende Wasser geben.

Wenn das Wasser erneut aufkocht, den Topf teilweise bedecken, die Flamme auf mittlere Stufe reduzieren und für 20 Minuten weiterkochen lassen, bis der *dal* einigermaßen mürbe ist. Gelegentlich den Schaum abschöpfen, der sich an der Oberfläche bildet. Turmerik, Butter und anschließend das geschnittene Gemüse hineingeben, den Topf wieder zudecken und auf gleicher Flamme weiterkochen lassen, bis das Gemüse weich und der *dal* völlig verkocht ist. Den *dal* weiterköcheln lassen; währenddessen die Gewürze vorbereiten.

Den Eßlöffel *ghee* in einer kleinen Bratpfanne erhitzen und die Kreuzkümmelsamen sowie die zerbröselten Chilis hineingeben. Einmal umrühren. Wenn die Kreuzkümmelsamen dunkler werden, den geriebenen Ingwer und die Asafötida hinzufügen und ein paar Sekunden rühren. Die Pfanne ein wenig schwenken und kippen und die Gewürzmischung mit einem Schwung in den *dal* gießen. Unverzüglich den Topf bedecken und 4 bis 5 Minuten warten, damit sich die Gewürze mit dem *dal* vermischen. Servieren Sie diesen *dal* kochendheiß zum Mittagessen, zusammen mit Reis, Gemüse und Fladenbrot und garniert mit frischgehackten Kräutern und einer achtel Zitrone.

Dal tarkari sollte dünnflüssig sein; nötigenfalls können Sie einfach etwas heißes Wasser hinzugeben.

Zubereitungs- und Kochzeit: 1 Std.

Tamatar mung dal

Mung-dal-Suppe mit Tomaten

250 g mung-dal
2,4 l Wasser
3 Lorbeerblätter
1 EL Butter
2½ TL Salz
1 EL ghee
1 TL schwarze Senfkörner
1 TL Kreuzkümmelsamen
2 getrocknete Chilis, zerbröselt
2 TL geriebener frischer Ingwer
¼ TL Asafötida
1 TL Turmerik
5 mittelgroße Tomaten, gewaschen und kleingeschnitten
2 EL Zitronensaft
1 EL kleingehackte frische Korianderblätter

Den *dal* auslesen und (ungewaschen) in einen schweren Kochtopf geben. Den Topf auf mittlerer Flamme erhitzen und den *dal* 4 bis 5 Minuten unter ständigem Rühren anrösten, bis die meisten *dal*-Bohnen leicht gebräunt sind. Nun den *dal* in ein Sieb füllen, unter fließendem Wasser waschen und in den Topf zurückgeben. Wasser, Lorbeerblätter, Butter und Salz hinzufügen. Den Topf auf großer Flamme aufsetzen und zum Kochen bringen, dann abdecken und bei mittlerer Hitze 30 Minuten kochen lassen.

Wenn der *dal* zu zerfallen beginnt, das *ghee* in einem kleinen Topf erhitzen und die Senfkörner hineingeben. Wenn sie aufhören zu springen, schnell der Reihe nach die Kreuzkümmelsamen, die Chilis, den Ingwer, die Asafötida und den Turmerik hinzufügen. 20 Sekunden unter Rühren rösten, dann die Tomatenstücke hineingeben und für 1 bis 2 Minuten mit einem Kochlöffel umwenden.

Die Tomaten und Gewürze in die Suppe hineingeben, den Topf bedecken und so lange weiterkochen lassen, bis der *dal* völlig gar ist. Zum Schluß den Zitronensaft und die Korianderblätter hinzufügen und gut umrühren. Mit einem beliebigen Reisgericht oder indischem Brot heiß servieren.

Zubereitungs- und Kochzeit: 1 Std.

Jagannatha Puri channe ki dal

Süßer dal

Wer je das große Glück hatte, die Gestalt Krischnas zu sehen, die seit alters her in der indischen Stadt Jagannatha Puri verehrt wird, wird den Anblick nie wieder vergessen. Diese Form Krischnas, die den Namen Jagannatha trägt, „der Herr des Universums", ist sehr barmherzig und attraktiv. Seine Augen sind groß und leuchtend, und Er lächelt über das ganze Gesicht.

Jagannatha Puri channe ki dal *ist eine der Lieblingsspeisen Sri Jagannathas, und in vielen unserer Tempel opfern Ihm die Devotees regelmäßig diese Suppe. Ein Gast, der zum erstenmal diese Suppe kostete, bemerkte einmal, daß er nun verstehe, warum Jagannatha immer lächle.*

250 g channa-dal
1,4 l Wasser
2 TL Salz
4 Lorbeerblätter
6 mittelgroße Tomaten
1 EL Butter
2 EL ghee oder Pflanzenöl
½ TL Kreuzkümmelsamen
1 TL geriebener Ingwer
½ TL Asafötida
3 EL frische oder 4 EL getrocknete Kokosraspeln
2 EL brauner Zucker
2 TL Melasse

Den *dal* 3 bis 4 Stunden einweichen und in einem Sieb abtropfen lassen. Das Wasser mit dem Salz in einem großen Topf zum Kochen bringen, dann den *dal* und die Lorbeerblätter hineingeben. Auf mittlerer Flamme teilweise bedeckt 30 bis 40 Minuten kochen lassen, dabei gelegentlich den Schaum abschöpfen. Den Deckel abnehmen, mehrmals umrühren und auf niedriger Flamme weiterköcheln lassen.

Die Tomaten waschen, achteln und zusammen mit der Butter in den *dal* geben. Den Topf wieder abdecken.

Inzwischen das *ghee* bzw. Öl in einem kleinen Topf erhitzen und die Kreuzkümmelsamen darin anrösten. Nach ein paar Sekunden den geriebenen Ingwer, das Asafötidapulver und die Kokosraspeln dazugeben. Diese Mischung unter ständigem Rühren 2 bis 3 Minuten rösten. Nun das *ghee* mit den Gewürzen sowie auch den Zucker und die Melasse in den heißen *dal* geben. Gut umrühren und vor dem Servieren weitere 5 Minuten köcheln lassen.

Zubereitungs- und Kochzeit: 1 Std.

Links: *Jagannatha Puri channe ki dal*

Gujarati urad dal

Urad-dal mit pikantem Joghurt

Urad-dal *ist dermaßen proteinhaltig, daß der* Ayur-veda *empfiehlt, ihn nicht öfter als viermal pro Woche zu essen; sonst wird der Körper mit Proteinen überladen. Die Zugabe von pikantem Joghurt verleiht dieser Suppe eine cremige Konsistenz. Sie paßt gut zu gedämpftem Reis und indischem Brot.*

275 ml Naturjoghurt
2 EL brauner Zucker
1,5 l Wasser
200 g urad-dal
½ TL Turmerik
4 Lorbeerblätter
2 TL Salz
1 TL ghee oder Pflanzenöl
1 TL schwarze Senfkörner
2 getrocknete Chilis, zerbröselt
1 TL Fenchelsamen
1 TL geriebener frischer Ingwer

Den Joghurt und den braunen Zucker mit 250 ml Wasser verrühren und die Mischung beiseite stellen. Den *dal* auslesen, waschen und abtropfen lassen. In einer großen Kasserolle das restliche Wasser zum Kochen bringen und den *urad-dal*, den Turmerik, die Lorbeerblätter und das Salz hineingeben. Erneut zum Kochen bringen und ohne Deckel 10 Minuten kochen lassen. Gelegentlich den Schaum entfernen, der sich an der Oberfläche sammelt. Einmal umrühren, den Topf abdecken und für 20 Minuten auf mittlerer bis niedriger Flamme kochen lassen, bis die *dal*-Bohnen sich zwischen zwei Fingern zerdrücken lassen. Dann auf kleiner Flamme weiterköcheln lassen.

Das *ghee* bzw. Pflanzenöl in einem kleinen Topf auf mittlerer Flamme erhitzen und darin die schwarzen Senfkörner anrösten. Den Topf kurzzeitig abdecken, um zu verhindern, daß die Senfkörner herausspringen. Wenn die Senfkörner sich wieder beruhigt haben, die Chilis, die Fenchelsamen und den geriebenen Ingwer hinzugeben. Einige Sekunden rühren. Die nun fertige *masala* in den Joghurt kippen und den Joghurt in den *dal* gießen. Gut umrühren. Vor dem Servieren weitere 5 Minuten kochen lassen.

Zubereitungs- und Kochzeit: 1 Std.

Tamatar toor dal

Toor-dal-Suppe mit Tomaten

Im indischen Bundesstaat Gujarat wird toor-dal *so häufig verwendet, daß mit dem Wort* dal *ausschließlich* toor-dal *gemeint ist. Alle anderen* dal-*Sorten kennt man unter ihrem spezifischen Namen. Auch in Madrid wird* toor-dal *immer bekannter, und für Hunderte von Tempelbesuchern, die dort zum Mittags*-prasadam *kommen, ist dieses Gericht eine Art Leibspeise geworden. Viele Gäste fragen die Devotees nach dem Rezept.*

200 g toor-dal
2 l Wasser
3 TL Salz
½ TL Turmerik
1 EL ghee oder Pflanzenöl
1 TL Kreuzkümmelsamen
1 TL geriebener frischer Ingwer
1 TL gem. Koriander
1 TL Asafötida
3 mittelgroße Tomaten, gewaschen und kleingeschnitten
1 EL gehackte frische Koriander- oder Petersilienblätter
1 Zitrone, in Scheiben geschnitten

Den *dal* verlesen und unter fließendem warmem Wasser waschen, bis sich die Ölschicht gelöst hat. Abtropfen lassen.

Salz und Turmerik ins Wasser geben und zum Kochen bringen. Den *dal* beifügen und zudecken. Auf mittlerer Flamme 30 Minuten kochen lassen, dabei gelegentlich umrühren. Wenn der *dal* weich ist, das *ghee* bzw. Öl in einem kleinen Kochtopf erhitzen und die Kreuzkümmelsamen anrösten. Nach ein paar Sekunden den geriebenen Ingwer, den gemahlenen Koriander und die Asafötida, anschließend die Tomaten hineinrühren. 2 bis 3 Minuten rühren, dann die Tomaten und Gewürze in den *dal* geben. Unter gelegentlichem Umrühren so lange weiterkochen, bis der *dal* völlig gar ist.

Jede Portion mit frischgehackten Koriander- oder Petersilienblättern und einer Zitronenscheibe garnieren.

Zubereitungs- und Kochzeit: 1 Std.

Swadisht dal

Gemischter dal

je 75 g toor-dal, mung-dal und urad-dal
5 EL ghee oder Pflanzenöl
1 EL geriebener frischer Ingwer
½ TL Turmerik
2 l Wasser
1 TL schwarze Senfkörner
1 TL Kreuzkümmelsamen
2 grüne Chilis, entkernt und grobgehackt
4 Curryblätter oder 2 Lorbeerblätter
½ TL Asafötida
1 mittelgroße Aubergine, grobgewürfelt
3 mittelgroße Tomaten, kleingeschnitten
1 TL Zucker
2½ TL Salz
½ TL garam masala
3 EL gehackte frische Korianderblätter

Die *dals* waschen, eine Stunde einweichen und dann abtropfen lassen. 2 Eßlöffel *ghee* oder Pflanzenöl erhitzen und den Ingwer andünsten. Den Turmerik und die *dals* hinzufügen. Eine Minute rühren, mit ¾ Liter Wasser bedecken und auf mittlerer Hitze kochen (gelegentlich den Schaum von der Oberfläche abschöpfen), bis der *dal* weich wird. Den Topf vom Feuer nehmen, den *dal* in einem Mixer pürieren oder zu Brei stampfen und beiseite stellen.

Das restliche *ghee* bzw. Pflanzenöl in einer Kasserolle erhitzen und die Senfkörner, Kreuzkümmelsamen, Chilis, Curryblätter und die Asafötida darin andünsten. Die Auberginenwürfel hineingeben und 5 Minuten rühren. Tomaten, Zucker, Salz, *garam masala, dal* und das restliche Wasser dazugeben, den Topf zudecken und kochen lassen, bis das Gemüse weich ist. Mit Korianderblättern garnieren und zusammen mit weißem Reis heiß servieren.

Zubereitungs- und Kochzeit: 45 Min.

Sambar

Gemüse- und dal-Eintopf

Sambar *ist dicker als normaler* dal *und ausgesprochen bekömmlich. Er wird traditionsgemäß mit* masala dosa, atta dosa *oder mit weißem Reis und einem der Fladenbrote serviert, die im nächsten Kapitel beschrieben werden.*

1,5 l Wasser
3 TL Salz
250 g mung-dal, toor-dal, grüne halbierte Schälerbsen oder ganze Linsen
700 g gemischtes Gemüse, z.B. Auberginen, Karotten, Tomaten, grüne Bohnen oder Kürbis
50 g Tamarinde
3 EL ghee oder Pflanzenöl
1 TL schwarze Senfkörner
1½ TL gem. Kreuzkümmel
2 TL gem. Koriander
½ TL Cayennepfeffer oder 2 frische Chilis, zerhackt
1 TL Turmerik
4 EL Kokosraspeln

Zunächst das Wasser mit dem Salz aufsetzen. Den *dal* auslesen, waschen und abtropfen lassen, ins kochende Wasser geben und 10 Minuten kochen lassen. Den Schaum und die angesammelten *dal*-Häutchen von der Oberfläche schöpfen, zudecken und auf mittlerer Flamme 15 bis 20 Minuten kochen, dabei gelegentlich umrühren. Der *dal* sollte weicher werden, jedoch nicht breiig.

Mittlerweile das Gemüse waschen und in kleine Würfel schneiden. Den Klumpen Tamarinde zerstückeln, in einer kleinen Menge Wasser kochen und den Saft auspressen (siehe Seite 80).

Das *ghee* bzw. Pflanzenöl in einem Topf erhitzen und die Senfkörner rösten. Wenn sie aufhören zu springen, die gemahlenen Gewürze dazugeben, für ein paar Sekunden mitrösten und das Gemüse hinzufügen. 8 bis 10 Minuten rühren, bis die Auberginen das *ghee* bzw. Öl teilweise absorbiert haben und die Gemüsestücke leicht angebräunt sind. Nun die Kokosraspeln hinzufügen und weitere 2 Minuten braten.

Inzwischen dürfte der *dal* fertig sein. Das Gemüse und den Tamarindensaft in den *dal* füllen und gut durchmischen. Die Hitze reduzieren und ohne Deckel kochen lassen, bis der *dal* zerfällt und eindickt und das Gemüse weich ist.

Zubereitungs- und Kochzeit: 45 Min.

Mithi ghani dal

Mungbohnen in Joghurtsoße

300 g ganze Mungbohnen
250 ml Joghurt oder Buttermilch
2 EL Kichererbsenmehl
3 EL ghee oder Pflanzenöl
1 TL Kreuzkümmelsamen
1 EL geriebener frischer Ingwer
¼ TL Asafötida
5 Curryblätter (falls vorh.)
1 TL Turmerik
2 TL Salz
3 frische Chilis, entkernt und grobgehackt
1½ TL Zucker
4 EL gehackte frische Korianderblätter
600 ml Wasser

Die Mungbohnen waschen und über Nacht einweichen, am nächsten Morgen in ein feuchtes Tuch wickeln und 24 Stunden vor dem Kochen aufhängen, so daß sie anfangen zu keimen. Vergewissern Sie sich ab und zu, daß das Tuch nicht austrocknet.

Das Kichererbsenmehl unter den Joghurt bzw. die Buttermilch rühren und beiseite stellen. Das *ghee* bzw. Pflanzenöl erhitzen und den Kreuzkümmel, den Ingwer, die Chilistücke und die Asafötida darin rösten. Wenn die Kreuzkümmelsamen dunkler werden, Curryblätter, Turmerik, Salz und Mungbohnen hinzufügen. Das Wasser dazugießen und auf mittlerer Flamme für 30 bis 40 Minuten kochen lassen; wenn nötig, noch etwas Wasser nachfüllen. Wenn die Bohnen weich sind, den Joghurt bzw. die Buttermilch sowie den Zucker dazugeben und für weitere 5 Minuten kochen lassen. Mit den gehackten frischen Korianderblättern garnieren. Mit weißem Reis oder indischem Fladenbrot servieren.

Einweichzeit: über Nacht
Keimzeit: 24 Std.
Zubereitungs- und Kochzeit: 1 Std.

Khitchri

Reis, dal und Gemüse, gekocht

Dieses preiswerte Gericht sättigt so zufriedenstellend, daß Srila Prabhupada einmal sagte: „Eine Schale khitchri *und eine kleine Portion Joghurt sind ein königliches Festmahl, das sich auch ein armer Mann leisten kann."*

Dieses Rezept beschreibt ein „trockenes" khitchri, *das die Konsistenz von etwas zu lange gekochtem Reis hat, d.h. weich und ein wenig feucht.*

200 g mung-dal, halbierte Schälerbsen oder ganze Mungbohnen
250 g Langkornreis
1 kleiner Blumenkohl, gewaschen und in kleine Röschen geschnitten
4 mittelgroße Kartoffeln, gewaschen, geschält und grobgewürfelt
4 mittelgroße Tomaten, gewaschen und geviertelt
3 EL ghee oder Pflanzenöl
2 TL Kreuzkümmelsamen
2 frische Chilis, entkernt und grobgehackt
2 TL geriebener frischer Ingwer
1 TL gem. Kreuzkümmel
½ TL Asafötida
1,6 l Wasser
2 TL Salz
2 TL Turmerik
3 EL Zitronensaft
2 EL Butter
½ TL gem. schwarzer Pfeffer

Den *dal* verlesen und zusammen mit dem Reis gründlich waschen, dann in einem Sieb abtropfen lassen.

Inzwischen das Gemüse waschen, putzen und schneiden. Das *ghee* bzw. Pflanzenöl erhitzen und darin die Kreuzkümmelsamen, die Chilis und den Ingwer andünsten. Nach etwa einer Minute den gemahlenen Kreuzkümmel und die Asafötida, dann ein paar Sekunden später die gewürfelten Kartoffeln und die Blumenkohlröschen dazugeben. Die Gemüsestücke mit einem Kochlöffel für 4 bis 5 Minuten wenden, bis sie braune Flecken bekommen. Nun den abgetropften *dal* und Reis dazugeben und eine Minute gut umrühren, dann das Wasser, das Salz, den Turmerik und die Tomaten hinzufügen und auf hoher Flamme voll aufkochen lassen. Die Flamme auf niedrige Stufe reduzieren, den Topf teilweise zudecken und 30 bis 40 Minuten kochen lassen, bis der *dal* weich und völlig gar ist (Mungbohnen brauchen etwas mehr, Schälerbsen etwas weniger Kochzeit). Am Anfang ein- oder zweimal umrühren, damit der Reis nicht am Topfboden ansetzt.

Zum Schluß die Zitrone über dem *khitchri* ausdrücken, die Butter darangeben und auf niedriger Hitze köcheln lassen, bis die Flüssigkeit restlos absorbiert ist. Mit dem Pfeffer würzen. Alle Zutaten behutsam, aber zügig mit einer Gabel vermischen.

Wenn Sie einmal ein ganz besonderes *khitchri* probieren möchten, können Sie dazu etwas Kadhisoße reichen. Falls Sie braunen Reis verwenden, sollte das *khitchri* 20 Minuten länger kochen.

Zubereitungs- und Kochzeit: 45 Minuten

Rechts: *Geeli khitchri (S. 132)*
Khitchri

Geeli khitchri

Reis, dal und Spinat, gekocht

In Kalkutta veranstalten die Devotees jedes Wochenende in einem anderen Stadtpark ein Hare-Krischna-Festival. Die Anwohner, die über das bevorstehende Festival informiert sind, bringen jedesmal großzügige Spendenbeiträge in Form von Reis, dal *und Gemüse mit, woraus die Devotees ein reichhaltiges „nasses"* khitchri *zubereiten. Das* khitchri *wird zunächst zu Krischna geopfert, um dann anschließend an die 10 000 Menschen, die jedes Wochenende kommen, verteilt zu werden. Hier nun ein Rezept für ein solches* geeli *(nasses)* khitchri.

250 g Langkornreis
250 g mung-dal, halbierte Schälerbsen oder ganze Mungbohnen
50 g Butter oder ghee
3 Lorbeerblätter
1 EL feingehackter Ingwer
2 Nelken
2 TL Salz
¼ TL geriebene Muskatnuß
225 g frischer Spinat, gewaschen, entstielt und kleingehackt
3 Tomaten, kleingeschnitten

Dal und Reis waschen, eine Stunde einweichen und dann abtropfen lassen. Die Butter bzw. das *ghee* in einem schweren Topf erhitzen, die Lorbeerblätter, den gehackten Ingwer und die Nelken sowie den abgetropften Reis und den *dal* dazugeben. 8 bis 10 Minuten rühren, bis die Butter absorbiert ist. Soviel Wasser hinzugießen, daß der Reis und der *dal* mit einer 5 cm-Schicht Wasser bedeckt sind. Salz und Muskat dazugeben, umrühren und für eine Minute kochen lassen, dann gut abdecken und auf mittlerer bis niedriger Flamme weiterkochen lassen.

Während das Wasser absorbiert wird, die Hitze allmählich verringern. Gemächlich für 30 Minuten kochen lassen, dabei achtgeben, daß die Mischung stets mit etwas Wasser bedeckt ist (wenn nötig, ein paar Eßlöffel Wasser dazugeben). Nun den kleingehackten Spinat und die Tomaten behutsam unterrühren, zudecken und weitere 15 Minuten kochen lassen, bis die Mischung gar, aber immer noch einigermaßen feucht ist. Vor dem Servieren noch einmal gut umrühren.

Einweichzeit: 1 Std.
Zubereitungs- und Kochzeit: 1 Std.

Channa masala

Pikante Kichererbsen

Eine kleine Portion pikante Kichererbsen mit khitchri *oder* sambar *(oder auch für sich allein) sind ein einfaches, nahrhaftes Frühstück.*

250 g Kichererbsen, ausgelesen und gewaschen
1½ TL Salz
2 TL Zitronensaft
1 TL geriebener frischer Ingwer
¼ TL Asafötida
½ TL gem. schwarzer Pfeffer

Die Kichererbsen über Nacht in der doppelten Volumenmenge Wasser einweichen. Abgießen, in einen mittelgroßen Topf geben und so viel Wasser auffüllen, daß die Kichererbsen mit einer 7,5 cm hohen Schicht bedeckt sind. ½ Teelöffel Salz hinzufügen und zum Kochen bringen. Den Schaum von der Oberfläche abschöpfen, zudecken und 45 Minuten bis 1 Stunde köcheln lassen, bis die Kichererbsen so weich sind, daß sie sich zwischen zwei Fingern zerdrücken lassen. Jetzt das Wasser abgießen, die Kichererbsen in eine Schüssel füllen und mit dem Zitronensaft und den Gewürzen vermischen.

Einweichzeit: über Nacht
Zubereitungs- und Kochzeit: 1 Std.

Channa raita

Gebratene Kichererbsen in würziger Joghurtsoße

Channa raita *ist ein herzhaftes Frühstücksgericht. Der am Schluß hinzugefügte Joghurt gibt diesem* raita *eine üppige, soßenartige Konsistenz, die gut zu* puris *und* upma *oder* khitchri *paßt.*

175 g Kichererbsen
1½ TL Salz
4 TL ghee
1 TL garam masala oder gem. Koriander
¾ TL Asafötida
150 ml Naturjoghurt
¼ TL gem. schwarzer Pfeffer

Die Kichererbsen über Nacht in der doppelten Volumenmenge Wasser einweichen. Abtropfen lassen und in einen mittelgroßen Kochtopf füllen. So viel Wasser dazugießen, daß die Kichererbsen mit einer Schicht von 7,5 cm bedeckt sind, und ½ Teelöffel Salz beifügen. Für 10 Minuten kochen lassen, dabei gelegentlich den Schaum von der Oberfläche abschöpfen. Den Topf bedecken, die Flamme auf mittlere Stufe reduzieren und so lange kochen, bis die Kichererbsen weich sind. Gegebenenfalls Wasser nachfüllen, damit die Erbsen nicht anbrennen. Zum Abtropfen in ein Sieb geben.

Das *ghee* bzw. Pflanzenöl in einem Topf auf mittlerer Flamme erhitzen, *garam masala* und Asafötida hineingeben und einmal umrühren, dann sofort die abgetropften Kichererbsen beimengen. 8 bis 10 Minuten braten, dabei ständig mit einem Kochlöffel umwenden. Wenn sie braune Flecken bekommen, den Topf vom Feuer nehmen und den Joghurt hineinrühren. Mit Salz und Pfeffer würzen. Heiß servieren.

Einweichzeit: über Nacht
Zubereitungs- und Kochzeit: 45 Min. bis 1 Std.

Channa aur simla mirch

Gebratene Kichererbsen mit Paprika

Dieses Gericht wird traditionsgemäß mit geachtelten festen Tomaten und heißen bhaturas *serviert. Sie können es auch mit einem der vedischen Fladenbrote, die im nächsten Kapitel beschrieben werden, oder mit Joghurt und Ingwertee zum Frühstück reichen.*

250 g Kichererbsen
1½ TL Salz
2 EL ghee oder Pflanzenöl
2 TL Kreuzkümmelsamen
1 oder 2 frische Chilis, grobgehackt
1 TL geriebener frischer Ingwer
½ TL Turmerik
½ TL Asafötida
1 grüne Paprikaschote, in 1,5 cm große Stücke geschnitten
1 mittelgroße Tomate, gewaschen und kleingeschnitten (kann entfallen)
2 mittelgroße Tomaten, gewaschen und geachtelt

Die Kichererbsen über Nacht in der doppelten Volumenmenge Wasser einweichen, abtropfen lassen und in einen Topf geben. So viel Wasser hineingeben, daß sie mit einer 7,5 cm hohen Schicht bedeckt sind; einen halben Teelöffel Salz hinzufügen. 10 Minuten kochen lassen. Den Schaum, der sich an der Oberfläche bildet, abschöpfen. Auf mittlerer bis niedriger Flamme 40 Minuten bis eine Stunde kochen lassen. Die weichen Kichererbsen in ein Sieb füllen und abtropfen lassen. (Falls Sie beabsichtigen, eine Soße zu machen, können Sie 100 ml dieser Flüssigkeit aufbewahren.)

Das *ghee* bzw. Pflanzenöl auf mittlerer Flamme in einer Bratpfanne erhitzen und die Kreuzkümmelsamen darin anrösten. Wenn sie braun werden, die Chilistücke und den Ingwer dazugeben und darauf den Turmerik und die Asafötida, sofort gefolgt von der kleingeschnittenen Paprikaschote. Die Paprikastücke mit einem Löffel umwenden, bis sie weich und angebräunt sind, dann die abgetropften Kichererbsen beimengen und für 3 Minuten rühren. Nun das restliche Salz hinzufügen. Wer dazu eine Soße möchte, gebe das aufbewahrte Kochwasser oder eine kleingeschnittene Tomate dazu und rühre noch 5 Minuten länger.

Einweichzeit: über Nacht
Zubereitungs- und Kochzeit: 1 Std.

Mili-juli sabji ka soup

Sämige Gemüsesuppe

Diese Suppe ist eine der Spezialitäten unseres Londoner Restaurants, Govinda's. Svarupa-siddhi dasa, der Chefkoch, zeigt den Gästen oft, wie man sie zubereitet.

3 EL ghee
2 Lorbeerblätter
1 TL gem. Koriander
¼ TL gem. Asafötida
1¼ TL Turmerik
700 g gemischtes Gemüse, gewaschen und gewürfelt
0,5 l Wasser
3 TL Salz
¼ TL Pfeffer
425 ml Milch
2 EL Butter
3 EL weißes Mehl

Das *ghee* in einem schweren Kochtopf erhitzen. Lorbeerblätter, Koriander, Asafötida und Turmerik für einige Sekunden anrösten, dann sofort die Gemüsestücke hinzufügen. 4 bis 5 Minuten unter Rühren anbraten, so daß das Gemüse braune Flecken bekommt. Wasser, Salz und Pfeffer dazugeben, den Topf abdecken und auf mittlerer Flamme kochen lassen (dabei ab und zu umrühren), bis das Gemüse weich und zart ist. Sie können die Gemüsestücke nach Belieben entweder ganz lassen, zu Brei zerstampfen oder in einem Mixer pürieren. Vergessen Sie im letzteren Falle nicht, vorher die Lorbeerblätter herauszunehmen.

Während das Gemüse kocht, die Butter in einem kleinen Topf auf mittlerer Flamme erhitzen, das Mehl dazugeben und 1 bis 2 Minuten unter Rühren anbräunen; dann die heiße Milch hinzufügen. Die Mischung für 2 Minuten mit einem Schneebesen schlagen, bis die Soße ziemlich dick ist, dann mit der Suppe verrühren und kurz aufkochen lassen. Fertig zum Servieren!

Zubereitungs- und Kochzeit: 45 bis 50 Min.

Tamatar ka soup

Tomatensuppe

2 kg rote, feste Tomaten
6 EL ghee oder Pflanzenöl
1 TL gem. Koriander
¼ TL Asafötida
4 EL gehackte frische Korianderblätter
1½ EL brauner Zucker
1½ TL Salz
¼ TL gem. schwarzer Pfeffer
¼ TL Cayennepfeffer
2 EL Butter
2 EL weißes Mehl
450 ml Milch
1 EL Zitronensaft

Die Tomaten waschen und achteln. Das *ghee* bzw. Pflanzenöl in einem schweren Topf erhitzen, den gemahlenen Koriander und die Asafötida einige Sekunden anrösten, dann die Tomaten hineingeben. Den Herd auf kleine bis mittlere Hitze stellen und die Tomaten 20 bis 25 Minuten kochen, bis sie sehr weich aussehen und die Schale sich löst.

Die Tomaten durch ein Sieb streichen und wieder in den Topf schütten. Den gehackten Koriander, Zucker, Salz, Pfeffer und Cayennepfeffer hinzufügen.

Die Butter in einem zweiten Topf erhitzen und das Mehl unter ständigem Rühren leicht anbräunen. Langsam die Milch dazugießen und weiterkochen (dabei ständig umrühren, damit sich keine Klümpchen bilden, bis die Milch eindickt). Nun das Tomatenpüree in die Milch gießen und gut umrühren. Zum Schluß den Zitronensaft dazugeben und heiß servieren.

Zum Garnieren können Sie einen Eßlöffel Vermicelli in etwas Butter braten und auf der Oberfläche der Suppe verstreuen.

Zubereitungs- und Kochzeit: 30 bis 40 Min.

Brot und Pfannkuchen

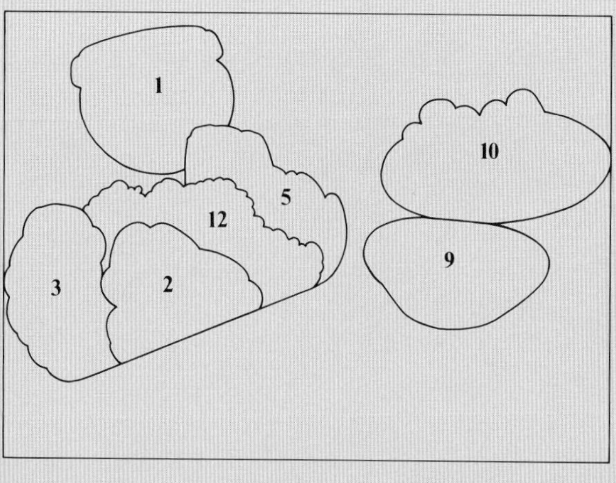
1
10
5
12
3
2
9

BROT spielt als Grundnahrungsmittel par excellence in Indien eine noch größere Rolle als das „täglich Brot" bei uns im Westen, wo die meisten Menschen denaturiertes Brot mit nur wenigen Nähr- und Aufbaustoffen essen. In Indien gehört naturbelassenes, hausgemachtes Brot zu fast jeder Mahlzeit. Indisches Brot gibt es in einer Vielzahl verschiedener Formen, Zusammensetzungen und Geschmäcke, doch alle lassen sich problemlos und schnell zubereiten.

Die vedische Art, Brot zu servieren, gibt der Mahlzeit eine besondere Note: Sobald der Gast eines der ofenfrischen Brote aufgegessen hat, bekommt er unverzüglich ein neues.

Sie mögen sich fragen, wie es möglich sein soll, Krischna Brot zu opfern und es dann auch noch den Gästen heiß anzubieten. Der Trick besteht darin, das Brot als letztes, erst kurz vor der Opferung, zuzubereiten, und zwar gerade so viel, wie für Krischnas Teller benötigt wird. Während der Opferteller auf dem Altar steht, können Sie den Rest zubereiten und dann warmhalten. Bei vielen Gästen ist es vielleicht praktischer, alle Brote vor der Opferung zu backen und sie kurz vor dem Servieren im Backofen aufzuwärmen.

Im Westen kann man oft die Eßgewohnheit beobachten, mit Brot andere Speisen auf die Gabel zu schieben. In Indien jedoch wird das Brot selbst zur Gabel. Man reißt ein kleines Stück Fladenbrot ab, nimmt damit ein Stück Speise oder etwas Soße auf und schiebt sich dann zusammen mit dem Essen auch die „Gabel" in den Mund.

In allen Hare-Krischna-Zentren gibt es täglich ein einfaches vedisches Mittagsmahl, bestehend aus Reis, *dal*, Gemüse und *chapatis*. Wie bei den meisten vedischen Brotsorten wird auch bei *chapatis* eine Art steingemahlenes Vollweizenmehl verwendet, genannt *chapati*-Mehl oder *atta*. Dieses Mehl, das man in Indienläden bekommt, unterscheidet sich um einiges von dem Vollweizenmehl, das in Supermärkten und Reformhäusern angeboten wird. *Chapati*-Mehl besteht aus ganzen, zu einem naturfarbenen, feinen Pulver zermahlenen Weizenkörnern. Teig aus *atta*-Mehl wird samtweich, läßt sich leicht kneten und sehr gut ausrollen. Falls Sie *chapati*-Mehl nirgends bekommen, können Sie auch Weizenschrotmehl nehmen, die gröbsten Bestandteile heraussieben und es im Verhältnis 2:1 mit Mehl der Ausmahlungsgrade 550 oder 405 mischen.

Puris und *bhaturas* sind fritierte Fladenbrote. Sie werden im allgemeinen aus besonders geschmeidigem Teig zubereitet, wobei vor der Hinzugabe des Wassers etwas Butter oder *ghee* in das Mehl hineingerieben wird. Der Teig wird zu runden, flachen Scheiben ausgerollt und in das heiße *ghee* oder Pflanzenöl gegeben, wo die Fladen zur Oberfläche steigen und sich zu hohlen, dampfgefüllten Ballons aufblähen. (Wenn Sie etwas Erfahrung gesammelt haben, können Sie auch probieren, mehrere *puris* oder *bhaturas* auf einmal zu fritieren.) *Puris* werden meistens aus Vollweizenmehl gemacht und *bhaturas* aus einer joghurtgesäuerten Mehlmischung, die sich aus Vollweizenmehl und Weißmehl zusammensetzt.

In den meisten Brotrezepten ist die Wassermenge nur ungefähr angegeben, da sie von der Beschaffenheit des Mehles und der Luftfeuchtigkeit abhängig ist. Beginnen Sie mit etwas weniger Wasser, als im Rezept verlangt wird. Sollte der Teig zu trocken sein, so geben Sie einfach etwas mehr Wasser dazu, bis er die gewünschte Konsistenz hat. Dann kneten Sie den Teig.

Der wichtigste Schritt bei der Zubereitung von Teigen ist das Kneten. Wenn der Teig gleichmäßig und sorgfältig geknetet wurde, ist das Ausrollen und Backen leicht. Und so wird's gemacht: Die Hände und den Teig mit etwas Mehl einstäuben, die Handballen in den Teig hineinpressen und den Teig vom Körper weg drücken. Den abgeflachten Teil zurückfalten, den Teigballen etwas drehen und wieder vorwärts drücken. Diesen Vorgang – Vorwärtsdrücken, Zurückfalten und Drehen – ständig wiederholen, so daß die Bewegungen allmählich rhythmisch werden. So lange weiterkneten, bis der Teig geschmeidig und elastisch wird. Sollte er immer noch an den Händen oder der Schüssel kleben, nachdem Sie alle Zutaten beigemengt haben, so kneten Sie einfach weiter, wobei Sie von Zeit zu Zeit etwas Mehl hinzugeben, bis sich der Teigklumpen ohne Spuren von den Händen und der Schüssel löst.

Die Brote in diesem Kapitel werden entweder auf der *tava* (eine schwere, leicht gewölbte, gußeiserne Pfanne) geröstet oder in einer *karhai* oder einem Wok fritiert. Gewöhnlich wird die *tava* vorgeheizt;

dann wird das Brot schneller gar und wird nicht so leicht trocken und brüchig. Die *karhai* und der Wok helfen *ghee* sparen, und ihre weit gewölbte Innenwand läßt eine Menge Raum zum Fritieren. Wenn Sie keine *tava* haben, können Sie auch eine gußeiserne Bratpfanne benutzen. Und wenn Sie weder *karhai* noch Wok besitzen, tut es auch ein weiter Topf mit schwerem Boden.

Zum Teigausrollen gehört schon ein wenig Praxis; lassen Sie sich also nicht entmutigen, wenn es am Anfang nicht gleich klappt. Schon nach ein paar Versuchen werden Sie mehr Geschick entwickeln. Außerdem werden sogar Ihre mißlungenen Versuche gut schmecken.

Am Ende dieses Kapitels werden Sie Rezepte für drei verschiedene Sorten salziger Pfannkuchen finden, jede mit einem anderen Mehl zubereitet.

Chapati

Vollweizen-Fladenbrot

Chapatis *sind das tägliche Brot von Millionen von Indern. Sie werden zunächst auf einer trockenen Bratpfanne oder* tava *vorgebacken und dann direkt über die offene Flamme gehalten, wo sie sich so weit mit Dampf aufblähen, daß sie beinahe platzen.*

250 g atta oder gesiebtes Vollweizenmehl
150 ml lauwarmes Wasser
½ TL Salz
2 oder 3 EL zerlassene Butter

Mehl und Salz in einer großen Salatschüssel vermengen und langsam Wasser dazugeben, dabei gleichzeitig das Mehl mit dem Wasser vermischen, bis ein weicher Teig entsteht. Den Teig auf eine Arbeitsfläche legen und für 6 bis 8 Minuten durchkneten, bis er glatt und elastisch ist. Den Teigklumpen mit Wasser besprengen, in ein feuchtes Tuch wickeln und für eine halbe Stunde bis zwei Stunden beiseite stellen.

Wenn der Teig fertig ist, die *tava* (siehe S. 54) oder eine schwere, gußeiserne Bratpfanne auf mittlerer Flamme vorheizen. Den Teig mit angefeuchteten Händen nochmals durchkneten, zwölf gleichgroße Bällchen formen, mit etwas Mehl bestäuben und auf einem eingemehlten Brett zu möglichst gleichmäßig runden, dünnen Fladen von etwa 15 cm Durchmesser ausrollen. Ein kleiner Vorrat an Vollweizenmehl sollte stets zur Hand sein, um das Ausrollen zu erleichtern.

Das überschüssige Mehl zwischen beiden Händen abklopfen und den *chapati* auf die vorgewärmte Pfanne legen. Wenn auf der Oberfläche kleine, weiße Bläschen erscheinen und sich die Ränder nach oben wölben, den *chapati* mit einer Flachzange umdrehen und die andere Seite rösten, bis an der Oberfläche Luftblasen hervortreten. Den *chapati* mit der Zange aufnehmen und beide Seiten für einige Sekunden über die offene Flamme halten, bis er sich wie ein Ballon aufbläht. Ein fertiger *chapati* sollte durch und durch gar (ohne feuchte Stellen) und auf beiden Seiten mit braunen Flecken übersät sein. Die Luft herauspressen und eine Seite mit zerlassener Butter bepinseln.

Eine interessante Variante des *chapati* ist *paneer chapati*. Anstatt das Mehl mit warmem Wasser zu vermischen, wird es (zusammen mit

---

Rechts: *Zubereitung von chapatis*

dem Salz) in eine Kasserolle gegeben, in der 375 ml Milch mit 2 Teelöffeln Zitronensaft zum Gerinnen gebracht wurden. Rühren Sie das Mehl in die Mischung aus Molke und geronnenem Frischkäse, bis alles gut miteinander vermengt ist. Wenn die Mischung kühl genug zum Anfassen ist, den Inhalt der Kasserolle auf eine saubere Arbeitsfläche geben und 5 bis 10 Minuten durchkneten, bis der Teig glatt und geschmeidig ist. Den Teig 30 Minuten bis eine Stunde ruhen lassen, dann genauso wie in dem Rezept für gewöhnliche *chapatis* fortfahren. Geben Sie acht, daß Ihre *paneer chapatis* nicht anbrennen.

Chapatis können auch auf dem Elektroherd zubereitet werden. Lassen Sie den *chapati* einfach auf der Pfanne liegen und wenden Sie ihn so oft um, bis beide Seiten gar sind; dann vorsichtig ein weiches Tuch auf die Oberfläche pressen, und der *chapati* wird sich aufblähen. Servieren Sie *chapatis* möglichst frisch vom Herd, oder wickeln Sie sie in ein Küchentuch ein, um sie warm und weich zu halten.

Zubereitungszeit: 15 Min.
Stehzeit: 30 Min. bis 2 Std.
Ausroll- und Garzeit: 2 bis 3 Min. pro *chapati*

Puri

Fritierte Fladenbrötchen aus Vollweizen

Puris *fritieren – zuzusehen, wie sich kleine, runde Teigfladen im schwimmenden Fett wie Ballons aufblähen – ist eines der Vergnügen beim vedischen Kochen. Sie zu essen macht sogar noch mehr Spaß. Vom Geschmack und ihrer Konsistenz her passen sie perfekt zu jeder Mahlzeit.*

250 g Vollweizenmehl
100 g weißes Mehl
½ TL Salz
1 EL Butter oder ghee
150 ml warmes Wasser
ghee oder Pflanzenöl zum Fritieren

Die beiden Mehlsorten und das Salz in eine Teigschüssel sieben und den Eßlöffel Butter (bzw. *ghee*) mit den Fingerspitzen hineinreiben. Langsam das Wasser dazugeben und mit den Händen verrühren, bis das Mehl zusammenhält und sich kneten läßt. Die Hände mit etwas *ghee* einfetten und den Teig durchkneten, bis er glatt und elastisch ist. (Zur Abwechslung können Sie das folgende Rezept, *masala puris*, ausprobieren: dazu ½ Teelöffel Kreuzkümmelsamen, ½ Teelöffel Turmerik und 2 Prisen Cayennepfeffer in den Teig mischen.)

Das *ghee* bzw. Öl in einer *karhai*, einem Wok oder einem Kochtopf auf mittlerer bis hoher Flamme erhitzen. Inzwischen ein paar Tropfen *ghee* auf der Ausrollfläche verreiben (kein Mehl verwenden – es verbrennt, und das *ghee* verfärbt sich). Aus dem Teig 12 Kugeln formen und diese zu dünnen, ebenmäßigen Fladen ausrollen.

Wenn das *ghee* anfängt zu rauchen, die Hitze auf mittlere Flamme reduzieren und einen *puri* auf die Oberfäche des *ghee* legen – passen Sie auf, daß Sie sich nicht die Finger verbrennen. Der *puri* wird für einige Sekunden auf den Boden sinken, um dann zischend zur Oberfläche zu steigen. Tauchen Sie ihn rasch, aber sanft mit dem Rücken einer Siebkelle unter, bis er sich wie ein Ballon aufbläht. Den *puri* umwenden, für einige Sekunden ausbacken lassen, herausnehmen und aufrecht in einem Sieb abtropfen lassen.

Heiße *puris* können Sie zu praktisch jeder Mahlzeit reichen oder als Imbiß mit Apfelmus, Honig, Marmelade oder Frischkäse servieren.

Zubereitungszeit: 15 Min.
Ausroll- und Backzeit: 2 Min. pro *puri*

Kela puri

Bananen-puris

Kela puris *sind ein Grund mehr, dankbar zu sein, daß die vedische Küche in den Westen kam. Der Teig muß so lange geknetet werden, bis er fest ist, und die* puris *müssen so lange im Fett backen, bis sie golden und mit braunen Sprenkeln bedeckt sind.*

300 g Vollweizenmehl
50 g Kichererbsenmehl
½ TL Cayennepfeffer
1 TL Turmerik
1 TL Kreuzkümmelsamen
1 TL Salz
1 EL ghee oder zerlassene Butter
2 reife Bananen
2 TL brauner Zucker
ghee oder Pflanzenöl zum Fritieren

Das Weizenmehl und das Kichererbsenmehl in eine große Schüssel sieben und die Gewürze und das Salz beifügen. Das zerlassene *ghee* bzw. die Butter hineinträufeln und mit den Fingerspitzen in das Mehl hineinreiben, bis es groben Brotkrumen gleicht.

In einer anderen Schüssel die Bananen zu einem weichen Brei zerstampfen, den Zucker einrühren und diese Mischung gründlich mit dem Mehl vermischen, bis alles Mehl zusammenklebt. Falls zum Binden des Mehls mehr Flüssigkeit benötigt wird, einfach mehr zerdrückte Bananen oder 1 bis 2 Eßlöffel warmes Wasser hinzugeben. Sollte der Teig zu klebrig sein, mehr Mehl beimengen.

Den Teig für mehrere Minuten kneten, bis er glatt und elastisch ist, dann 15 bis 30 Minuten ruhen lassen. Ausrollen und fritieren wie im Rezept für *puris*.

Zubereitungszeit: 15 Min.
Stehzeit: 15 bis 30 Min.
Ausroll- und Backzeit: 3 Min. pro *kela puri*

Links: *Zubereitung von puris (S. 147)*

Bhatura

Dicke Sauerteig-puris

Hefe wird in vedischen Broten selten verwendet. Nötigenfalls wird der Teig einfach zum Gären an einen warmen Platz gestellt. In heißem Klima säuert der Teig innerhalb weniger Stunden, in kälterem Klima verwenden wir manchmal Backpulver, um den Vorgang zu beschleunigen.

In Indien werden bhaturas *oft zusammen mit* channa raita *(pikante Kichererbsen) und Joghurt zum Frühstück gegessen.*

150 ml Naturjoghurt
2 TL brauner Zucker
½ TL Backpulver
150 g weißes Mehl
300 g atta oder gesiebtes Vollweizenmehl
2 TL Salz
1 EL ghee oder Butter
100 ml warmes Wasser
ghee oder Pflanzenöl zum Fritieren

Am Abend zuvor den Joghurt, den Zucker, das Backpulver und das weiße Mehl in einer großen Schüssel vermengen, mit einem Tuch abdecken und an einem warmen Ort gären lassen. Wenn an der Oberfläche Blasen erscheinen, ist die Mischung fertig für den nächsten Vorgang.

In einer zweiten Schüssel das *atta* bzw. das gesiebte Vollweizenmehl mit dem Salz vermischen und das *ghee* bzw. die Butter mit den Fingerspitzen hineinreiben. Die angegorene Mischung und das warme Wasser dazugeben und das Ganze mit den Händen gut durchmischen, so daß ein Teig entsteht. Diesen Teig 5 bis 10 Minuten bzw. so lange durchkneten, bis er glatt und geschmeidig ist. Falls er zu feucht sein sollte, etwas Mehl hinzugeben. Den Teig zu einem kompakten Klumpen formen, mit einem feuchten Tuch bedecken und wieder an einem warmen Ort abstellen.

Nach 2 Stunden Stehzeit den Teig nochmals durchkneten, 15 gleichgroße Bällchen formen und zu 13 cm-Fladen ausrollen. Das *ghee* erhitzen und die *bhaturas* genauso wie *puris* fritieren.

Zubereitungszeit: 20 Min.
Stehzeit: über Nacht plus 2 Std.
Ausroll- und Backzeit: 4 Min. pro *bhatura*

Paratha

Blätterteigfladen aus Vollweizen

Parathas *sind schwer und blättrig, weil sie mit* ghee *oder Butter bestrichen und mehrfach gefaltet wurden. Reichen Sie sie zu einem Gemüsegericht, Joghurt und Minz- oder Korianderchutney.*

200 g atta oder gesiebtes Vollweizenmehl
100 g weißes Mehl
3 EL zerlassene Butter
125 ml warmes Wasser
1 TL Salz

Die beiden Mehlsorten in einer großen Schüssel vermischen und die Butter in das Mehl hineinreiben. Einen Teig wie nach dem Rezept für *chapatis* ansetzen und mit einem feuchten Tuch bedeckt ruhen lassen. Nach 30 Minuten eine gußeiserne Pfanne oder *tava* auf mittlerer bis niedriger Flamme vorheizen; inzwischen den Teig nochmals durchkneten, 10 gleichgroße Bällchen formen und zu Fladen ausrollen (nicht zu dünn). Die Arbeitsfläche nötigenfalls mit Mehl einstäuben, damit der Teig nicht festklebt. Eine Seite mit zerlassener Butter bepinseln und in der Mitte zusammenklappen. Wiederum die Oberfläche mit Butter bestreichen und ein zweites Mal zusammenklappen – zu einem Dreieck. Zu ziemlich dünnen, großen Dreiecken ausrollen.

Einen *paratha* auf die trockene, vorgeheizte Pfanne bzw. *tava* legen und ständig hin- und herschieben, damit der Fladen gleichmäßig durchgeröstet wird. *Parathas* brauchen mehr Zeit zum Garen als *chapatis.* Die Flamme so regulieren, daß sie nicht anbrennen. Wenn beide Seiten goldbraun sind, den *paratha* wieder auf die erste Seite umwenden und mit dem Rücken eines Löffels einen halben Teelöffel *ghee* (oder Butter) auf der Oberfläche verstreichen. Daraufhin sollte sich der *paratha* aufblähen. Drehen Sie ihn um und bestreichen Sie auch die andere Seite mit *ghee.* Der *paratha* ist fertig, wenn beide Seiten goldbraun und mit dunklen Flecken bedeckt sind.

Parathas, die nicht gleich serviert werden, in ein Küchentuch wickeln, damit sie sich warm halten.

Zubereitungszeit: 15 Min.
Stehzeit: 30 Min.
Ausroll- und Backzeit: 8 Min. pro *paratha*

Alu paratha

Fladenbrot mit würziger Kartoffelfüllung

200 g atta oder gesiebtes Vollweizenmehl
100 g weißes Mehl
4 EL Butter
125 ml warmes Wasser
½ TL Salz
3 mittelgroße Kartoffeln
1 EL ghee
½ TL Kreuzkümmelsamen
1 TL geriebener Ingwer
½ TL Cayennepfeffer
½ TL Turmerik
1 EL Zitronensaft
1 TL Salz
2 EL frische Korianderblätter, gehackt

Den Teig wie im Rezept für *parathas* (siehe S. 151) ansetzen und ruhen lassen. Die Kartoffeln weichkochen, unter kaltem Wasser abspülen, abschälen und grob zerstampfen. Einen Eßlöffel *ghee* in einem mittelgroßen Topf erhitzen, die Kreuzkümmelsamen dazugeben und unter Rühren anrösten. Ein paar Sekunden später den Ingwer, den Cayennepfeffer und den Turmerik hinzufügen. Einige Sekunden weiterrühren, dann die zerdrückten Kartoffeln dazugeben und 4 bis 5 Minuten braten, dabei ständig rühren. Nun den Zitronensaft, das Salz und die Korianderblätter beimengen und gründlich durchrühren. Die fertige Mischung zum Abkühlen auf einem Tablett ausbreiten.

Wenn die Füllung erkaltet ist, aus dem Teig 12 Bällchen formen und zu 15 cm großen Fladen ausrollen. Die Oberfläche der Fladen mit etwas *ghee* bepinseln, einen Eßlöffel der Füllung in die Mitte setzen und die Ränder über der Füllung zusammenschlagen. Den überstehenden Teig abreißen und die so entstandene Öffnung durch Zusammendrücken gründlich schließen. Den gefüllten Teigklumpen flachdrücken, mit Mehl bestäuben und so dünn wie möglich ausrollen. Geben Sie acht, daß die Füllung nicht durchbricht.

Eine schwere Bratpfanne mit *ghee* einfetten. Den *paratha* langsam rösten und so oft umwenden, bis beide Seiten goldbraun und mit rötlichen Flecken bedeckt sind. *Alu parathas* passen ausgezeichnet zu einem *sabji* in Soße und einem *raita* oder Naturjoghurt.

Zubereitungszeit: 30 Min.
Stehzeit: 30 Min.
Ausroll- und Backzeit: 8 Min. pro *paratha*

Rechts: *Zubereitung von alu parathas*

Allgemeine Zeitung

Makkai ki roti

Maismehlfladen

Maismehl bekommen Sie in Reformhäusern oder Bioläden. Es zählt eigentlich nicht zu den hochklassigen Backmehlen, eignet sich aber ganz gut für indische Fladenbrote. Wichtig ist, daß Sie es vorher gründlich durchsieben.

150 g Maismehl, feingemahlen und gut durchgesiebt
75 g Vollweizenmehl, gut gesiebt
2 TL ungesalzene Butter oder ghee
½ TL Salz
½ TL Zucker oder natürlicher Süßstoff
200 ml warmes Wasser
2 oder 3 EL zerlassene Butter

Das Maismehl und das Weizenmehl mit dem Salz und dem Süßstoff in einer großen Schüssel vermengen und mit den Fingerspitzen die Butter bzw. das *ghee* hineinreiben. Langsam das Wasser hinzugießen und mit der Hand verrühren, bis alles Mehl zusammenhält und sich kneten läßt. Die Hände mit etwas *ghee* einfetten und den Teig 8 bis 10 Minuten durchkneten, bis er weich und geschmeidig ist. Nun aus dem Teig einen Ball formen, mit einem feuchten Tuch bedecken und eine Stunde ruhen lassen.

Wenn es an der Zeit ist, den Teig nochmals ein oder zwei Minuten durchkneten, in acht gleichgroße Stücke teilen und aus diesen Stükken Bällchen rollen. Die Ausrollfläche mit Vollweizenmehl einstäuben und eines der Teigbällchen zu einem 12 cm großen Fladen ausrollen. Die Oberfläche mit etwas zerlassener Butter einreiben und den Fladen in der Mitte falten. Die Oberfläche des Halbkreises ebenfalls mit Butter einreiben und nochmals falten. Nun den Teig behutsam zu einem Dreieck ausrollen.

Eine gußeiserne Bratpfanne oder eine *tava* auf mittlerer Flamme für ein oder zwei Minuten vorerhitzen. Ein oder zwei der Dreiecke auf die Pfanne legen und für eine Minute rösten, dann umdrehen und noch eine halbe Minute weiterrösten. Den *roti* unter sanftem Druck mit einem sauberen Tuch zum Aufblähen bringen. Falls notwendig, den *roti* nochmals umwenden, damit er gleichmäßig gart. Bei korrekter Ausführung wird der *roti* aufgehen und sich aufblähen, und die Oberfläche sollte mit braunen Tüpfeln bedeckt sein.

Die fertigen *rotis* mit etwas Butter bepinseln. Servieren Sie sie entweder sofort oder stapeln Sie sie auf einem Haufen auf, eingewickelt in ein dickes Tuch. Für das Ausrollen und Garen der Fladenbrote sollten Sie einen Rhythmus finden, so daß Sie, während ein *roti* auf der Pfanne gart, schon den nächsten ausrollen.

Zubereitungszeit: 15 Min.
Stehzeit: 1 Std.
Ausroll- und Backzeit: 6 Min. pro *roti*

Besan roti

Fladenbrot aus Kichererbsenmehl

Einen Kilometer entfernt von Varsana, dem Geburtsort von Sri Krischnas ewiger Gefährtin, Srimati Radharani, liegt ein kleines Dorf namens Annapura, das weithin für sein prasadam *bekannt ist. Es heißt, daß es dort mit mehr Hingabe zubereitet wird als irgendwo anders im Universum. Die Einwohner von Annapura sind berühmt für ihre Gastfreundlichkeit. Man sagt, daß für die letzten 5000 Jahre jeder Besucher des Dorfes sehr herzlich empfangen und mit einer Mahlzeit bewirtet wurde, die für gewöhnlich so viele* besan rotis *enthielt, wie er nur essen konnte.*

200 g gesiebtes Vollweizenmehl
200 g Kichererbsenmehl
1 TL Salz
½ TL gem. schwarzer Pfeffer
½ TL Kreuzkümmelsamen
1 frischer Chili, kleingeschnitten
3 EL gehackte frische Koriander- oder Spinatblätter
1 EL ghee oder Butter
150 ml warmes Wasser

Beide Mehlsorten, das Salz, die Gewürze und die Koriander- bzw. Spinatblätter in eine große Schüssel geben und vermengen. Das *ghee* bzw. die Butter in die Mischung hineinreiben und langsam das warme Wasser hinzugießen; dabei ständig mischen und kneten, bis ein glatter, elastischer Teig entsteht. Mit einem feuchten Tuch bedecken und stehenlassen.

Nach mindestens 30 Minuten eine schwere Pfanne oder eine *tava* auf mittlerer bis kleiner Flamme erhitzen. Aus dem Teig 12 gleichgroße Kugeln formen und ausrollen, in der Mitte falten und wieder flachrollen, wie bei den *paraṭhas.* Einen *besan roti* auf die inzwischen heiße Pfanne legen und 2 bis 3 Minuten rösten, dabei etwas *ghee* oder Butter benutzen, falls der *roti* an der Pfanne haftenbleibt. Dann mit dem Rücken eines Löffels ½ Teelöffel *ghee* oder zerlassene Butter auf eine Seite streichen. Das gleiche mit der anderen Seite wiederholen. Der *besan roti* ist fertig, wenn beide Seiten goldbraun und mit rötlichen Flecken besprenkelt sind. Alle 12 *rotis* auf die gleiche Weise rösten.

Zubereitungszeit: 15 Min.
Stehzeit: 30 Min.
Ausroll- und Backzeit: 5 Min. pro *roti*

Matthi

Indische Cracker

Diese Cracker sind einfach in der Zubereitung und können als Imbiß, zusammen mit Suppen oder als Teil einer Mahlzeit gegessen werden. Falls Sie kein Steinsalz beschaffen können, wird das Rezept auch mit gewöhnlichem Salz gelingen.

350 g gesiebtes Vollweizenmehl oder weißes Mehl
2 EL Kümmel- oder Sesamsamen
1½ TL Steinsalz
½ TL Backpulver
175 ml Wasser
2 EL ghee oder Butter
ghee oder Pflanzenöl zum Fritieren

Mehl, Kümmel, Salz und Backpulver in einer großen Schüssel vermengen. Das *ghee* bzw. die Butter in das Mehl reiben und so viel Wasser dazugießen, daß sich ein recht fester Teig bildet. Mindestens 5 Minuten kräftig durchkneten, bis der Teig glatt und elastisch ist, dann einige Minuten ruhen lassen.

Die *karhai* bzw. den Wok zu zwei Dritteln mit *ghee* oder Pflanzenöl füllen und auf mittlerer Flamme erhitzen. Während das *ghee* heiß wird, den Teig zu einem großen Quadrat von etwa 1 cm Dicke ausrollen und mit einem scharfen Messer 5 cm lange Rauten oder Rechtecke ausschneiden; davon die Hälfte vorsichtig in das heiße *ghee* sinken lassen. Die Hitze sollte so reguliert werden, daß die Crackers in 4 bis 5 Minuten auf beiden Seiten goldbraun backen. Mit einer Schaumkelle herauholen und zum Abtropfen in ein Sieb geben. Die andere Hälfte genauso backen.

Zubereitungs- und Backzeit: 30 Min.

Masala dosa

Pfannkuchen mit würziger Kartoffelfüllung

Diese dünnen, knusprigen Pfannkuchen mit würziger Kartoffelfüllung sind ein in ganz Südindien verbreiteter Imbiß. Da masala dosas *frisch und heiß gegessen werden sollten, servieren Sie sie am besten direkt vom Herd. Kokosnußchutney und gehackte Korianderblätter sind die traditionellen Garnierungen.*

175 g weißer Rundkornreis, gewaschen
100 g urad-dal, ausgelesen und gewaschen
2 frische, gehackte Chilis
½ TL brauner Zucker
2½ TL Salz
10 mittelgroße Kartoffeln
ghee oder Pflanzenöl zum Einfetten der Pfanne
4 EL Kokosraspeln
3 TL geriebener frischer Ingwer
4 EL ghee oder Pflanzenöl
2 TL Kreuzkümmelsamen
2 TL schwarze Senfkörner
1½ TL Turmerik
2 EL kleingehackte Korianderblätter
2 EL Butter

Reis und *dal* in getrennten Schüsseln über Nacht einweichen, dann getrennt waschen, abtropfen lassen und nacheinander in einem elektrischen Mixer pürieren; hierbei gerade so viel Wasser verwenden, daß ein feiner Brei entsteht. Die beiden Pürees in einer großen Schüssel mit einem kleingehackten Chili, dem braunen Zucker und einem halben Teelöffel Salz vermischen. Den Teig kräftig durchrühren, die Schüssel bedecken und für ein oder zwei Stunden (oder, wenn möglich, über Nacht) an einem warmen Ort ruhen lassen.

Als nächstes die Pfanne auf mittlerer Flamme vorwärmen und mit einem halben Teelöffel *ghee* oder Pflanzenöl einfetten; währenddessen den Teig nochmals durchschlagen – er sollte von ziemlich flüssiger Konsistenz sein. Zur Probe ein paar Tropfen Wasser auf die Pfanne spritzen. Wenn sie tanzen und zischen, ist die Pfanne heiß genug. 4 Eßlöffel des Teiges in die Pfanne gießen und mit dem Löffelrücken von der Mitte her kreisförmig und dünn ausstreichen. Diese Menge Teig sollte einen dünnen *dosa* von ungefähr 20 cm Durchmesser ergeben. (Die Kunst besteht darin, daß man den Teig möglichst schnell und dünn ausstreicht, bevor ihn die Hitze erstarren läßt.) Den *dosa* für 2 bis 3 Minuten backen, bis er goldbraun wird, dann einmal umwenden. Die zweite Seite braucht nur halb so lange wie die erste;

sie bräunt niemals so gleichmäßig wie die erste.

Alle *dosas* nacheinander backen, bis der Teig aufgebraucht ist. Die Pfanne nur dann einfetten, wenn die *dosas* ankleben. Die fertigen *dosas* auf einem Teller aufstapeln, so daß sie warm und feucht bleiben, währenddessen die folgende Füllung vorbereiten.

Die Kartoffeln weichkochen, abschälen und mit einer Gabel oder einem Kartoffelstampfer grob zerstampfen. Die Kokosraspeln, die restlichen Chilistückchen, den Ingwer und ein paar Tropfen Wasser zu einem *masala*-Brei verreiben oder zermahlen. In einem mittelgroßen Topf das *ghee* bzw. Pflanzenöl erhitzen und die Kreuzkümmelsamen und Senfkörner unter ständigem Rühren darin rösten. Wenn die Senfkörner anfangen zu springen, den *masala*-Brei hineinrühren. Nach einer Minute den Turmerik und sofort danach die Kartoffeln, die gehackten Korianderblätter sowie das restliche Salz hinzufügen. 5 Minuten unter Rühren braten, dann das Ganze zur Seite stellen.

Die Füllung in so viele Portionen teilen, wie *dosas* vorhanden sind. Jeweils eine Portion davon auf die Mitte eines *dosa* setzen und diesen in der Mitte falten. Jetzt die Bratpfanne mit Butter einfetten und beide Seiten des gefüllten *dosa* nochmals rösten. *Masala dosa* mit *sambar* und frischem Tomatensalat ist ein traditionelles südindisches Gericht.

Zubereitungszeit: 30 Min.
Stehzeit: 1 bis 2 Std. oder über Nacht
Backzeit: 5 Min. pro *dosa*

Atta dosa

Vollweizen-Pfannkuchen

250 g gesiebtes Vollweizenmehl
2 EL gehackte frische Korianderblätter
1 frischer Chili, kleingeschnitten
1 TL Salz
475 ml lauwarmes Wasser

Alle trockenen Zutaten in einer großen Schüssel vermischen, langsam das Wasser hinzugießen und mit einem Schneebesen durchschlagen, so daß ein glatter Pfannkuchenteig entsteht. Die Schüssel mit einem Tuch bedecken und mindestens eine halbe Stunde stehenlassen.

Danach den Teig nochmals durchschlagen und die *dosas* genauso backen wie im vorherigen Rezept. Bei 4 Eßlöffeln Teig pro *dosa* kommen Sie auf etwa 15 *dosas.* Sie können *atta dosas* mit Kokosnußchutney und/oder Naturjoghurt servieren.

Zubereitungszeit: 10 Min.
Stehzeit: 30 Min.
Backzeit: 5 Min. pro *dosa*

Pudla

Pfannkuchen aus Kichererbsenmehl

Dies ist das Grundrezept für pudla. *Durch Hinzugabe von gekochtem oder schnellgarendem Gemüse, wie z.B. Mungbohnensprossen, geriebenen Karotten, gehackter Persilie oder kleinen Kartoffelwürfeln, ergibt sich eine Vielzahl schmackhafter Varianten.*

200 g Kichererbsenmehl
50 g weißes Mehl
1 TL Kreuzkümmelsamen
2 frische Chilis, gehackt
¼ TL Asafötida
¾ TL Turmerik
1½ TL Salz
¼ TL Pfeffer
1 TL gem. Koriander
275 ml kaltes Wasser
1 TL geriebener frischer Ingwer
2 mittelgroße Tomaten, kleingeschnitten
1 grüne Paprikaschote, gewürfelt
3 EL Butter
3 EL Zitronensaft

In einer großen Schüssel Kichererbsenmehl, Weißmehl, Kreuzkümmelsamen, die Chilistücke, Asafötida, Turmerik, Salz, Pfeffer und den gemahlenen Koriander vermengen. Langsam das kalte Wasser dazugießen, dabei gleichzeitig umrühren, bis ein dickflüssiger Pfannkuchenteig entsteht. Wenn Ihnen der Teig zu dick erscheint, bedenken Sie, daß der Saft der Tomaten den Teig noch verdünnt. Jetzt den geriebenen Ingwer, die Tomatenstücke und den Paprika hineinrühren und den Teig ruhen lassen.

Einen Eßlöffel Butter in einer Bratpfanne von 20 bis 26 cm Durchmesser auf mittlerer Flamme erhitzen. Soviel Teig hineingeben, daß zwei Pfannkuchen von 10 bis 13 cm Durchmesser gleichzeitig in der Pfanne backen können. Es ist wichtiger, daß die Pfannkuchen gleichmäßig dick sind, als daß sie vollkommen rund sind. Langsam von beiden Seiten durchbacken, so daß sie goldbraun und knusprig werden (etwa 4 bis 5 Minuten). Den ganzen Teig auf diese Weise aufbrauchen, nötigenfalls noch etwas Butter in die Pfanne geben. Den Zitronensaft darüberträufeln und heiß servieren.

Zubereitungszeit: 15 Min.
Backzeit: 5 Min. pro *pudla*

Gemüse

1 Alu phul gobhi paneer sabji *(Blumenkohl, Kartoffeln und Frischkäse, fritiert)* 167
2 Alu phul gobhi ki bhaji *(Blumenkohl und Kartoffeln in Joghurtsoße)* 168
3 Alu gauranga *(Gratin-Kartoffeln)* 169
4 Bandgobhi alu sabji *(Kohl und Kartoffeln, geschmort)* 171
5 Tamatar bharta *(Gedünstete Tomaten und Bandnudeln)* 172
6 Tamatar paneer maiai *(Käse mit gebratenen Tomaten)* 173
7 Phansi khadi *(Grüne Bohnen in Kadhisoße)* 174
8 Sukta *(Bittermeloneneintopf)* 175
9 Matar paneer *(Erbsen und Käse in Tomatensoße)* 177
10 Bengali tarkari *(Bengalisches Gemüsecurry)* 179
11 Matar alu tarkari *(Gemüseeintopf mit Käse)* 180
12 Maha brinjal *(Auberginen-, Spinat- und Tomatenpüree)* 181
13 Palak baingan aur channa *(Spinat, Auberginen, Tomaten und Kichererbsen)* 182
14 Sak *(Blattgemüse im eigenen Saft)* 183
15 Paneer sak *(Gedünsteter Spinat mit Frischkäse)* 184
16 Khati mithi sabji *(Süß-saures Gemüse)* 185
17 Masala bhindi sabji *(Okra mit Kokosnuß)* 187
18 Upma *(Pikante Grießspeise mit Gemüse)* 188
19 Bhari hui sabji *(Gefülltes Gemüse)* 190
20 Palak kofta *(Fritierte Spinat- und Käsebällchen)* 192
21 Alu kofta *(Fritierte Gemüsebällchen in Tomatensoße)* 194
22 Bandgobhi kofta *(Gefüllte Kohlblätter)* 196
23 Nargisi kofta *(Kofta „royal")* 198

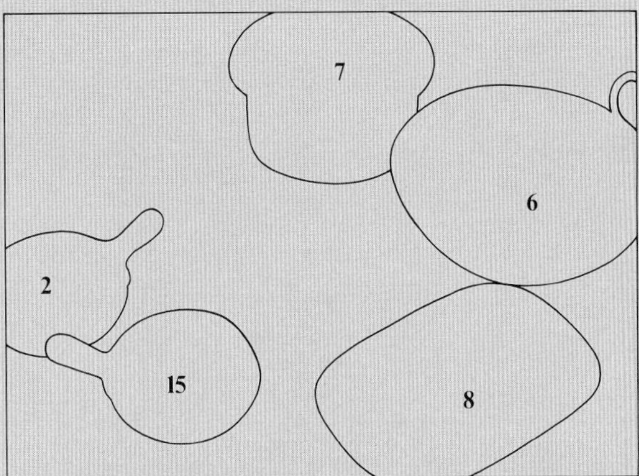

DIE vedische Gemüsekochkunst ist auf der ganzen Welt unübertroffen. Die vedische Küche bietet eine unbegrenzte Vielfalt vegetarischer Gemüsegerichte. Srila Prabhupada sagte manchmal zu den Gottgeweihten, daß Srimati Radharani (Sri Krischnas ewige Gefährtin) seit ewigen Zeiten für Krischna koche und noch kein einziges Gericht ein zweites Mal gekocht habe – jedes Gericht habe seinen eigenen, individuellen Geschmack. Und im *Caitanya-caritamrita,* einer bengalischen Vaisnava-Schrift, in der die Spiele Sri Caitanyas erzählt werden, findet man lebhafte Beschreibungen von Festmählern mit Hunderten von köstlichen Gemüsegerichten, die dem Herrn von Seinen Geweihten dargebracht wurden.

Gemüse nach indischer Art zuzubereiten bedeutet, den Eigengeschmack des Gemüses hervorzuheben, ohne seinen Nährwert zu beeinträchtigen. Die Rezepte in diesem Kapitel zeigen, wie man einfaches Gemüse in köstliche Speisen verwandeln kann. Das Geheimnis liegt in dem Wissen, welche Gewürze zu welchem Gemüse passen und wie man sie zusammen kocht. Gemüse läßt sich auch gut mit Getreide, Joghurt, Käse, Nüssen und frischen Kräutern kombinieren.

Der Lebensmittelladen in Ihrer Nachbarschaft dürfte fast alle der in den Rezepten vorkommenden Gemüsearten führen. Sie können sich aber auch umsehen, was es sonst noch bei den umliegenden Bauern, in Feinkostläden oder orientalischen Spezialitätengeschäften gibt. Achten Sie bei der Auswahl von Gemüse und anderen Nahrungsmitteln auf deren Herkunft, denn wie die *Veden* prophezeien, ist unser jetziges Zeitalter durch einen allmählichen Verfall von Natur und Umwelt gekennzeichnet, und davon sind auch unsere Nahrungsmittel betroffen. Wir können bereits beobachten, daß trotz beachtlicher Fortschritte in der Medizinaltechnologie die grassierendste Krankheit in der industrialisierten Welt frühzeitiges Altern ist. Viele Wissenschaftler schreiben diesen Tatbestand der wachsenden Verunreinigung von Luft, Wasser und Nahrung zu. Die Landwirtschaft ist wesentlich mehr auf Profit bedacht als auf die Gesundheit des Verbrauchers, und was im Supermarkt angeboten wird, sind gewöhnlich überzüchtete, hybridisierte Produkte, die zwar äußerlich schön glänzen mögen, aber dafür umso weniger Nährwert besitzen. Verwenden Sie soweit wie möglich biologische Produkte, die fest und voller Farbe sind. Es ist besser, Gemüse zu kaufen oder selbst zu ziehen, das vielleicht Schönheitsfehler aufweist, aber frei von Chemikalien ist. Laut dem *Ayur-veda* ist es außerdem für ein gesundes Leben in Einklang mit der Natur wichtig, einheimische Saisonprodukte zu essen.

Es gibt zwei grundsätzliche Arten, Gemüse zuzubereiten: mit Soße und ohne Soße. Im ersteren Fall bräunt man zunächst die Gewürze in ein wenig *ghee* oder Pflanzenöl an und sautiert dann das Gemüse in den Gewürzen. Nun wird etwas Wasser und ein Bindemittel hinzugegeben, z.B. Kokosraspeln, Joghurt oder pürierte Tomaten. Das Gemüse wird dann bei niedriger Temperatur und geschlossenem Deckel gegart, so daß kein Dampf entweichen kann. Bei der zweiten Zubereitungsmethode wird das Gemüse sautiert und ohne Wasser oder mit gerade so viel Wasser gedünstet, daß es nicht anbrennt. Zum Ende nimmt man den Deckel ab und läßt den größten Teil der Feuchtigkeit verkochen. Alle Gemüsegerichte passen zu Reis oder indischen Brotfladen.

Es gibt auch andere Methoden, Gemüse zuzubereiten, die in anderen Kapiteln dieses Buches beschrieben werden, so zum Beispiel gebackene Gemüsepfannkuchen (siehe S. 161), mit Reis und *dal* gekochtes Gemüse (siehe S. 129) oder in Teig fritierte Gemüsestücke (siehe S. 211).

Sie werden in Krischnas Küche niemals Tiefkühlkost oder Dosengemüse finden. Warum sollten wir Konserven verwenden, wenn täglich frische Produkte erhältlich sind? Der Geschmack von Frischgemüse ist so viel besser, daß sich der zeitliche Mehraufwand der Zubereitung leicht auszahlt. Gemüse sollte nur so lange gekocht werden, bis es gar ist, und immer heiß gegessen werden.

Alu phul gobhi paneer sabji

Blumenkohl, Kartoffeln und Frischkäse, fritiert

Dies ist ein einfaches, schnelles Gericht. Der Blumenkohl und die Kartoffeln werden fritiert und dann in einer flüssigen masala *weichgedünstet. Servieren Sie dieses Gemüsegericht mit indischem Brot und einer leichten* dal- *oder Gemüsesuppe.*

2 EL ghee oder Pflanzenöl
½ TL schwarze Senfkörner
2 frische Chilis, entkernt und kleingeschnitten
1 EL geriebener frischer Ingwer
2 Lorbeerblätter
1 TL Turmerik
1 TL gem. Koriander
1 TL gem. Zimt
575 ml Wasser
4 Kartoffeln, geschält und grobgewürfelt
350 g gepreßter paneer, grobgewürfelt
1 mittelgroßer Blumenkohl, gewaschen, geputzt und in Röschen geschnitten
2 TL Salz
½ TL garam masala
2 EL gehackte frische Koriander- oder Petersilienblätter

Das *ghee* bzw. Öl in einem mittelgroßen Topf auf mittlerer Flamme erhitzen, die Senfkörner hineinwerfen und den Topf schnell zudecken, damit sie nicht in allen Richtungen davonspringen. Wenn sie aufhören zu springen, die Chilis, den Ingwer und die Lorbeerblätter dazugeben und 30 Sekunden umrühren. Jetzt die gemahlenen Gewürze – bis auf die *garam masala* – dazugeben und sofort danach das Wasser. Schnell zum Kochen bringen, dann die Flamme reduzieren und langsam köcheln lassen.

Inzwischen die Kartoffelstücke und die Käsewürfel getrennt goldbraun fritieren und abtropfen lassen. Dann die Blumenkohlröschen fritieren, bis sie leicht angebräunt und halbgar sind, in die flüssige *masala* geben, zudecken und auf kleiner Flamme weiterkochen lassen. Nach 5 Minuten den Deckel abheben und die fritierten Kartoffel- und Käsewürfel hinzufügen, einmal umrühren und noch 2 bis 3 Minuten weiterkochen lassen, bis alle Zutaten gar sind. Mit Salz und *garam masala* würzen und die frischen Koriander- bzw. Petersilienblätter darüberstreuen. Durchmischen und heiß servieren.

Zubereitungs- und Kochzeit: 30 Min.

Alu phul gobhi ki bhaji

Blumenkohl und Kartoffeln in Joghurtsoße

Die Methode, Gemüse zunächst in einer masala *anzubraten und dann zu dünsten, kann auch bei anderen Gemüsesorten angewendet werden. Solche Gerichte werden manchmal als „Gemüsecurry" bezeichnet.*

1 mittelgroßer Blumenkohl
4 EL ghee oder Pflanzenöl
2 TL Kreuzkümmelsamen
1 oder 2 getrocknete Chilis, zerbröselt
2 TL gem. Koriander
1 TL Turmerik
½ TL Asafötida
4 mittlere Kartoffeln, geschält und grobgewürfelt
4 EL Wasser
1½ TL Salz
200 ml Naturjoghurt
¾ TL garam masala
2 feste, reife Tomaten, gewaschen und in Scheiben geschnitten
1 Zitrone oder Limone, gewaschen und geachtelt

Den Blumenkohl putzen und in Röschen von 4 cm Länge und 2½ cm Dicke schneiden, in einem Durchschlag gut abspülen und abtropfen lassen.

Das *ghee* bzw. Öl in einer schweren Kasserolle auf mittlerer Flamme erhitzen. Die Kreuzkümmelsamen und die zerbröselten Chilis hineingeben und 30 bis 45 Sekunden anrösten, bis die Kreuzkümmelsamen goldbraun werden. Die gemahlenen Gewürze dazugeben, ein paar Sekunden warten und dann die gewürfelten Kartoffeln hinzufügen. 2 bis 3 Minuten rühren, bis die Kartoffeln braune Flecken bekommen, dann den Blumenkohl dazugeben und wiederum 2 bis 3 Minuten rühren. Wasser und Salz hineinschütten und den Topf gut abdecken, so daß der Dampf nicht entweichen kann. Auf mittlerer Hitze etwa 10 Minuten kochen lassen, dabei ab und zu den Topf kurz schütteln, bis das Gemüse weich, aber noch fest ist.

Zum Schluß den Joghurt einrühren und einige Minuten köcheln lassen, bis die Soße sämig wird. Die *garam masala* darüberstreuen und behutsam umrühren. Jeden Teller mit einer Tomatenscheibe und einem Stück Zitrone oder Limone garnieren.

Zubereitungs- und Kochzeit: 25 Min.

Alu gauranga

Gratin-Kartoffeln

*Die Geweihten Krischnas haben dieses Gericht nach Sri Caitanya Mahaprabhu benannt, der Inkarnation Krischnas, die zur Erde herabstieg, um das Chanten des Hare-Krischna-*mantra *zu lehren. Wegen Seiner hellen, leuchtenden Hauttönung wurde Er auch Gauranga („der Goldene") genannt.*

Zusammen mit einem Gemüsegericht und ein paar chapatis *ist* alu gauranga *ein äußerst zufriedenstellendes Mahl.*

450 g paneer
10 mittelgroße Kartoffeln
½ TL Asafötida
3 TL Salz
1 TL gem. schwarzer Pfeffer
3 EL gem. Koriander
3 EL frische Korianderblätter, kleingehackt
750 ml saure Sahne, vermischt mit 1 TL Turmerik
100 g Butter
2 EL Milchpulver

Den *paneer* unter fließend kaltem Wasser durchspülen, fest mit dem Käsetuch umschließen und das Wasser auspressen. Die Kartoffeln waschen, schälen und in dünne Scheiben schneiden.

Eine Kasserolle oder Kuchenform einfetten und den Boden mit einem Drittel der Kartoffelscheiben auslegen; diese Schicht mit einem Drittel von jedem Gewürz bestreuen, und zwar in folgender Reihenfolge: Asafötida, Salz, Pfeffer, Korianderblätter und gemahlener Koriander. Es folgt eine Schicht zerkrümelter *paneer* (ein Drittel der Gesamtmenge) sowie ein Drittel der sauren Sahne, schließlich ein Drittel der Butter, in Scheibchen geschnitten.

Das Ganze mit einer zweiten Schicht der Kartoffelscheiben und der anderen Zutaten bedecken, in der gleichen Reihenfolge wie zuvor. Aus dem Rest der Kartoffelscheiben eine dritte Schicht bilden und mit den restlichen Zutaten den oben beschriebenen Vorgang wiederholen. Schließlich das Milchpulver darüberstreuen. Die Kasserolle mit Alufolie bedecken, dabei die Ränder fest umschließen, und für etwa 45 Minuten bei 200 Grad im Ofen backen. 10 Minuten vor Schluß die Alufolie entfernen, so daß sich oben eine braune Kruste bilden kann.

Zubereitungs- und Backzeit: 1 Std.

Bandgobhi alu sabji

Kohl und Kartoffeln, geschmort

Interessanterweise sind einige der welbekanntesten Küchen fortwährend auf der Suche nach neuen und besseren Wegen. Aus der klassischen französischen Küche entwickelte sich die „cuisine nouvelle", und nun findet man in der „cuisine moderne" eine Kombination der klassischen Küche und der cuisine nouvelle. Und aus Italien verkünden die findigsten Chefköche „la nuova cucina italiana", den neuesten italienischen Kochstil.

Die vedische Art zu kochen jedoch ändert sich nie. Das folgende einfache Gericht aus geschmortem Gemüse und Kuchengewürzen, das von dem Oberpriester des alten Menaksi-Tempels aus Madurai stammt, ist so gesund und wohlschmeckend wie bereits vor Tausenden von Jahren.

450 g Kohl
3 Nelken
3 Kardamomenkapseln
1 Zimtstange, 7,5 cm lang
4 EL ghee oder Pflanzenöl
4 Kartoffeln, geschält und grobgewürfelt
1 EL geriebener Ingwer
½ TL Cayennepfeffer
1 TL Turmerik
4 Tomaten, geachtelt
1½ TL Salz
½ TL Zucker
150 ml Wasser

Den Kohl waschen, schnitzeln und abtropfen lassen. Die Nelken, den Kardamom und die Zimtstange fein zermahlen und beiseite stellen. 3 Eßlöffel *ghee* oder Pflanzenöl in einem Topf auf mittlerer Flamme erhitzen, die Kartoffelwürfel dazugeben und umrühren, dabei auch öfters am Boden entlangschaben. Wenn die Kartoffeln leicht angebräunt sind, den Topfinhalt umfüllen und zur Seite stellen.

Das übrige *ghee* bzw. Öl in demselben Topf erhitzen und den Ingwer unter Rühren andünsten. Cayennepfeffer, Turmerik und nach einigen Sekunden Rühren den geschnitzelten Kohl dazugeben. 3 bis 4 Minuten gleichmäßig umrühren, so daß sich die Gewürze gut verteilen und der Kohl nicht anbrennt. Tomaten, Kartoffeln, Salz, Zucker und Wasser beimengen, den Topf bedecken und das Gemüse auf niedriger Flamme weichschmoren. Vor dem Servieren die gemahlenen Kuchengewürze darüberstreuen und behutsam durchmischen.

Zubereitungs- und Kochzeit: 30 Min.

Links: *Bandgobhi alu sabji*

Tamatar bharta

Gedünstete Tomaten und Bandnudeln

15 mittelgroße Tomaten
8 große papadams (oder 12 kleine)
2 EL ghee oder Pflanzenöl
1 Zimtstange, 5 cm lang
1 TL Kreuzkümmelsamen
5 Curryblätter (falls nicht erhältlich, 3 Lorbeerblätter)
1 frischer Chili, entkernt und kleingeschnitten
½ TL Asafötida
1 EL geriebener frischer Ingwer
1½ TL Salz
1 TL brauner Zucker
2 EL gehackte Koriander- oder Petersilienblätter
150 ml saure Sahne oder Joghurt (kann entfallen)

Die Tomaten blanchieren und enthäuten, dann entweder fein zerhacken, in einem Mixer pürieren oder durch ein Sieb pressen. Beiseite stellen. Die *papadams* in 2 cm breite Streifen schneiden und ebenfalls beiseite stellen.

In einem mittelgroßen Topf das *ghee* oder Pflanzenöl auf mittlerer Flamme erhitzen. Wenn das *ghee* anfängt zu rauchen, die Zimtstange, die Kreuzkümmelsamen, die Curryblätter (bzw. die Lorbeerblätter), den Chili und ein paar Sekunden darauf die Asafötida hinzufügen. Nun die Tomaten sowie den Ingwer, das Salz und den Zucker in den Topf geben. Zum Kochen bringen und gut umrühren. Den Topf halb bedecken und auf mittlerer Hitze 15 Minuten köcheln lassen, dabei häufig umrühren.

Währenddessen in einem anderen mittelgroßen Topf etwas Salzwasser aufsetzen, zum Kochen bringen und die *papadam*-Streifen hineinlegen. 8 bis 10 Minuten kochen lassen, bis sie ziemlich weich sind. Das Kochwasser abgießen und die *papadam*-Streifen zusammen mit dem Koriander in die gedünsteten Tomaten geben, und zwar ein paar Minuten bevor der Topf vom Feuer genommen wird. (Falls Sie Sauerrahm oder Joghurt verwenden, sollten Sie ihn jetzt unterziehen. Vor dem Servieren noch einige Minuten erhitzen.)

Tamatar bharta paßt gut zu Reisgerichten oder indischem Brot.

Zubereitungs- und Kochzeit: 40 Min.

Tamatar paneer malai

Käse mit gebratenen Tomaten

Servieren Sie tamatar paneer malai *zusammen mit* puris *als Teil einer Mahlzeit oder als leichte Mahlzeit für sich. Zur Abwechslung können Sie nur die Hälfte* paneer *nehmen und 275 g gedünstete Erbsen oder goldgelb gebackene Blumenkohlröschen dazugeben. Die* karhai *oder der Wok eignet sich ideal für dieses Rezept.*

450 g paneer
6 mittelgroße Tomaten
3 EL ghee oder Pflanzenöl
2 TL Kreuzkümmelsamen
1 TL Turmerik
2 TL Salz
½ TL Pfeffer
150 ml saure Sahne
2 EL gehackte Koriander- oder Petersilienblätter

Den *paneer* im Käsetuch lassen und kurz unter kaltem Wasser abspülen, dann einen Teil des Wassers auspressen. Den noch feuchten *paneer* in grobe, etwa 2,5 cm große Stücke brechen und beiseite stellen, dann die Tomaten waschen und achteln. Das *ghee* bzw. Öl in einer *karhai,* einem Wok oder einem mittelgroßen Topf erhitzen und die Kreuzkümmelsamen hineingeben. Sobald sie dunkel werden (nach etwa 30 Sekunden), die Tomatenstücke hinzufügen und ab und zu behutsam umwenden, bis sie angebräunt sind. Jetzt die *paneer*-Stücke hineingeben, mit Turmerik, Salz und Pfeffer würzen und 2 bis 3 Minuten rühren, dabei achtgeben, daß die *paneer*- und Tomatenstücke ganz bleiben.

Zum Schluß die saure Sahne unterziehen und alle Zutaten einmal durchschütteln. Mit den kleingehackten Koriander- bzw. Petersilienblättern garnieren und heiß servieren.

Zubereitungs- und Kochzeit: 40 Min.

Phansi kadhi

Grüne Bohnen in Kadhisoße

1 kg frische grüne Bohnen
1 l Wasser
75 g gesiebtes Kichererbsenmehl
275 ml Naturjoghurt
1 EL ghee oder Pflanzenöl
1 TL schwarze Senfkörner
½ TL geriebener Ingwer
¼ TL Cayennepfeffer
½ TL Asafötida
1 TL Turmerik
1 TL Zucker
2 TL Zitronensaft
2½ TL Salz
1 Zitrone, geviertelt
2 Tomaten, geachtelt

Die Bohnen waschen, putzen und in der Mitte durchbrechen. Den Boden eines mittelgroßen Topfes mit 2,5 cm Wasser bedecken, einen Dünsteinsatz einsetzen und die Bohnen hineingeben. Das Wasser zum Kochen bringen und den Topf gut zudecken. Nach etwa 10 Minuten, wenn die Bohnen dunkel und weich werden, den Einsatz herausnehmen, das Kochwasser abgießen und aufbewahren.

Das Wasser zum Kochen bringen und das Kichererbsenmehl mit einem Schneebesen einrühren, den Joghurt und das Bohnenwasser dazugeben und das Ganze unter ständigem Rühren erneut zum Kochen bringen, dann für etwa 15 Minuten sprudelnd kochen lassen.

Das *ghee* bzw. Öl in einem kleinen Topf erhitzen und darin die Senfkörner anrösten. Wenn sie anfangen zu springen, den geriebenen Ingwer, den Cayennepfeffer und die Asafötida dazugeben. Einige Sekunden mit einem Kochlöffel umrühren, dann das *ghee* und die Gewürze in die Kadhisoße schütten. Zu der Soße Turmerik, Zucker, Zitronensaft und Salz hinzufügen und gut durchmischen. Die Hitze auf kleine Stufe reduzieren und 5 Minuten köcheln lassen. Je dicker die Soße wird, desto öfter umrühren. Die Bohnen daruntermischen und unter ständigem Rühren auf Serviertemperatur erhitzen. Am Schluß mit den Zitronen- und Tomatenstücken garnieren.

Zubereitungs- und Kochzeit: 30 bis 40 Min.

Sukta

Bittermeloneneintopf

Sukta *kann mit den verschiedensten Gemüsesorten zubereitet werden, doch sein bezeichnender Geschmack ist auf ein ganz bestimmtes Gemüse zurückzuführen, und zwar auf* karela, *auch Bittermelone genannt. Bittermelonen sind im allgemeinen in orientalischen Spezialitätengeschäften erhältlich. Srila Prabhupada schätzte ihren Geschmack und ihre Heilkräfte so sehr, daß er manchmal einen Vorrat getrockneter* karelas *mit auf Reisen nahm.*

2 oder 3 karelas, grün und fest
je 450 g: Blumenkohlröschen, gewaschen und abgetropft; Kartoffeln, geschält und grobgewürfelt; Kürbis oder Auberginen, grobgewürfelt; frische Erbsen, oder grüne Bohnen, in 5 cm lange Stücke geschnitten
4 EL ghee
1 TL Bockshornsamen
6 Curryblätter (falls nicht vorhanden, 4 Lorbeerblätter)
425 ml Wasser
1 TL Kreuzkümmelsamen
2 TL geriebener Ingwer
1 oder 2 frische Chilis, entkernt und kleingeschnitten
½ TL Turmerik
1 TL panch masala
2 TL gem. Koriander
½ TL Asafötida
275 ml Naturjoghurt
2½ TL Salz

Die *karelas* entkernen und in 2,5 cm große Würfel schneiden. In einem großen Kochtopf (ca. 5 l) auf mittlerer Flamme 2 Eßlöffel *ghee* erhitzen. Die Bockshornsamen für etwa 30 Sekunden rösten, anschließend das geschnittene Gemüse und die Curryblätter (bzw. Lorbeerblätter) hinzugeben und 5 Minuten sautieren, dabei mit einem Kochlöffel die Gemüsestücke ab und zu umwenden. Nun die Hälfte des Wassers dazugießen, den Topf bedecken und für 10 Minuten bei mittlerer Temperatur kochen lassen.

In der Zwischenzeit mit Mörser und Stößel oder einer elektrischen Kaffeemühle die Kreuzkümmelsamen, den geriebenen Ingwer, die zerbröselten Chilis, den Turmerik und ein paar Tropfen Wasser zu einem feinen *masala*-Brei verarbeiten. Die restlichen zwei Eßlöffel *ghee* bzw. Öl in einem kleinen Topf erhitzen und den *masala*-Brei unter Rühren 1 bis 2 Minuten andünsten. Dann die *panch masala,* den gemahlenen Koriander und die Asafötida dazugeben und einige Sekunden umrühren. Das übrige Wasser in die Gewürzmischung gießen, zum Kochen bringen und 1 Minute kochen lassen. Die flüssige *masala* in das kochende Gemüse kippen und den Kochvorgang für 15 bis 20 Minuten auf mittlerer Flamme fortsetzen, dabei gelegentlich umrühren, bis das Gemüse fast weich ist.

Den Deckel abnehmen und den Joghurt und das Salz unterziehen. Wenn Sie möchten, können Sie jetzt *sada pakoras* oder *bhajas* (siehe S. 208) dazugeben, jedoch nicht später, da sie einige Minuten brauchen, um etwas Soße aufzusaugen und sich mit den anderen Zutaten zu vermischen. Behutsam umrühren, so daß sich die Gewürze und die Soße gleichmäßig mit dem Gemüse vermischen, und für einige Minuten ohne Deckel köcheln lassen. Anschließend als Hauptgericht zusammen mit Reis oder indischem Brot servieren.

Zubereitungs- und Kochzeit: 45 Min.

Matar paneer

Erbsen und Käse in Tomatensoße

Diese einfache Kombination von Gemüse und Käse ergibt, zusammen mit einem üppigen Reisgericht oder einem herdfrischen indischen Fladenbrot, eine vollwertige Mahlzeit.

Sie können die Soße nach Belieben dick- oder dünnflüssiger machen, indem Sie die Wassermenge variieren. Dünn paßt sie gut zu Reis, dick zu chapatis.

250 g paneer
ghee oder Pflanzenöl zum Fritieren
4 TL Salz
2 TL Turmerik
2 EL ghee
½ TL Kreuzkümmelsamen
1 oder 2 frische Chilis, entkernt und kleingeschnitten
1 TL geriebener frischer Ingwer
¼ TL Asafötida
450 g frische Erbsen ohne Hülsen
150 ml Wasser
6 Tomaten, kleingeschnitten
1½ EL Zitronensaft
1 TL garam masala

Den *paneer* gut durchkneten, bis er weich und geschmeidig ist, zu weintraubengroßen Bällchen formen und diese in *ghee* oder Pflanzenöl fritieren, bis sie knusprig und goldbraun sind. Die fertigen Bällchen mit einer Schaumkelle aus dem *ghee* holen, in einer Lösung aus 3 Teelöffeln Salz, 2 Teelöffeln Turmerik und 2 Tassen warmem Wasser oder Molke einlegen und einweichen lassen.

In einem mittelgroßen Kochtopf die 2 Eßlöffel *ghee* auf mittlerer Flamme erhitzen, dann die Kreuzkümmelsamen hineingeben, gefolgt von den kleingeschnittenen Chilis und dem geriebenen Ingwer. Wenn die Kreuzkümmelsamen braun sind (nach 30 bis 45 Sekunden), die Asafötida hinzufügen und einige Sekunden später die Erbsen. Jetzt das Wasser dazugießen, den Topf bedecken und die Erbsen weichkochen. Nun kommen die Tomaten und die Käsebällchen dazu. Das Ganze auf unveränderter Flamme 5 Minuten weiterkochen lassen.

Kurz vor dem Servieren mit dem Zitronensaft, dem übrigen Salz und der *garam masala* würzen.

Zubereitungs- und Kochzeit: 25 Min.

Bengali tarkari

Bengalisches Gemüsecurry

5 mittelgroße Kartoffeln, geschält und gewürfelt
1 große Aubergine, gewürfelt
350 g Kürbis, gewürfelt
450 g Erbsen oder kleingeschnittene grüne Bohnen
3 EL ghee oder Pflanzenöl
1½ TL schwarze Senfkörner
3 Lorbeerblätter
2 getrocknete Chilis, zerbröselt
1 TL Bockshornsamen
1 TL Anissamen
1 TL gem. Kreuzkümmel
575 ml Wasser
2 TL brauner Zucker
2 TL Salz
2 Zitronen, geviertelt
6 Stengel Petersilie

Das *ghee* bzw. Öl in einem großen Topf auf mittlerer Flamme erhitzen. Die Senfkörner, Chilis, Lorbeerblätter und Bockshornsamen beigeben. Den Topf bedecken, damit die Senfkörner nicht herausspringen. Wenn die Senfkörner aufhören zu springen und die Bockshornsamen dunkel werden, die Anissamen und den gemahlenen Kreuzkümmel hinzufügen. Dann sofort die gewürfelten Kartoffeln dazugeben und für etwa 8 Minuten wenden, bis sie rundherum goldbraun sind. Die Kürbis- und Auberginenstücke dazugeben und weitere 5 Minuten rühren.

Als nächstes die Erbsen bzw. die grünen Bohnen zusammen mit dem Wasser hinzugeben und den Topf abdecken. Auf mittlerer bis niedriger Flamme kochen lassen, dabei etwa alle 5 Minuten einmal umrühren. Nach 15 Minuten Zucker und Salz untermengen und auf derselben niedrigen Flamme dünsten lassen, bis das Gemüse weich und die Soße dick ist.

Bengali tarkari mit heißen *puris* oder *parathas* servieren. Jede Portion mit einer viertel Zitrone und einem Stengel Petersilie garnieren.

Zubereitungs- und Kochzeit: 30 bis 40 Min.

Links: *Bengali tarkari*

Matar alu tarkari

Gemüseeintopf mit Käse

In Frankreich sind viele Devotees hervorragende Köche, doch am besten von allen ist Kishori. Sie hat in Indien oft für Srila Prabhupada gekocht. Srila Prabhupada mochte matar alu tarkari *ganz besonders gern, ja er sagte zu Kishori, daß er es jeden Tag essen könne.*

1 EL ghee oder Pflanzenöl
6 Nelken
2 Zimtstangen (7,5 cm lang)
3 Lorbeerblätter
½ TL gem. Kardamom
6 Kartoffeln, geschält und grobgewürfelt
450 g frische Erbsen ohne Hülsen
1 TL Turmerik
425 ml Wasser
6 mittelgroße Tomaten, gewaschen und geviertelt
1 TL geriebener frischer Ingwer
¼ TL geriebene frische Muskatnuß
½ TL brauner Zucker
2 TL Salz
150 ml saure Sahne
1 EL feingehackte frische Koriander- oder Petersilienblätter
100 g Mandeln, leicht geröstet
250 g paneer, grobgewürfelt und fritiert

Das *ghee* bzw. Öl auf mittlerer Flamme in einem großen Topf erhitzen. Wenn es anfängt zu rauchen, die Nelken, Zimtstangen, Lorbeerblätter und den gemahlenen Kardamom hineingeben und für etwa 30 Sekunden unter Rühren rösten, dann die Kartoffeln beimengen. 5 Minuten braten lassen, dabei regelmäßig mit einem Pfannenwender am Topfboden entlangschaben, bis die Kartoffeln leicht angebräunt sind. Nun die Erbsen und den Turmerik hinzugeben. Einmal umrühren, das Wasser hineingießen und 10 Minuten mit Deckel kochen lassen. Dann die Tomaten, den geriebenen Ingwer, Muskat, Zucker und Salz untermengen und weitere 5 Minuten bei geschlossenem Deckel kochen lassen.

Die saure Sahne, die Koriander- bzw. Petersilienblätter, die Mandeln und die fritierten *paneer*-Würfel einrühren. Die ganzen Gewürze herausnehmen. Vor dem Servieren noch einige Minuten erhitzen.

Zubereitungs- und Kochzeit: 40 Min.

Maha brinjal

Auberginen-, Spinat- und Tomatenpüree

Auberginen sind das gebräuchlichste Gemüse überhaupt in Indien. Maha brinjal *wird zubereitet, indem das Gemüse so lange gekocht wird, bis es die Konsistenz einer dicken Soße annimmt.* Maha brinjal *paßt gut zu einem leichten Reisgericht und heißen* chapatis.

1 kg Auberginen, geschält und gewürfelt
500 g frischer Spinat, gewaschen, entstielt und gehackt
1 kg Tomaten, blanchiert, gehäutet und kleingeschnitten
4 EL ghee oder Pflanzenöl
1 oder 2 getrocknete, zerbröselte Chilis
1 TL gem. Koriander
½ TL gem. Kreuzkümmel
½ TL Turmerik
½ TL Asafötida
150 ml Wasser
1 TL brauner Zucker
2½ TL Salz
½ TL garam masala

Das *ghee* bzw. Öl in einem großen Topf erhitzen. Die Chilis und den gemahlenen Koriander für einige Sekunden darin anrösten. Die restlichen gemahlenen Gewürze und nach einigen Sekunden die Auberginenstücke hinzufügen. Auf mittlerer bis hoher Flamme braten, bis die Auberginen weich werden und die Samen sich lösen.

Nun die kleingeschnittenen Tomaten, den Spinat und das Wasser hineinrühren und gut untermengen. Den Topf teilweise bedecken und unter gelegentlichem Umrühren etwa 20 Minuten köcheln lassen, bis die Auberginen sehr weich sind. Die Flamme auf mittlere Stufe erhöhen und unter häufigem Rühren für weitere 10 Minuten kochen lassen, bis der Spinat, die Auberginen und die Tomaten zu einem dicken, samtweichen Püree zerkocht sind. Zum Schluß mit Zucker, Salz und *garam masala* würzen. Gut umrühren.

Zubereitungs- und Kochzeit: 40 Min.

Palak baingan aur channa

Spinat, Auberginen, Tomaten und Kichererbsen

100 g Kichererbsen, über Nacht eingeweicht
3 EL ghee oder Pflanzenöl
1 TL Kreuzkümmelsamen
2 frische Chilis, entkernt und kleingeschnitten
1 TL geriebener frischer Ingwer
1 TL gem. Koriander
1 TL Turmerik
450 g Auberginen, geschält und grobgewürfelt
6 Tomaten, kleingeschnitten
450 g frischer Spinat, gewaschen, entstielt und kleingehackt
4 EL Wasser
2 TL Salz
1 EL Butter

Die eingeweichten Kichererbsen weichkochen, dann zum Abtropfen beiseite stellen. Das *ghee* bzw. Pflanzenöl in einem mittelgroßen Topf auf mittlerer Flamme erhitzen. Wenn es heiß ist, die Kreuzkümmelsamen, die Chilistücke, den geriebenen Ingwer, den gemahlenen Koriander und den Turmerik der Reihe nach schnell hintereinander in den Topf geben und für etwa 30 Sekunden unter Rühren andünsten; dann die Auberginenstücke hinzufügen und mit einem Kochlöffel umwenden, bis sie angebräunt sind.

Jetzt die Tomaten und den gehackten Spinat hinzugeben, mit den Gewürzen verrühren und anschließend Wasser und Salz hineingeben. Die Flamme auf mittlere bis niedrige Stufe herunterstellen, den Topf bedecken und für etwa 10 Minuten köcheln lassen, dann die Kichererbsen unterrühren. Die Butter hinzufügen und auf niedriger Temperatur ohne Deckel weiterkochen lassen, dabei alle paar Minuten einmal umrühren, bis der größte Teil der überschüssigen Flüssigkeit verkocht ist. Mit *nimbu chawal* oder *alu paratha* heiß servieren.

Einweichzeit: über Nacht
Zubereitungs- und Kochzeit: 45 Min.

Sak

Blattgemüse im eigenen Saft

Sak *war das Lieblingsgericht Sri Caitanya Mahaprabhus, der Inkarnation Krischnas, die vor 500 Jahren in Westbengalen erschien, um das Chanten des Hare-Krischna-*mantra *zu verbreiten.* Sak *kann mit Spinat oder anderem Blattgemüse, wie Rettich- oder Brokkoliblättern, zubereitet werden.*

1 kg frisches grünes Blattgemüse
2 EL ghee
½ TL Fenchelsamen
½ TL geriebener frischer Ingwer
2 frische Chilis, entkernt und feingewürfelt
½ TL Turmerik
¼ TL Asafötida (kann entfallen)
2 Kartoffeln, geschält und gewürfelt (kann entfallen)
1 TL Salz
2 EL Zitronensaft

Das Blattgemüse mehrmals in frischem Wasser waschen und die harten Stiele entfernen. Die Blätter abtropfen lassen und in kleine Stücke hacken. Das *ghee* bzw. Pflanzenöl in einer *karhai* oder einem mittelgroßen Kochtopf erhitzen und darin die Fenchelsamen, den geriebenen Ingwer und die Chilistücke für 30 bis 40 Sekunden andünsten. Die gemahlenen Gewürze und kurze Zeit später die Kartoffelstücke hineingeben und 8 bis 10 Minuten unter Rühren braten, dabei auch am Boden des Topfes entlangschaben. Die Kartoffeln so lange bräunen, bis sie von allen Seiten schön golden sind.

Als nächstes das feingehackte Blattgemüse dazugeben, den Topf bedecken und bei niedriger Hitze etwa 15 Minuten kochen lassen, bis die Blätter gar und die Kartoffeln weich sind. (Blattgemüse mit viel Flüssigkeit und kurzer Garzeit braucht meist kein zusätzliches Wasser zum Kochen; bei Blättern hingegen, die trocken bleiben und länger kochen, sollte etwas Wasser dazugegossen werden.) Mit Salz und Zitronensaft würzen, umrühren und den Topf von der Flamme nehmen.

Sak paßt gut zu weißem Reis oder heißen *chapatis* und zu allen *dal*-Suppen, die im vorangegangenen Kapitel beschrieben wurden.

Zubereitungs- und Kochzeit: 30 Min.

Paneer sak

Gedünsteter Spinat mit Frischkäse

Hoch im Tirumala-Gebirge liegt der Tirupati-Tempel, der von Srila Prabhupada im Krischna-Buch als „die bedeutendste Pilgerstätte Südindiens" beschrieben wird. Hier residiert Sri Venkatesvara, der reichste Deity der Welt. Um für die Bedürfnisse der zigtausend täglich eintreffenden Pilger sorgen zu können, haben die Tempelvorsteher ein Verwaltungssystem entwickelt, das Srila Prabhupada in den höchsten Tönen lobte, ja er drängte die ISKCON-Verantwortlichen, sich daran ein Beispiel zu nehmen.

Zwischen der Hare-Krischna-Bewegung und diesem Tempel hat sich eine sehr freundschaftliche Beziehung entwickelt. Aufgrund des Respekts, den die Tempelvorsteher vor Srila Prabhupada und seinem Bestreben hatten, das lokale Predigen in Tirupati zu erweitern, stellten sie den Gottgeweihten Land und Kapital zur Verfügung, um einen Tempel zu bauen. Ferner überließen sie den Gottgeweihten die Leitung eines Restaurants im Freien, durch das die Pilger die Möglichkeit bekommen, mit den Gottgeweihten Gemeinschaft zu pflegen und ihre Bücher zu erwerben. Das folgende Gericht, paneer sak, *wird in diesem Restaurant angeboten, das auf halber Strecke des acht Kilometer langen Fußweges zum Tempel liegt.*

500 g frischer Spinat, gewaschen und entstielt
1 EL ghee oder Pflanzenöl
2 TL gem. Koriander
½ TL Turmerik
¼ TL Cayennepfeffer
2 Prisen Asafötida
3 EL Wasser
150 ml saure Sahne (kann entfallen)
250 g paneer, grobgewürfelt
1 TL Salz
½ TL Zucker

Die gewaschenen und abgetropften Spinatblätter in kleine Stücke hacken, das *ghee* in einem Kochtopf auf mittlerer Flamme erhitzen und die gemahlenen Gewürze darin rösten. Den gehackten Spinat und 3 Eßlöffel Wasser dazugeben und den Topf abdecken. Den Spinat auf schwacher Flamme weichdünsten. Das sollte etwa 10 Minuten dauern. Jetzt den Sauerrahm und die *paneer*-Würfel daruntermischen. Salz und Zucker beimengen, gut umrühren und weitere 5 Minuten auf gleichniedriger Flamme dünsten. *Paneer sak* als Hauptgericht mit Reis oder heißen *chapatis* oder auch mit beidem servieren.

Zubereitungs- und Kochzeit: 30 Min.

Khati mithi sabji

Süß-saures Gemüse

- 175 g Tamarinde
- 2 EL ghee
- 1 TL Kreuzkümmelsamen
- 2 EL geriebener Ingwer
- 2 grüne Chilis, in Ringe geschnitten
- ½ TL gem. schwarzer Pfeffer
- ¼ TL Asafötida
- 300 ml Molke
- 100 g brauner Zucker
- 1 Ananas, geputzt und grobgewürfelt
- 3 Karotten, in Scheibchen geschnitten
- 2 TL Mangopulver
- 2 TL Paprika
- 2 TL gem. Koriander
- 275 g gepreßter paneer, grobgewürfelt
- 3 Zucchini, grobgewürfelt
- 4 Tomaten, geviertelt
- 2 TL Salz
- 4 Kartoffeln, gewaschen, geschält, grobgewürfelt und fritiert, oder 3 grüne Kochbananen, in Scheiben geschnitten

Zunächst den Tamarindensaft (siehe S. 80), dann die *masala* zubereiten. Das *ghee* in einem großen Kochtopf erhitzen und der Reihe nach die Kreuzkümmelsamen, den geriebenen Ingwer und die grünen Chilis andünsten. Als nächstes den gemahlenen Pfeffer und die Asafötida hineingeben, ein paar Sekunden darauf die Molke in die *masala* gießen und zum Sieden bringen. Nun den Tamarindensaft, den braunen Zucker, die Ananasstücke, die Karottenscheiben, das Mangopulver, den Paprika und den gemahlenen Koriander beifügen. Zum Kochen bringen und eindicken lassen, dabei gelegentlich umrühren, um ein Anbrennen zu vermeiden. Währenddessen die *paneer*-Würfel hellbraun fritieren und beiseite stellen.

Die Zucchini hinzufügen, den Topf schließen und die Zucchini knapp weichkochen. Nun die fritierten *paneer*-Würfel, die Tomaten und das Salz hineingeben und gut umrühren. Falls Sie grüne Kochbananen verwenden, fügen Sie sie jetzt hinzu. Falls Sie Kartoffeln verwenden, warten Sie, bis die *paneer*-Würfel etwas Soße aufgesogen haben und saftig werden. Den Topf bedecken und so lange kochen lassen, bis alle Zutaten gar sind.

Zubereitungs- und Kochzeit: 40 Min.

Masala bhindi sabji

Okra mit Kokosnuß

Okra findet vielfältige Verwendung in der kreolischen Küche und ist eine beliebte, traditionelle Speise der schwarzen Bevölkerung Amerikas. Falls Sie im Supermarkt keine Okraschoten bekommen, können Sie es in asiatischen Lebensmittelgeschäften oder Delikatessenläden probieren. Nehmen Sie Schoten, die klein, fest und hellgrün sind.

700 g frischer, zarter Okra
2 TL gem. Koriander
1 TL Turmerik
1 Prise Cayennepfeffer
1½ TL Salz
5 EL ghee oder Pflanzenöl
2 TL Kreuzkümmelsamen
2 TL schwarze Senfkörner
¼ TL Asafötida
75 g frische Kokosraspeln
1½ TL Zucker
2 EL Zitronensaft

Die Okraschoten waschen und trocknen; die beiden Enden abschneiden und die Schoten in 5 mm dicke Scheiben schneiden. Die Scheiben in eine Schüssel füllen und mit dem gemahlenen Koriander, dem Turmerik, dem Cayennepfeffer und dem Salz bestreuen. Die Schüssel kurz durchschütteln, so daß die Scheiben gleichmäßig mit den Gewürzen bedeckt sind.

Das *ghee* bzw. Pflanzenöl in einer Bratpfanne, einer *karhai* oder einem Wok erhitzen, die Kreuzkümmelsamen und die Senfkörner hineingeben und die Pfanne kurzzeitig abdecken, damit die Senfkörner nicht herausspringen. Die Asafötida hineinstreuen, ein paar Sekunden rühren und so viele Okrascheiben dazugeben, daß der Boden bedeckt ist. Sie werden den Okra wahrscheinlich in 2 bis 3 Portionen braten müssen. Schätzen Sie vorher ab, wie viele Portionen Sie zu braten haben, so daß Sie die Zutaten demgemäß einteilen können.

Jede Portion 3 bis 4 Minuten unter Rühren braten, bis die Okrascheiben etwas weich und bräunlich aussehen. Dann je einen Teil des Zuckers, des übrigen *ghee* und der Kokosraspeln hinzufügen. So lange rühren, bis die Schoten eine rotbraune Färbung annehmen und sehr weich sind. Mit dem Zitronensaft beträufeln und heiß servieren.

Zubereitungs- und Kochzeit: 25 Min.

Links: *Masala bhindi sabji*
Khati mithi sabji (S. 185)

Bhari hui sabji

Gefülltes Gemüse

6 mittelgroße bis große Tomaten
oder 6 mittlere bis kleine Paprikaschoten
oder 6 mittlere bis kleine Auberginen

Die Tomaten waschen und trocknen und bei jeder Tomate oben eine „Kappe" abschneiden. Mit einem Löffel die Tomaten aushöhlen und den Inhalt durch ein Sieb streichen. Die Samen wegwerfen, das Fruchtfleisch für die Füllung aufbewahren. Etwas Salz in die hohlen Tomaten streuen und mit der Öffnung nach unten austropfen lassen.

Mit den Paprikaschoten ebenso verfahren, hierbei jedoch das Fruchtfleisch wegwerfen. Die Auberginen der Länge nach halbieren und das Fruchtfleisch (bis auf eine dickere Schicht) herausschneiden, in kleine Stücke zerteilen und in einer kleinen Menge *ghee* oder Öl garbraten, zerstampfen und für eine der Füllungen benutzen.

Eine der unten beschriebenen Füllungen vorbereiten und in das ausgehöhlte Gemüse stopfen. Jede der Füllungen ist ausreichend, um 6 Stück Gemüse zu füllen.

FÜLLUNGEN

Reis- und Käsefüllung:

3 EL ghee
100 g gepreßter paneer, zerbröselt
150 g gekochter weißer Langkornreis
75 g leicht angeröstete Cashewnüsse, gehackt
½ TL Asafötida
1 TL Salz
150 ml saure Sahne

Das *ghee* in einem kleinen Topf auf mittlerer Flamme erhitzen, den *paneer* zerbröseln und für ein bis zwei Minuten unter Rühren anbraten. Den gekochten Reis und alle anderen Zutaten hinzufügen, den Topf von der Flamme nehmen, den Sauerrahm unterziehen und die Zutaten sorgfältig vermischen.

Kokosfüllung:

100 g frische Kokosraspeln (falls nicht erhältlich, 75 g trockene Kokosraspeln)
150 ml saure Sahne
1 EL geriebener Ingwer
1 TL gem. Koriander

100 g Kichererbsenmehl, leicht geröstet
50 g paneer
¼ TL Cayennepfeffer
¼ TL gem. Nelken
1 TL Salz

Alle Zutaten in eine große Schüssel geben und zu einer glatten Füllmasse kneten.

Gemüsefüllung:
4 mittelgroße Kartoffeln
1 kleine Aubergine
ghee oder Öl zum Fritieren
150 ml Naturjoghurt
2 TL gem. Koriander
3 EL frische Korianderblätter, gehackt
¼ TL Cayennepfeffer
½ TL garam masala
1 TL Salz

Die Kartoffeln mit Schale kochen, schälen und mit einer Gabel grob zerdrücken. Die Aubergine schälen und würfeln, die Würfel in schwimmendem Fett goldbraun backen und abtropfen lassen. Nun das Gemüse, die Gewürze und den Joghurt vermischen, so daß eine pastenartige Füllung entsteht.

Nach dem Füllen der Tomaten bzw. Paprikaschoten nicht vergessen, die „Deckel" wieder draufzusetzen. Eine Paste aus einem Teelöffel Mehl und einem Spritzer Wasser ist eine gute Hilfe, um die Deckel zu befestigen.

Die gefüllten Tomaten oder Paprikaschoten (oder beides) in einen feuerfesten Behälter stellen, 4 Eßlöffel Wasser dazugeben, abdecken und bei 150 Grad 15 bis 20 Minuten im Ofen backen lassen. Auberginen sollten getrennt gebacken werden, denn sie brauchen 10 Minuten länger zum Garen.

Anstatt das gefüllte Gemüse zu backen, gibt es auch die Möglichkeit, es in einem Topf zu dämpfen. Wenn Sie über einen Dämpfeinsatz verfügen, können Sie es 15 bis 20 Minuten über kochendem Wasser dämpfen. Andernfalls einen Eßlöffel Pflanzenöl oder *ghee* erhitzen und das gefüllte Gemüse 2 bis 3 Minuten von unten anbraten; darauf ein paar Eßlöffel Wasser hinzugeben, den Topf fest verschließen und 15 bis 20 Minuten schmoren lassen. Achten Sie bei beiden Methoden darauf, daß stets genug Wasser im Topf ist.

Jede Portion mit Zitronensaft beträufeln und mit frischgehackten Kräutern garnieren. Mit einer Suppe und indischem Brot heiß servieren.

Zubereitungs- und Kochzeit: 45 Min. bis 1 Std.

Palak kofta

Fritierte Spinat- und Käsebällchen

Radio Krishna Centrale, *unsere italienische Rundfunkstation in Florenz, erreicht mit seinen Sendungen nicht weniger als zwölf Millionen Hörer. Das beliebteste Programm,* Radio Cucino *(Kochunterricht), leitet Krischna Caitanya dasa, der manchmal während der Sendung die Gebete für die Opferungen der Zuhörer spricht. Oft rufen Zuhörer an, um sich für das folgende Rezept zu bedanken.*

500 g frischer Spinat
1 EL ghee oder Pflanzenöl
1 TL geriebener frischer Ingwer
2 getrocknete Chilis, zerbröselt
½ TL Turmerik
½ TL garam masala
½ TL gem. Koriander
¼ TL Asafötida
200 g paneer, abgetropft und zerhackt
2 TL Salz
275 g Kichererbsenmehl
ghee oder Pflanzenöl zum Fritieren

Den Spinat gründlich waschen, die größeren Stiele entfernen, dann die Blätter blanchieren, d.h. für einige Minuten in kochendes Wasser geben. Gut abtropfen lassen und das restliche Wasser herauspressen, dann die Blätter auf einem Küchenbrett fein zerhacken.

In einem mittelgroßen Topf einen Eßlöffel *ghee* oder Pflanzenöl erhitzen und der Reihe nach den Ingwer, die Chilis und die gemahlenen Gewürze hineingeben. Nun den kleingehackten *paneer* hinzufügen und nach einer Minute Rühren den Spinat und das Salz. Alle Zutaten mit einem Kochlöffel gut durchmischen. Die Mischung auf eine glatte Arbeitsfläche geben, das Kichererbsenmehl als Bindemittel hinzufügen und gut durchkneten.

Aus der Mischung Bällchen von 2,5 cm Durchmesser formen und in *ghee* oder Pflanzenöl fritieren, bis sie angebräunt sind. Abtropfen lassen. *Palak koftas* sind sehr schmackhaft und werden entweder mit Tomatensoße serviert oder auch einfach so wie sie sind.

Zubereitungs- und Kochzeit: 30 bis 40 Min.

Rechts: *Bandgobhi kofta (S. 196)*
Nargisi kofta (S. 198)
Palak kofta

Alu kofta

Fritierte Gemüsebällchen in Tomatensoße

Alu koftas *sind von allen* kofta-*Arten die gebräuchlichsten. Sie sind leicht zuzubereiten und passen zu praktisch jeder Mahlzeit. Servieren Sie sie unmittelbar nach dem Übergießen mit Tomatensoße; sonst könnten sie zuviel Flüssigkeit aufnehmen und auseinanderfallen.*

15 mittelgroße Tomaten
2 EL ghee oder Pflanzenöl
2 TL geriebener frischer Ingwer
2 getrocknete Chilis, zerbröselt
1 TL gem. Kreuzkümmel
1½ TL Turmerik
3 TL Salz
½ mittelgroßer Blumenkohl, gewaschen, geputzt und in kleine Röschen zerteilt
5 mittelgroße Kartoffeln, gewaschen
100 g Kichererbsenmehl
3 EL gehackte frische Koriander- oder Petersilienblätter
1 EL garam masala
¾ TL Asafötida
¾ TL gem. schwarzer Pfeffer
ghee oder Öl zum Fritieren
275 ml Naturjoghurt (kann entfallen)

Zunächst die Tomatensoße zubereiten; dazu die Tomaten für 15 bis 20 Sekunden in kochendem Wasser blanchieren, in ein Sieb geben und unter fließend kaltem Wasser abschrecken, dann abziehen und zerstampfen. Die 2 Eßlöffel *ghee* bzw. Pflanzenöl in einem Topf auf mittlerer Flamme erhitzen und der Reihe nach einen Teelöffel geriebenen Ingwer, die getrockneten Chilis, den gemahlenen Kreuzkümmel und ½ Teelöffel Turmerik dazugeben. Nach einigen Sekunden Umrühren folgen die Tomaten und die Hälfte des Salzes. Nun den Topf bedecken, die Flamme reduzieren und 20 Minuten köcheln lassen, dabei etwa alle 5 Minuten einmal umrühren.

Unterdessen die Kartoffeln schälen und den Blumenkohl in große Röschen zerteilen, dann beides gründlich waschen und mit der groben Seite einer Metallreibe kleinraspeln. Das geraspelte Gemüse mit dem Kichererbsenmehl, 2 Eßlöffeln der kleingehackten Korianderblätter und den übrigen Gewürzen in einer großen Schüssel gründlich vermischen. Die geraspelten Kartoffeln sollten genügend Flüssigkeit enthalten, um die Zutaten zu binden. Die Mischung für 2 Minuten durchkneten und daraus 20 bis 30 Bällchen formen. Das *ghee* bzw. Pflanzenöl erhitzen, bis es fast raucht, und vorsichtig die Gemüseböllchen hineinlegen. 4 bis 5 Minuten fritieren, bis sie gleichmäßig goldbraun und knusprig gebacken sind, dann abtropfen lassen.

Falls Sie Joghurt verwenden, rühren Sie ihn in die Tomatensoße und erhitzen Sie diese dann für 2 Minuten. Die *koftas* in eine Servierschüssel legen, mit der heißen Soße übergießen und mit den restlichen gehackten Koriander- bzw. Petersilienblättern garnieren. Zusammen mit Reis oder indischem Brot servieren.

Zubereitungs- und Kochzeit: 45 Min.

Bandgobhi kofta

Gefüllte Kohlblätter

Visnu Gada ist ein Gottgeweihter, der für seine Hingabe beim Kochen bekannt ist. Während seiner Zeit als Chefkoch des New Yorker Tempels kochte er acht Jahre lang jeden Sonntag für dreihundert Personen ein üppiges Festmahl. Dieses Gericht war oft die Krönung des Menüs.

2 EL ghee
1 Zimtstange, 5 cm lang
5 Nelken
1 TL gem. Kreuzkümmel
¼ TL Asafötida
1 kg Tomaten, blanchiert, abgezogen und zerstampft
4 EL Rosinen
1 EL Zitronensaft
1 TL Turmerik
3½ TL Salz
100 g Kichererbsenmehl
2 Prisen gem. Pfeffer
1 kleiner Kopf Weißkohl
2 EL ghee
50 g Mandeln oder Cashewnüsse, gehackt
1 TL geriebener Ingwer
1 oder 2 getrocknete Chilis, zerbröselt
350 g paneer, abgetropft und kleingehackt
3 EL feingehackte frische Korianderblätter oder 1 TL gem. Koriander
½ TL Paprika

Das *ghee* in einem kleinen Topf erhitzen und die Zimtstange, die Nelken, den gemahlenen Kreuzkümmel und die Asafötida 30 bis 45 Sekunden unter Rühren rösten. Die pürierten Tomaten hinzugeben und bei schwacher Hitze 30 Minuten köcheln lassen, so daß eine dickflüssige Soße entsteht. Die Rosinen, den Zitronensaft, den Turmerik und 2 Teelöffel Salz unterrühren. Die Zimtstange sowie die Nelken herausnehmen und den Topf vom Herd stellen. Das Kichererbsenmehl in einer Schüssel mit einer Prise Salz, dem Pfeffer und gerade soviel Wasser vermengen, daß ein dickflüssiger Teig entsteht. Die Schüssel mit einem Tuch bedecken und beiseite stellen.

Den Kohlstrunk abschneiden und eventuelle schlechte Außenblätter entfernen, dann den Kohlkopf waschen und zusammen mit einem Teelöffel Salz in kochendes Wasser geben. Nach frühestens 5 Minuten den Kohl behutsam herausnehmen und unter kaltem Wasser abspülen. Ein weiteres Stück an der Strunkseite abschneiden und 6 bis 8 Blätter abnehmen, ohne sie zu beschädigen. (Den inneren Kohlkopf können Sie für ein anderes Rezept verwenden.) Mit einem kleinen Schälmesser die hervorstehende Rundung der dicken Mittelrippe an der Außenseite der Kohlblätter abschälen (ohne das Blatt zu zerteilen). Dadurch werden die Blätter biegsamer. Das Wasser abschütteln und die präparierten Kohlblätter beiseite legen.

Das *ghee* in einem kleinen Topf erhitzen und die gehackten Nüsse, den geriebenen Ingwer und die Chilis anbräunen. Dazu kommen der gehackte *paneer*, die gehackten Korianderblätter, der Paprika und das restliche Salz. Die Flamme auf mittlere Hitze reduzieren und ständig umrühren, bis die Zutaten gut durchgemischt sind. Als nächstes die Kohlblätter ausbreiten und die Mitte eines jeden Blattes mit einem Eßlöffel der Füllung versehen. Die Blattränder umbiegen und die Blätter zu festen Rollen aufwickeln.

Die Rollen in den Teig tauchen und 4 bis 5 Minuten in heißem *ghee* oder Pflanzenöl fritieren, bis sie goldbraun sind. Die gefüllten Kohlblätter auf eine Servierplatte legen und mit der wiedererhitzten Tomatensoße übergießen.

Anstatt die Rollen zu fritieren, können Sie sie auch backen. Für diese Art der Zubereitung entfällt der Teig. Die Rollen mit dem Saum nach unten dicht nebeneinander in eine Kasserolle legen, mit Tomatensoße übergießen und für 15 bis 20 Minuten bei 150 Grad im Ofen backen.

Zubereitungs- und Kochzeit: 1 Std. 15 Min.

Nargisi kofta

Kofta „royal"

Die Palette der vedischen Rezepte reicht von sehr einfachen bis sehr komplizierten Gerichten. Nargisi kofta *rangiert zwar eher auf letzterer Seite, aber der Aufwand lohnt sich. In Rajastan, dem „Tummelplatz der Könige", zählt es zu den Nationalgerichten. Servieren Sie* nargisi kofta *entweder mit einem Chutney als Imbiß oder mit einem Gemüsegericht in Soße als Nebengang einer Hauptmahlzeit.*

200 g weißer Reis
8 mittelgroße Kartoffeln
3¾ TL Salz
175 g paneer
225 g Kichererbsenmehl
1 TL Kalinjisamen oder schwarze Kreuzkümmelsamen (kann entfallen)
½ TL Turmerik
2 EL warme Milch
10 Safranfäden oder ¼ TL Safranpulver
350 g ganze Spinatblätter, entstielt
¼ TL gem. schwarzer Pfeffer
1 TL garam masala
½ TL Turmerik
¼ TL Asafötida
ghee zum Fritieren

Den Reis in der doppelten Menge Wasser (mit einem Teelöffel Salz) ca. 18 Minuten dämpfen, bis alles Wasser absorbiert ist, dann abtropfen lassen und beiseite stellen. Die Kartoffeln weichkochen und schälen. Einen halben Teelöffel Salz in den *paneer* mischen und diesen zu einem weichen Teig kneten. Mit einem feuchten Tuch bedecken und ebenfalls beiseite stellen. Das Kichererbsenmehl, einen Teelöffel Salz, den Turmerik und die Kalinjisamen in einer Schüssel mit soviel Wasser vermischen, daß ein glatter, dickflüssiger Teig entsteht. Als nächstes den Safran in der warmen Milch einlegen, kurz einweichen lassen und in den gedämpften Reis einrühren. Den Spinat für eine Minute in kochendem Wasser blanchieren, dann abtropfen lassen. Den schwarzen Pfeffer und ¼ Teelöffel Salz dazugeben, unterrühren und zur Seite stellen. Die *garam masala,* den übrigen Turmerik, die Asafötida und 1 Teelöffel Salz zu den Kartoffeln hinzufügen und zu einem feinen Brei zerstampfen.

Den Reis, den *paneer,* den Spinat und den Kartoffelbrei je in sechs gleiche Portionen teilen. Eine Portion Reis zwischen den Händen zu einem festen Ball rollen, dann eine Portion des *paneer*-Teigs auf der linken Handfläche zu einer runden Scheibe abflachen, den Reisball in die Mitte legen und die Ränder nach oben um den Ball schließen, so daß dieser ganz bedeckt ist, dann zwischen den Handflächen glattrollen. Diese Kugel nun in ein oder zwei Schichten einzelner Spinatblätter und eine Schicht der Kartoffelmischung hüllen. Den Ball behutsam von einer Hand in die andere werfen, so daß er fest und glatt wird.

Wenn einige der Bällchen fertig sind, den Kichererbsenmehlteig nochmals durchschlagen, etwas davon über die Bällchen gießen und diese in rauchendheißem *ghee* fritieren. Regelmäßig umdrehen, damit sie nicht verbrennen. So lange fritieren, bis sie gleichmäßig braun sind, dann herausnehmen und heiß servieren.

Zubereitungs- und Kochzeit: 50 Min. bis 1 Std.

Snacks

1 Papadam *(Knäckechips aus dal-Mehl)* *204*
2 Paneer masala *(Fritierte, eingelegte Käsewürfel)* *205*
3 Tali hui paneer *(Gebratener, würziger Käse)* *206*
4 Pakora *(Gemüsekrapfen)* *207*
5 Sada pakora *(Pikante Kichererbsenmehlfritüren)* *208*
6 Dokla *(Gedämpfter dal und Joghurt)* *209*
7 Samosa *(Gemüsetaschen)* *211*
8 Alu patra *(Würzige Kartoffelschnecken)* *213*
9 Alu ki tikki *(Kartoffelbratlinge)* *214*
10 Urad dal katchori *(Fritierte dal-Pasteten)* *215*
11 Matar dal bara *(Erbsenkroketten)* *216*
12 Urad dal bara *(Dal-Kroketten in Joghurt)* *217*
13 Kathmir vada *(Korianderwürfel)* *218*
14 Gajar vada *(Würzige Karottenkroketten)* *220*
15 Dahi vada *(Dal-Kroketten in Joghurtsoße)* *221*
16 Sevian *(Nudeln aus Kichererbsenmehl)* *222*
17 Khandvi *(Pikante Joghurtschnecken)* *223*
18 Chidwa *(Fritierte, würzige Knabbermischung)* *224*
19 Malai kofta *(Fritierte Käsebällchen in Sahnesoße)* *225*

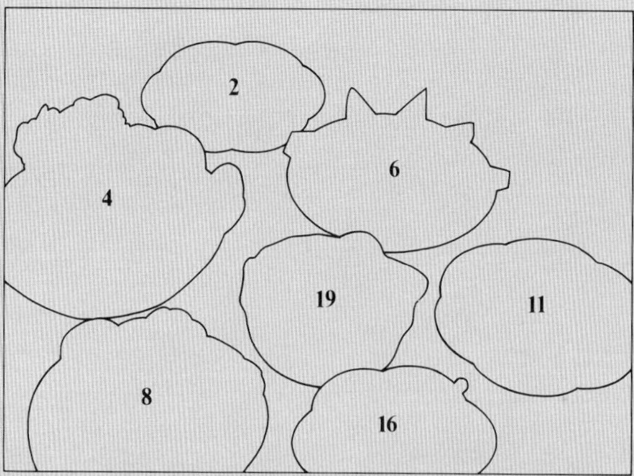

DIE Gerichte in diesem Kapitel können als vollwertige Mahlzeit, als Beilage oder als Imbiß gegessen werden. Die meisten lassen sich gut zu einem passenden Chutney servieren. Einige, wie *pakoras* oder *sevian*-Nudeln, können im Handumdrehen zubereitet werden. Andere, wie *samosas* und *katchoris*, brauchen länger, weil man sie ausrollen und füllen muß, aber die Mühe lohnt sich. *Samosas* sind in der Tat so köstlich, daß Srila Prabhupada voraussagte, daß sie im Westen eines Tages ein Verkaufsschlager sein würden, so wie sie es heute in Indien sind.

Dieses Kapitel führt Sie in einige klassische Techniken der indischen Küche ein: das Füllen und Verschließen von *katchoris*, das Falten und plisseeartige Säumen von *samosas*, das Formen von *vadas* mit einer Hand und das Zubereiten von Kichererbsenmehlnudeln. Es gibt kein abgekürztes Verfahren und keine modernen technischen Geräte, die Ihnen die Arbeit abnehmen könnten; aber keine Angst –mit ein wenig Praxis wird es schon klappen. Die meisten Snacks können Sie im voraus zubereiten und kurz vor dem Servieren aufwärmen.

Eine der wichtigsten Zutaten für die Zubereitung vieler Snacks ist *ghee*, das zum Braten und Fritieren benutzt wird. Sie haben zwar die Wahl zwischen *ghee* und Pflanzenöl, doch das feine Aroma von *ghee* wird Ihren Snacks den letzten Schliff geben.

Kichererbsenmehl, auf Hindi *besan* genannt, kommt ebenfalls häufig in Snackrezepten vor. Es hat ein besonders volles Aroma, und die meisten orientalischen Lebensmittelgeschäfte (evtl. auch Reformhäuser) führen es.

Papadam

Knäckechips aus dal-Mehl

Papadams *sind dünne, knusprige, sonnengetrocknete Fladen aus* dal-*Mehl. Sie sind in indischen Lebensmittelgeschäften erhältlich. Ihre Zubereitung ist ebenso schnell wie einfach.*

Die drei Hauptsorten sind: roter Chili (scharf gewürzt), schwarzer Pfeffer (würzig, aber nicht scharf) und natur. Es gibt sie auch in verschiedenen Größen. Die großen können nötigenfalls vor dem Zubereiten halbiert werden. Papadams *sollten knusprig serviert werden; fritieren Sie sie also nicht zu früh, sonst werden sie weich und biegsam.* Papadams *können zu praktisch allen indischen Gerichten gereicht werden.*

ghee oder Pflanzenöl zum Fritieren
8 bis 12 papadams

Das *ghee* bzw. Pflanzenöl in einer *karhai* oder einer tiefen Pfanne erhitzen, bis es fast anfängt zu rauchen. Einen *papadam* hineingleiten lassen. In wenigen Sekunden wird er sich ausdehnen und an den Rändern umwölben. Tauchen Sie ihn mit dem Rücken einer Schaumkelle für einen Moment unter, so daß er flach wird, und wenden Sie ihn dann um. Der *papadam* sollte goldgelb sein. Geben Sie acht, daß er nicht braun wird oder gar verbrennt.

Nehmen Sie ihn nach einigen Sekunden aus dem *ghee* heraus und stellen Sie ihn aufrecht in ein Sieb zum Abtropfen.

Papadams können auch direkt über offener Flamme (auf niedriger Stufe) geröstet werden. Hierzu den *papadam* mit einer Zange dicht über die Flamme halten, bis der Teil, der der Flamme am nächsten ist, Bläschen bildet und eine hellere Färbung annimmt. Dies sollte nicht länger als einige Sekunden dauern. Drehen Sie den *papadam* etwas, so daß ein anderer Teil dem Feuer ausgesetzt ist. Wiederholen Sie diesen Vorgang so lange, bis der ganze *papadam* gar ist.

Garzeit: etwa 10 Sekunden pro *papadam*

Paneer masala

Fritierte, eingelegte Käsewürfel

Es gibt viele Arten, paneer *zuzubereiten. Bei dem vorliegenden Rezept werden die fritierten Käsewürfel 20 Minuten bis 2 Tage in einer würzigen Brühe eingelegt, bis sie das Aroma der Gewürze angenommen haben und weich und saftig werden. Sie können sie zur Anreicherung von Gemüsegerichten benutzen oder als Imbiß oder Nebengang servieren.*

275 g paneer
ghee oder Pflanzenöl zum Fritieren
1 EL ghee oder Pflanzenöl
½ TL Kreuzkümmelsamen
2 Zimtstangen, 5 cm lang
4 Nelken
½ TL gem. Koriander
½ TL Turmerik
½ TL Asafötida
¼ TL gem. schwarzer Pfeffer
1 TL Salz

Den *paneer* wie auf Seite 90 beschrieben gewinnen und 600 ml Molke aufbewahren. Die geronnene Milch durch ein Käsetuch gießen und den aufgefangenen *paneer* einige Sekunden unter fließendes kaltes Wasser halten. Jetzt den Käse im Tuch auf eine Stärke von etwa 2,5 cm flachpressen und mit einem Gewicht gleichmäßig beschweren, so daß Sie ein flaches Stück festen Käse erhalten. Für diesen Vorgang eignet sich am besten das Spülbecken, weil dann die Flüssigkeit problemlos abfließen kann. 30 Minuten stehenlassen.

Den Käse auswickeln, in 2,5 cm große Würfel oder 5 cm lange Rauten oder Rechtecke schneiden und in schwimmendem *ghee* oder Pflanzenöl ausbacken. Es sollte 4 bis 5 Minuten dauern, bis die Käsestücke hellbraun sind. Herausnehmen und abtropfen lassen.

Für die *masala* zunächst einen Eßlöffel *ghee* oder Pflanzenöl in einem kleinen Topf erhitzen und darin die Kreuzkümmelsamen, die Zimtstangen und die Nelken anrösten. Nach etwa 30 Sekunden die gemahlenen Gewürze hinzufügen und einige Sekunden weiterrühren. Jetzt die Molke und das Salz in die *masala* schütten, kurz aufkochen lassen und den Topf von der Flamme nehmen. Die fritierten Käsewürfel in die flüssige *masala* geben und mindestens 20 Minuten einweichen lassen. Kurz vor dem Servieren die *paneer masala* aufwärmen und die Flüssigkeit abgießen.

Zubereitungs- und Kochzeit: 25 Min.
Einweichzeit: 20 Min.

Tali hui paneer

Gebratener, würziger Käse

Um paneer-*Stücke zu braten, eignet sich sehr gut eine schwere Bratpfanne. Benutzen Sie zum Umwenden einen Spatel, damit die sich bildende Kruste nicht verletzt wird.*

Aus paneer *lassen sich auch* pakoras *machen. Tauchen Sie die* paneer-*Stücke hierzu in einen gewürzten Kichererbsenmehlteig und fritieren Sie sie, so wie es im nächsten Rezept beschrieben wird.*

275 g paneer
3 TL Turmerik
3 TL Salz
1 EL ghee oder Pflanzenöl
1 EL feingehackte frische Koriander- oder Petersilienblätter
1 Zitrone oder Limone

Den *paneer* entsprechend der Beschreibung auf Seite 90 zubereiten und für 10 Minuten mit einem Gewicht beschweren, so daß der Käse zwar fest, aber noch ziemlich feucht ist. Den gepreßten Käse in Stücke von etwa 10 cm Länge, 5 cm Breite und 1 bis 2,5 cm Dicke schneiden.

Den Turmerik und das Salz in einer kleinen Schüssel oder auf einem Tellerchen vermischen und die feuchten *paneer*-Scheiben eine nach der anderen leicht in der Mischung wälzen, so daß beide Seiten dünn und gleichmäßig bedeckt sind. Wenn die Würzmischung zu dick ist, reicht sie nicht für alle Stücke aus. Einen Eßlöffel Öl oder *ghee* in der Bratpfanne erhitzen und so viele Stücke *paneer* hineinlegen, wie bequem auf die Pfanne passen. Die *paneer*-Scheiben bei mäßiger Temperatur auf jeder Seite 4 bis 5 Minuten braten, bis sie hellbraun werden und mit einer dünnen Kruste überzogen sind.

Mit gehackten Korianderblättern und einer Scheibe Zitrone oder Limone garnieren.

Zubereitungs- und Kochzeit: 20 Min.

Pakora

Gemüsekrapfen

Fast jede Gemüsesorte eignet sich für pakoras. *Ganz gleich welches Gemüse Sie verwenden, schneiden Sie es in ungefähr gleich große Stücke, so daß diese gleich lang garen. Auberginen, Zucchini, Kartoffeln, Kürbis und Karotten können in Scheiben oder kleine Würfel geschnitten werden, Blumenkohl und Brokkoli in Röschen und Paprikaschoten in Ringe oder Streifen. Rosenkohl, Spargel und gefaltete Spinatblätter werden ganz gelassen.* Pakoras *sind eine willkommene Beilage für jede Mahlzeit, ein leicht zuzubereitender Snack, der besonders gut zu Chutneys paßt.*

225 g Kichererbsenmehl
1 EL Kalinjisamen
½ TL gem. Zimt
½ TL Cayennepfeffer
2 TL gem. Koriander
2 TL gem. Kreuzkümmel
2 TL Turmerik
¼ TL Asafötida
2 TL Salz
½ TL Backpulver
300 ml kaltes Wasser
700 g geputztes Gemüse
ghee oder Pflanzenöl zum Fritieren

Das Kichererbsenmehl in eine große Schüssel sieben und die Gewürze, das Salz und das Backpulver daruntermengen. Langsam das kalte Wasser hinzugießen und so lange mit einem Schneebesen schlagen, bis ein glatter Teig entsteht, dickflüssig genug, um das Gemüse zu überziehen.

Vor dem Erhitzen des *ghee* alles Gemüse kleinschneiden. Große Blumenkohlröschen eventuell vorkochen, andere Gemüsesorten roh verwenden.

Das *ghee* bzw. Pflanzenöl auf mittlerer Flamme erhitzen. Es ist heiß genug, wenn ein Teigtropfen sofort zischend zur Oberfläche aufsteigt. Jetzt eine Handvoll Gemüsestücke in den Teig rühren, so daß sie vollständig bedeckt sind. Jeweils nur eine Sorte Gemüse zur Zeit verwenden, denn jede Sorte soll für sich fritiert werden. Das mit Teig überzogene Gemüse stückweise herausholen und schnell in das heiße *ghee* legen, bis die Oberfläche des *ghee* bedeckt ist. Die *pakoras* einige Minuten fritieren, bis sie goldbraun und knusprig sind. Herausnehmen und abtropfen lassen. Alle *pakoras* auf die gleiche Weise fritieren, dabei nie mehr als eine Lage zur Zeit.

Zubereitungs- und Kochzeit: 20 Min.

Sada pakora

Pikante Kichererbsenmehlfritüren

Sada pakoras *passen sehr gut zu weißem oder braunem Reis und Kadhisoße. Wenn Sie sie kleiner machen (etwa traubengroß), können Sie sie in* sabjis *mit Soße, wie* sukta *oder* matar alu tarkari, *geben. Rühren Sie sie mindestens 10 Minuten vor dem Servieren in das Gemüsegericht, so daß sie Zeit haben, in der Soße einzuweichen.* Sada pakoras *können auch zusammen mit einem Chutney als Snack gegessen werden.*

225 g Kichererbsenmehl
1 EL Kalinjisamen
½ TL gem. Zimt
¼ TL Cayennepfeffer
1 TL gem. Koriander
1 TL gem. Kreuzkümmel
1 TL Turmerik
¼ TL Asafötida
1 TL Salz
½ TL Backpulver (kann entfallen)
200 ml kaltes Wasser
ghee oder Pflanzenöl zum Fritieren

Den Teig genauso wie im vorangegangenen Rezept ansetzen, nur sollte er etwas dicker sein, fast wie eine Paste. Mit einem Schneebesen kräftig durchschlagen, so daß der Teig mit Luft angereichert wird. Mit einem Eßlöffel oder einem kleinen Eisportionierer etwas Teig herausschöpfen und 2 oder 3 Klümpchen in das heiße *ghee* bzw. Pflanzenöl tropfen lassen. Die Klümpchen werden sofort aufquellen und brutzelnd auf der Oberfläche des *ghee* bzw. Öls schwimmen. Rasch mehr Teigklümpchen ins *ghee* geben, bis die ganze Oberfläche mit *sada pakoras* bedeckt ist.

Die Hitze so einstellen, daß die *pakoras* 4 bis 5 Minuten brauchen, um knusprig und gleichmäßig goldbraun zu werden (drehen Sie sie ein- oder zweimal mit einem Schaumlöffel um). Die fertigen *pakoras* herausnehmen und abtropfen lassen.

Bhajas sind eine Abwandlung von *sada pakoras.* Sie können sie genauso zubereiten und fritieren, jedoch mit anderen Gewürzen. Anstatt gemahlenen Zimt, Koriander und Kreuzkümmel nehmen Sie ½ Teelöffel Kreuzkümmelsamen, 2 Eßlöffel gehackte frische Korianderblätter und eine feingehackte frische Chilischote.

Zubereitungs- und Kochzeit: 20 Min.

Dokla

Gedämpfter dal und Joghurt

350 g channa-dal, verlesen und gewaschen
150 ml Joghurt
250 ml Wasser
4 frische Chilis
2 EL geriebener Ingwer
½ TL Turmerik
½ TL Salz
1 EL Zitronensaft
3 EL zerlassenes ghee
1 TL Backpulver
2 EL ghee
1 EL schwarze Senfkörner
2 EL Sesamsamen
1 Prise Asafötida
5 EL frische Kokosraspeln
4 EL gehackte frische Korianderblätter

Den *dal* waschen und mindestens 4 Stunden einweichen, dann abtropfen lassen und zusammen mit dem Joghurt und Wasser in einem Mixer oder einer Küchenmaschine fein zermahlen. Mindestens 6 Stunden an einem warmen Ort stehenlassen.

Suchen Sie einen Topf, in den eine runde Kuchenform mit 20 cm Durchmesser paßt. Sie werden eine Art Ring installieren müssen, der die Kuchenform vom Topfboden fernhält. Die Ringöffnung sollte so weit sein, daß der Wasserdampf den Boden der Kuchenform ungehindert erreichen kann. Den Topf mit etwa 5 cm Wasser auffüllen und das Wasser zum Kochen bringen.

Die frischen Chilis mit etwas Wasser zu einem Brei zermahlen und zusammen mit dem Ingwer, Turmerik, Salz, Zitronensaft, dem zerlassenen *ghee* und dem Backpulver gründlich mit dem *dal*-Brei vermischen. Die Kuchenform mit etwas Butter oder *ghee* einfetten und den Teig einfüllen. Den Topf gut abdecken und den *dokla* 20 bis 25 Minuten dämpfen, bis er bei sanftem Druck elastisch zurückfedert.

Garnierung: Die 2 Eßlöffel *ghee* in einem kleinen Topf erhitzen und die Senfkörner, die Sesamsamen sowie eine Prise Asafötida hineingeben. Wenn die Senfkörner aufhören zu springen, die Gewürzmischung über den *dokla* kippen und die Kokosraspeln und die Korianderblätter darüberstreuen. Den abgekühlten *dokla* in 7,5 cm lange Rechtecke oder Rauten schneiden und behutsam aus der Kuchenform heben. Mit Kokosnußchutney servieren.

Einweichzeit: *dal*, mindestens 4 Std.
Stehzeit: Teig, mindestens 6 Std.
Zubereitungs- und Kochzeit: 25 Min.

Samosa

Gemüsetaschen

Wer einmal einen guten samosa *gekostet hat, weiß, warum* samosas *die beliebtesten aller indischen Snacks sind. Zur Abwechslung können Sie auch frischen* paneer *unter die Füllung mengen und verschiedene Gewürzmischungen ausprobieren.*

400 g weißes Mehl
¼ TL Salz
100 g zerlassene Butter oder ghee
150 ml kaltes Wasser
2 oder 3 mittelgroße Kartoffeln
1 kleiner Blumenkohl, in Röschen zerteilt
200 g frische Erbsen
4 EL ghee oder Pflanzenöl
1 TL Kreuzkümmelsamen
½ TL Bockshornsamen
½ TL geriebener frischer Ingwer
½ TL Turmerik
½ TL gem. Koriander
¼ TL Asafötida
¼ TL gem. Nelken
½ TL gem. Zimt
2 TL Salz
¼ TL Pfeffer
ghee oder Pflanzenöl zum Fritieren

Das weiße Mehl zusammen mit dem Salz in eine Schüssel geben und die zerlassene Butter bzw. das *ghee* darüberträufeln. Die Butter bzw. das *ghee* mit den Fingerspitzen in das Mehl hineinreiben, bis die Mischung groben Brotkrumen gleicht. Langsam das Wasser daruntermischen und einen Teig formen. Den Teig 5 Minuten kräftig durchkneten, bis er weich und geschmeidig ist, aber nicht mehr an den Fingern klebt. Den Teig zu einem kompakten Klumpen formen, mit ein paar Tropfen Wasser besprengen und in ein feuchtes Tuch wickeln; nun die Füllung vorbereiten.

Die Kartoffeln schälen und in kleine Würfel schneiden. Die Blumenkohlröschen entweder mit der groben Seite einer Metallreibe raspeln oder in Stücke schneiden wie die Kartoffeln. Die Erbsen vorkochen, dann abtropfen lassen.

Eine große Bratpfanne auf mittlerer Flamme erhitzen. Die Kreuzkümmel- und die Bockshornsamen in 2 Eßlöffeln *ghee* oder Öl anrösten. Wenn sie dunkel werden, den geriebenen Ingwer und die gemahlenen Gewürze dazugeben und ein paar Sekunden mitrösten. Jetzt die gewürfelten Kartoffeln hinzufügen und für 3 bis 4 Minuten

---

Links: *Zubereitung von samosas*

unter Rühren braten. Den geraspelten bzw. gewürfelten Blumenkohl dazugeben und weitere 3 bis 4 Minuten rühren, dann 2 Eßlöffel Wasser beifügen, die Pfanne bedecken und etwa 15 Minuten dünsten lassen, bis das Gemüse weich ist (passen Sie gut auf, daß es nicht anbrennt). Die Erbsen in die Mischung einrühren, mit Salz und Pfeffer würzen, den Pfanneninhalt auf einer sauberen Fläche ausbreiten und abkühlen lassen; unterdessen den Teig ausrollen.

Die Ausrollfläche mit Mehl einstäuben und aus dem Teig 10 Bällchen formen. Jedes der Bällchen zu einem kreisförmigen Fladen von 15 cm Durchmesser ausrollen. Alle Kreise halbieren und an der geraden Schnittkante einen schmalen Streifen von der Mitte bis zu einem Ende befeuchten. Die beiden Enden der geraden Seite aufeinanderklappen und so die Halbkreise zu einem Kegel formen, dabei die trockene Seite fest auf die feuchte Seite pressen, so daß die Kante gut verschlossen ist. Zwei Drittel des Kegels mit dem Gemüse füllen und den dabei entstehenden Saum fälteln.

Das *ghee* bzw. Öl in einer *karhai* oder einem Wok auf mittlerer Flamme erhitzen. Mehrere *samosas* gleichzeitig fritieren (so daß die Oberfläche des *ghee* mit einer Lage bedeckt ist). Etwa 10 bis 15 Minuten ausbacken lassen, dabei öfters umwenden, bis beide Seiten goldbraun sind. Herausnehmen und abtropfen lassen.

Zubereitungs- und Kochzeit: 1 Std. 15 Min.

Alu patra

Würzige Kartoffelschnecken

4 mittelgroße Kartoffeln
2 EL Kokosraspeln
2 TL Sesamsamen
2 TL brauner Zucker
2 TL geriebener frischer Ingwer
2 frische grüne Chilis, kleingehackt
1 EL frische Korianderblätter, kleingehackt
2 TL garam masala
1½ TL Salz
2 EL Zitronensaft
200 g weißes Mehl
½ TL Turmerik
¼ TL Cayennepfeffer
2 TL zerlassenes ghee
100 ml Wasser
ghee oder Pflanzenöl zum Fritieren

Zunächst die Füllung zubereiten, damit sie abkühlen kann, bis der Teig fertig ist. Die Kartoffeln garkochen, unter kaltem Wasser abschrecken und schälen, dann in eine Schüssel geben und zusammen mit den Kokosraspeln und den folgenden 8 Zutaten mit einer Gabel zerdrücken. Die Mischung zum Abkühlen auf einem Blech ausbreiten, dann den Teig zubereiten.

Mehl, Turmerik und Cayennepfeffer in einer großen Schüssel vermengen. Das zerlassene *ghee* in das Mehl hineinreiben, langsam das Wasser dazugießen und dabei die Zutaten mit der Hand zu einem Teig vermischen. Den Teig auf einer Arbeitsfläche kräftig durchkneten, so daß er geschmeidig und elastisch wird.

Die Fläche großzügig mit Mehl einstäuben und den ganzen Teig zu einem Rechteck von 3 mm Dicke ausrollen. Die ausgekühlte Kartoffelmischung gleichmäßig auf dem Teig verteilen. Die Hände mit Mehl einstäuben, damit der Teig nicht an den Fingern klebenbleibt, und das Ganze zu einer festen, kompakten Rolle aufrollen. Die Rolle mit einem scharfen Sägemesser in 1 cm dicke Scheiben schneiden. Die Scheiben so drücken und formen, daß sie ihre ursprünglichen Konturen zurückerhalten, und auf ein Tablett legen.

Das *ghee* bzw. Pflanzenöl in einer *karhai* oder einem flachen Topf erhitzen. Mehrere Scheiben in das *ghee* legen und 3 bis 5 Minuten fritieren (zwischendurch einmal umdrehen), bis sie goldbraun werden. Heiß servieren – entweder als Beilage zu einer Hauptmahlzeit oder zusammen mit einem Chutney als Snack.

Zubereitungs- und Kochzeit: 40 Min.

Alu ki tikki

Kartoffelbratlinge

Durch langsames Braten bildet sich auf beiden Seiten dieser Kartoffelbratlinge eine Kruste, der sie ihren besonderen Geschmack und ihre Konsistenz verdanken. Ohne die Erbsen und das Kichererbsenmehl wird alu ki tikki *häufig an Ekadasi-Tagen (siehe S. 51) serviert, an denen die Gottgeweihten kein Getreide und keine Hülsenfrüchte essen.*

5 mittelgroße Kartoffeln
200 g frische Erbsen
100 g Karotten, gewürfelt
100 g Blumenkohl, feingewürfelt
1 TL garam masala
½ TL Kreuzkümmelsamen
2 getrocknete Chilis, zerbröselt
¼ TL Asafötida
2 EL frische Koriander- oder Petersilienblätter, gehackt
1 TL Salz
1 EL Zitronen- oder Limonensaft
3 EL Kichererbsenmehl, trocken geröstet
2 EL Butter oder ghee

Die Kartoffeln kochen, das übrige Gemüse weichdämpfen, dann alles abtropfen lassen. Die Kartoffeln schälen, in Stücke brechen und zusammen mit dem anderen Gemüse, den Gewürzen, dem Zitronensaft und schließlich dem Kichererbsenmehl in einer großen Schüssel vermischen. Alle Zutaten mit einer Gabel oder einem Stampfer gründlich zerstampfen.

Aus dieser Mischung 8 flache Klöße von etwa 2,5 cm Dicke formen. In einer Bratpfanne mit schwerem Boden etwas Butter oder *ghee* auf niedriger Flamme erhitzen. Mehrere Klöße gleichzeitig in die Pfanne legen, dabei jedoch genug Platz lassen, um noch mit dem Pfannenwender ansetzen zu können. Jede Seite 12 bis 15 Minuten braten. Wenn eine Seite goldbraun ist, mit dem Pfannenwender vorsichtig unter den Bratling fahren, ohne die Kruste zu beschädigen, und umwenden. Wenn die *alu ki tikkis* zu schnell braten, die Hitze reduzieren.

Alu ki tikkis passen gut zu Tomatenchutney und einem *raita.*

Zubereitungs- und Kochzeit: 40 Min. bis 1 Std.

Urad dal katchori

Fritierte dal-Pasteten

Srila Prabhupada mochte katchoris *schon von frühester Kindheit an so gern, daß ihm seine Mutter den Spitznamen* Katchori-mukha *gab (jemand, der seinen Mund mit* katchoris *füllt).*

400 g weißes Mehl
75 g Butter oder ghee
1¼ TL Salz
225 ml Wasser
150 g urad-dal, gewaschen und über Nacht eingeweicht
1 EL ghee
½ TL Kreuzkümmelsamen
½ TL gem. Anissamen
½ TL gem. Kreuzkümmel
½ TL geriebener Ingwer
1 TL Turmerik
¼ TL Asafötida
1 TL kleingehackte frische Korianderblätter
2 EL Zitronensaft
1½ TL Salz

Das Mehl und 1¼ Teelöffel Salz in eine große Schüssel geben und die Butter bzw. das *ghee* mit den Fingerspitzen hineinreiben. Langsam das kalte Wasser dazugießen und einen weichen (nicht feuchten) Teig zubereiten. Den Teig 5 Minuten kräftig durchkneten, mit einem feuchten Tuch bedecken und beiseite stellen. Den *dal* abtropfen lassen und in einem Mixer mit gerade soviel Wasser pürieren, daß ein glatter Brei entsteht. Den Eßlöffel *ghee* in einer kleinen Bratpfanne erhitzen und die Kreuzkümmelsamen darin bräunen. Die gemahlenen Gewürze und den pürierten *dal* dazugeben. Einige Minuten rühren, bis der *dal* halbgar ist. Nun die gehackten Korianderblätter, den Zitronensaft und das restliche Salz einrühren und abkühlen lassen.

Aus dem Teig 10 Bälle formen; auch die *dal*-Mischung in 10 Teile teilen. Mit dem Daumen ein Loch in die Teigbälle bohren und jedes Loch mit einer der *dal*-Portionen füllen. Das Loch wieder verschließen, den Ball zwischen den Handflächen etwas flachdrücken und wie einen sehr dicken *puri* ausrollen. Das *ghee* auf mittlerer Flamme erhitzen. Nach einer Weile mit einem kleinen Stückchen Teig die Hitzeprobe machen. Wenn es sofort an die Oberfläche steigt und zischt, ist das *ghee* heiß genug. Nun die *katchoris* hineinlegen und etwa 10 Minuten fritieren, bis sie blätterig und goldbraun sind.

Einweichzeit: über Nacht
Zubereitungs- und Kochzeit: 50 Min. bis 1 Std.

Matar dal bara

Erbsenkroketten

Dies ist eines der Rezepte, das Gopibhava dasi den Ruf einbrachte, der beste Koch unter den Hare-Krischna-Devotees in Südafrika zu sein. Wenn Gast-Devotees ihre Speisen kosten, fühlen sie sich trotz ihrer weiten Reise wie zu Hause.

575 ml Naturjoghurt
350 g grüne oder gelbe halbierte Schälerbsen
2 EL frische Korianderblätter, gehackt
2 EL geriebener frischer Ingwer
2 EL gem. Koriander
2 TL Kreuzkümmelsamen
2 TL gem. Zimt
1 frischer Chili, entkernt und kleingeschnitten
1 TL Turmerik
½ TL Cayennepfeffer
¼ TL Asafötida
5 TL Salz
1 l warmes Wasser
ghee oder Pflanzenöl zum Fritieren

Die halbierten Erbsen über Nacht in der doppelten Volumenmenge Wasser einweichen, dann abtropfen lassen.

Die Erbsen in einem elektrischen Mixer pürieren und gerade so viel frisches Wasser hinzufügen, daß ein sehr dicker Brei entsteht. Den Brei in eine Schüssel füllen und jeweils die Hälfte aller Gewürze plus einen Teelöffel Salz daruntermischen. Gut durchrühren und beiseite stellen. Das restliche Salz bis auf einen Teelöffel in dem warmen Wasser auflösen und das Wasser beiseite stellen.

Das *ghee* in einer *karhai* oder einem Topf auf mittlerer Flamme erhitzen. Mit angefeuchteten Händen aus dem Brei kleine, flache Klöße formen und diese in das heiße *ghee* legen. Während des Fritierens die *baras* ein oder zweimal umwenden, bis sie von allen Seiten schön braun sind, dann herausnehmen, kurz über dem *ghee* abtropfen lassen und für mindestens 15 Minuten in dem Salzwasser einlegen.

Den Joghurt mit den restlichen Gewürzen und dem übrigen Salz in eine Schüssel geben und gut durchrühren. Die eingeweichten *baras* aus der Salzwasserlösung nehmen und in eine Servierschüssel geben. Mit dem gewürzten Joghurt übergießen und servieren.

Einweichzeit: über Nacht, plus 15 Min. im Salzwasser
Zubereitungs- und Kochzeit: 25 Min.

Urad dal bara

Dal-Kroketten in Joghurt

350 g urad-dal, verlesen und über Nacht eingeweicht
2 frische Chilis, gehackt
¼ TL Asafötida
1 TL Natriumkarbonat
5 TL Salz
1 l warmes Wasser
ghee oder Pflanzenöl zum Fritieren
600 ml Naturjoghurt
1 TL Kreuzkümmelsamen, geröstet und gemahlen

Den *dal* abtropfen lassen und zusammen mit den kleingeschnittenen Chilis, der Asafötida, dem Natriumkarbonat und einem Teelöffel Salz in einem elektrischen Mixer pürieren. Etwas Wasser hinzugeben und heftig durchmixen, bis die Mischung so leicht wird, daß ein Tropfen davon auf Wasser schwimmt. Beiseite stellen. Das übrige Salz bis auf ½ Teelöffel in dem warmen Wasser auflösen.

Das *ghee* bzw. Pflanzenöl in einer Friteuse oder einem anderen geeigneten Gefäß auf hohe Temperatur erhitzen, jedoch nicht so weit, daß es zu rauchen beginnt. Nun den Brei eßlöffelweise in das *ghee* geben. In wenigen Sekunden werden die *baras* rund sein und brutzelnd an der Oberfläche schwimmen. Während des Fritierens öfters umwenden. Nach 5 bis 6 Minuten sollten sie von allen Seiten schön braun sein. Abtropfen lassen und in dem Salzwasser einlegen. Den restlichen halben Teelöffel Salz in den Joghurt geben, gut verrühren und beiseite stellen.

Nach 20 bis 30 Minuten, wenn die *baras* allmählich eine hellere Farbe annehmen, einen nach dem anderen herausnehmen und das überschüssige Wasser ausdrücken. Die *baras* in eine Servierschüssel geben, mit Joghurt übergießen und mit dem gemahlenen Kreuzkümmel garnieren. *Urad dal baras* als Gang eines Menüs oder als Appetithappen servieren.

Einweichzeit: über Nacht, plus 20 bis 30 Minuten in Salzwasser
Zubereitungs- und Kochzeit: 30 Min.

Kathmir vada

Korianderwürfel

50 g frische Korianderblätter oder 100 g Spinatblätter
200 g gesiebtes Kichererbsenmehl
250 ml Naturjoghurt
1 oder 2 frische rote Chilis, kleingeschnitten
2½ TL Salz
425 ml Wasser
ghee oder Pflanzenöl zum Fritieren

Die Korianderblätter gründlich abwaschen und die größten Stiele entfernen. Die Blätter in kleine Stücke hacken und zusammen mit dem Kichererbsenmehl, dem Joghurt, dem Salz und den Chilistücken in eine Schüssel geben. Unter gleichzeitigem Umrühren langsam Wasser dazugießen, bis der Teig eine milchähnliche Konsistenz annimmt.

Den Teig in einen mittelgroßen Topf kippen und auf mittlerer Flamme aufsetzen. 15 bis 20 Minuten köcheln lassen. Während der Teig allmählich eindickt, mit einem breiten Holzlöffel regelmäßig umrühren, damit er nicht ansetzt. Der Teig ist fertig, wenn ein Klecks davon auf einer kühlen Fläche fest wird. Nun den Teig in eine flache Kuchenform (2,5 bis 5 cm hoch) füllen und mindestens 15 Minuten abkühlen lassen. Den festen Teig in Rauten schneiden und die Stücke in *ghee* oder Pflanzenöl fritieren, bis sie goldbraun sind.

Herausnehmen, abtropfen lassen und heiß oder auf Zimmertemperatur abgekühlt mit Datteln-Tamarindenchutney oder Pfefferminzchutney servieren.

Zubereitungs- und Kochzeit: 45 Min.

Rechts: *Kathmir vada*
Gajar vada (S. 220)
Dahi vada (S. 221)

Gajar vada

Würzige Karottenkroketten

Dieser Snack wird jeden beeindrucken. Die Mischung muß dick genug sein, damit die vadas *beim Fritieren nicht auseinanderfallen. Geben Sie nötigenfalls einfach etwas mehr Kichererbsenmehl dazu, bis sie zusammenhalten.*

4 oder 5 mittelgroße Karotten, gewaschen und abgeschabt
100 g Kichererbsenmehl
2 EL Walnüsse oder Haselnüsse, grobgehackt
1 EL frische Kokosraspeln
2 frische Chilis, entkernt und kleingehackt
1 EL gehackte frische Koriander- oder Petersilienblätter
1 TL garam masala
½ TL Turmerik
½ TL Salz
¼ TL Backpulver
ghee oder Pflanzenöl zum Fritieren

Die Karotten mit der feinen Seite einer Metallreibe raspeln, bis etwa 250 g geraspelte Karotten beisammen sind. Die Karotten und alle anderen Zutaten in eine große Schüssel geben. Gerade soviel Wasser hinzugießen, daß die Masse dickflüssig genug ist, um beim Fritieren zusammenzuhalten.

Das *ghee* bzw. Pflanzenöl in einer *karhai,* einem Wok oder einem Kochtopf auf mittlerer Flamme erhitzen. Einen Eßlöffel der Masse mit dem Finger vom Löffel in das heiße *ghee* bzw. Öl schieben. Den gleichen Vorgang wiederholen, bis 8 bis 10 *vadas* im *ghee* schwimmen. Die Temperatur etwas erhöhen und die *vadas* oft umwenden, damit sie von allen Seiten schön braun werden. Nach 4 bis 5 Minuten die *vadas* mit einem Schaumlöffel herausnehmen und in einem Durchschlag oder Sieb abtropfen lassen.

Gajar vadas heiß oder auf Zimmertemperatur abgekühlt zusammen mit einem Gemüsegericht in Soße, mit einem *raita* oder etwas Naturjoghurt servieren.

Zubereitungs- und Kochzeit: 25 Min.

Dahi vada

Dal-Kroketten in Joghurtsoße

Dahi vadas *sind eine Variation von* urad dal baras. *In Indien wird ein angefeuchtetes Bananenblatt verwendet, um den* vada *zu halten, bevor er ins* ghee *gleitet. Falls Ihnen kein Bananenblatt zur Verfügung steht, können Sie jedoch auch die Hand benutzen. Sie müssen nur darauf achten, daß die Masse nicht zu dünnflüssig ist und ihre Form behält.*

200 g urad-dal, verlesen und gewaschen
1 TL Kreuzkümmelsamen
2 frische Chilis, entkernt und kleingehackt
1 EL geriebener frischer Ingwer
½ TL Asafötida
1½ TL Salz
ghee oder Pflanzenöl zum Fritieren
425 ml Naturjoghurt
1 EL Kokosraspeln
2 EL gehackte frische Korianderblätter
2 Prisen Cayennepfeffer

Den *dal* für mehrere Stunden in warmem Wasser einweichen, abtropfen lassen und in einem elektrischen Mixer mit gerade genug Wasser pürieren, daß ein dickflüssiger, feiner Brei entsteht. Den Brei in eine Schüssel füllen und die Kreuzkümmelsamen, die Chilis, den Ingwer, die Asafötida sowie ½ Teelöffel Salz beimengen.

Das *ghee* bzw. Öl in einer *karhai*, einem Wok oder einem Kochtopf auf mittlerer Flamme erhitzen. Die linke Hand anfeuchten, ca. 50 g der Mischung hineingeben und mit dem Daumen der linken Hand ein flaches „Brötchen" formen. Mit dem kleinen Finger der rechten Hand in die Mitte eine Vertiefung stupfen und den *vada* behutsam in das *ghee* gleiten lassen. Weil der *dal* nicht sehr fest ist, mag dieser Vorgang etwas Praxis erfordern (aber keine Sorge, Sie können den *dal* auch klümpchenweise mit einem Löffel in das heiße *ghee* setzen). Die *vadas* von beiden Seiten je 6 bis 8 Minuten fritieren, bis sie rötlich-braun werden, dann herausnehmen und in einem Sieb abtropfen lassen.

Die Kokosraspeln, die Korianderblätter, den Cayennepfeffer und das übrige Salz in den Joghurt rühren. Die *vadas* eine Stunde vor dem Servieren mit der Soße übergießen. Jeden *vada* in der Vertiefung in der Mitte mit einem Klecks Datteln-Tamarindenchutney garnieren.

Einweichzeit: mehrere Stunden für den *dal*
Zubereitungs- und Kochzeit: 40 Min.

Sevian

Nudeln aus Kichererbsenmehl

Sevian *ist einer der populärsten Snacks Indiens. Es wird praktisch überall verkauft, in den verschiedensten Formen und Mischungen.* Sevian *kann für sich allein gegessen werden oder als Beilage zu einem Gemüsegericht oder Salat. Auch paßt es ausgezeichnet mit Rosinen und gerösteten Nüssen zusammen. Das einzige Problem ist, daß man nach einer Handvoll kaum mehr aufhören kann zu essen.*

225 g gesiebtes Kichererbsenmehl
½ TL Cayennepfeffer
1 TL Turmerik
1½ TL Salz
150 ml kaltes Wasser
ghee oder Pflanzenöl zum Fritieren

Das Kichererbsenmehl mit den Gewürzen, dem Salz und dem kalten Wasser zu einer glatten, dicken Masse vermischen. Das *ghee* bzw. Öl auf mittlerer Flamme erhitzen. Die Masse für einige Sekunden kräftig durchrühren, dann mit einem Pfannenwender einen Eßlöffel der Masse durch ein Sieb mit großen Löchern in das *ghee* pressen. Fahren Sie mit dem Pfannenwender an der Siebunterseite entlang, um Teigreste abzuschaben und in die Schüssel zurückzugeben. Den gleichen Vorgang so lange wiederholen, bis die Oberfläche des *ghee* mit Nudeln bedeckt ist. Sollte die Masse zu dünn sein und in langen Tropfen anstatt in Nudelform durch das Sieb fallen, so können Sie die Masse einfach mit mehr Kichererbsenmehl eindicken. Die Nudeln umwenden, bis sie sich ganz leicht braun färben – sie dunkeln noch nach, wenn sie bereits aus dem *ghee* herausgenommen wurden. Abtropfen lassen.

Sie können auch eine Bäckerspritztüte mit kleiner Öffnung verwenden und spiral- oder schleifenförmige Nudeln in das *ghee* pressen. Wenn die Nudeln zu lang sind, können Sie sie nach dem Abtropfen in Stücke brechen.

Zubereitungs- und Kochzeit: 25 Min.

Khandvi

Pikante Joghurtschnecken

2 frische Chilis, entkernt und kleingeschnitten
1 EL geriebener frischer Ingwer
750 ml Naturjoghurt
100 g Kichererbsenmehl
2 TL Salz
¾ TL Turmerik
3 EL ghee
1½ TL schwarze Senfkörner
½ TL Asafötida
4 TL Kokosraspeln
3 EL kleingehackte frische Korianderblätter

Die Chilistücke und den geriebenen Ingwer zu einem Brei zerstoßen. Den Joghurt, das Kichererbsenmehl, den Chilibrei, den Turmerik und das Salz in einem Topf vermischen und zum Kochen bringen. Die Flamme kleiner stellen und unter ständigem Rühren 10 Minuten kochen lassen, bis die Mischung eindickt und sich von den Seiten des Topfes löst. Achten Sie darauf, daß sich während des Kochens keine Klümpchen bilden.

Auf einer glatten, sauberen Arbeitsfläche einige Eßlöffel der eingedickten Mischung mit einem Pfannenwender möglichst dünn und gleichmäßig ausstreichen, ohne Zeit zu verlieren. Diesen Vorgang so lange wiederholen, bis die gesamte Masse zu einem großen Quadrat oder Rechteck ausgestrichen ist.

In nur wenigen Minuten sollte die Masse fest sein. Schneiden Sie sie in 2,5 cm breite Streifen. Jeden Streifen zu einer Schnecke aufrollen und auf eine Servierplatte legen. Wenn alle Streifen aufgerollt sind, das *ghee* in einem Topf erhitzen und die Senfkörner darin rösten, bis sie aufhören zu springen. Dann die Asafötida hinzugeben und nach einigen Sekunden die Kokosraspeln. Eine Minute unter Rühren rösten. Die Gewürze über die Schnecken kippen und die gehackten Korianderblätter darüberstreuen. Heiß oder auf Zimmertemperatur abgekühlt servieren.

Zubereitungs- und Kochzeit: 25 Min.

Chidwa

Fritierte, würzige Knabbermischung

Eines Tages wollte Kishori dasi Srila Prabhupada eine Freude machen, indem sie etwas Besonderes für ihn kochte. Sie ging also zu den besten chidwa wallas *(professionelle* chidwa*-Hersteller) in Neu-Delhi, um deren Geheimnisse auszukundschaften. Als sie Tags darauf ihr eigenes* chidwa *auf Srila Prabhupadas* thali *legte, mochte dieser es so sehr, daß er Kishori rufen ließ und sie bat zu erklären, wie sie das* chidwa *zubereitet habe, was Kishori natürlich mit Freuden tat.*

50 g fritierter Puffreis
200 g getrocknete grüne Erbsen, über Nacht in der doppelten Menge Wasser eingeweicht
50 g geraspelte Kartoffeln
50 g kleinste Blumenkohlröschen
50 g geschälte, feingewürfelte Aubergine
50 g Cashewnüsse, Mandelsplitter oder Pistazien
50 g Rosinen
1 frischer Chili, kleingehackt
½ TL gem. schwarzer Pfeffer
½ TL brauner Zucker
¼ TL Asafötida
1¼ TL Salz

Falls der Puffreis noch nicht fritiert ist, so fritieren Sie ihn für einige Sekunden in rauchendheißem *ghee* und lassen Sie ihn abtropfen. Die eingeweichten grünen Erbsen gut abtropfen lassen und 45 Sekunden bis 1 Minute fritieren, bis sie aufquellen und knusprig werden. Nun die geraspelten Kartoffeln, die kleinen Blumenkohlröschen und die Nüsse fritieren und gut abtropfen lassen. Alle Zutaten in eine Schüssel geben, die Rosinen, die Gewürze und den Zucker beimengen und gründlich durchmischen. *Chidwa* kann als Snack oder als Beilage zu einem Menü gegessen werden.

Zubereitungs- und Kochzeit: 30 Min.

Malai kofta

Fritierte Käsebällchen in Sahnesoße

450 g paneer
3 EL weißes Mehl
1 frischer Chili, kleingeschnitten
1 EL gehackte frische Korianderblätter
3 TL Salz
ghee oder Pflanzenöl zum Fritieren
6 mittelgroße Tomaten
2 EL Kokosraspeln
2 frische Chilis, entkernt und kleingeschnitten
1 TL gem. Koriander
1 TL geriebener Ingwer
1 TL Kreuzkümmelsamen
¾ TL Asafötida
2 EL ghee oder Pflanzenöl
425 ml saure Sahne
1 EL gehackte frische Koriander- oder Petersilienblätter
1 Zitrone oder Limone

Den *paneer* kräftig durchkneten, bis er geschmeidig und weich ist. Das Mehl, die Chilistücke, die gehackten Korianderblätter und einen Teelöffel Salz dazugeben und nochmals durchkneten, so daß sich die Zutaten gleichmäßig verteilen. Aus der fertigen Masse walnußgroße Bällchen rollen. Das *ghee* bzw. Öl erhitzen, bis es fast anfängt zu rauchen. Die Käsebällchen mehrere Minuten fritieren, bis sie goldbraun und knusprig sind, dann abtropfen lassen und beiseite stellen.

Die Tomaten blanchieren, abziehen und zu Püree zerstampfen. Nun einen *masala*-Brei zubereiten; dazu die Kokosraspeln und alle Gewürze außer dem restlichen Salz und den restlichen Korianderblättern zusammen mahlen (oder zerstoßen). Die 2 Eßlöffel *ghee* bzw. Öl in einem mittelgroßen Topf erhitzen und die *masala* etwa eine Minute andünsten. Nun das Tomatenpüree, die saure Sahne, die Korianderblätter und das restliche Salz beifügen. 10 Minuten köcheln lassen, dabei oft umrühren.

Die *kofta*-Bällchen 10 Minuten vor dem Servieren in der Soße einlegen. Jede Portion mit einer viertel Zitrone oder Limone garnieren.

Zubereitungs- und Kochzeit: 30 bis 40 Min.

Chutneys
und Raitas

1 Tamatar chatni *(Tomatenchutney)* 230
2 Seb ki chatni *(Apfelchutney)* 231
3 Anannas ki chatni *(Ananaschutney)* 232
4 Narial chatni *(Kokosnußchutney)* 233
5 Dhanya chatni *(Korianderchutney)* 234
6 Pudina chatni *(Chutney aus frischer Minze)* 235
7 Khajur imli ki chatni *(Datteln-Tamarindenchutney)* 236
8 Aam chatni *(Mangochutney)* 237
9 Alu narial raita *(Kartoffelsalat mit Kokosnuß)* 238
10 Kakri raita *(Gurkensalat in Joghurt)* 240
11 Palak ka raita *(Spinatsalat in Joghurt)* 241
12 Bundi raita *(Kichererbsenmehlperlen in würzigem Joghurt)* 242
13 Kela raita *(Bananenscheiben in Joghurtsoße)* 243

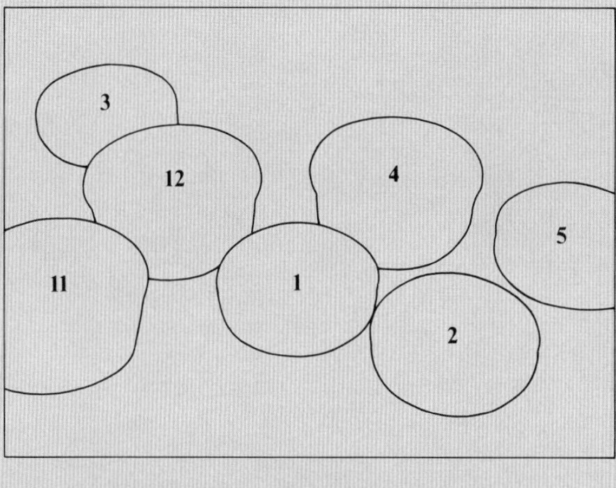

CHUTNEYS und *raitas* bringen den Geschmack der Hauptgänge stärker zur Geltung. Würzige Chutneys bereichern milde Gerichte, kühle *raitas* bereichern scharfe Gerichte – und die lebhaften Farben beider bereichern den Anblick der Mahlzeit. Mit ein wenig Erfahrung werden Sie bald in der Lage sein, für jedes Hauptgericht das passende Chutney oder den passenden *raita* auszuwählen. In diesem Kapitel finden Sie zwei Sorten Chutneys: gekochte und frische. Gekochte Chutneys werden manchmal aus Gemüse zubereitet, meistens jedoch aus Früchten. Sie brauchen eine lange Kochzeit, da die Zutaten verkochen und eindicken müssen. Bei frischen Chutneys werden die Zutaten einfach zu einem feinen Brei zermahlen.

Alle Chutneys jedoch, ob nun gekocht oder frisch, haben eines gemeinsam: Sie sind süß und scharf. Außerdem regen sie den Appetit an und fördern die Verdauung. Ein gutes Chutney, sagte Srila Prabhupada, sei so scharf, daß man es fast nicht essen könne, doch gleichzeitig so süß, daß man nicht widerstehen könne. Ein oder zwei Teelöffel reichen aus, um eine Mahlzeit abzurunden. Servieren Sie es in einer kleinen Schüssel oder direkt auf dem Teller bzw. der *thali,* gleich neben dem Reis. Uneingeweihte sollten gewarnt werden, nicht gleich einen ganzen Mundvoll auf einmal zu nehmen.

Manche Chutneys eignen sich gut zum Einstippen für Snacks. Tomatenchutney zum Beispiel paßt gut zu Gemüse-*pakoras, katchoris* oder Kartoffelbratlingen.

Raitas bestehen entweder aus rohem oder gekochtem Gemüse oder aus frischen Früchten und würzigem Joghurt. Sie sind bekömmlich, erfrischend, leicht zuzubereiten und werden in kleinen Schüsseln serviert.

Tamatar chatni

Tomatenchutney

Obgleich Tomatenchutney wie Ketchup aussehen mag, schmeckt es doch wesentlich besser. Außerdem kann Ketchup nicht zu Krischna geopfert oder von Devotees gegessen werden, da es Essig und Zwiebeln enthält, welche nach Aussage der Veden *die Erscheinungsweise der Unwissenheit fördern.*

8 reife Tomaten
4 EL Wasser
2 TL ghee
2 EL schwarze Senfkörner
2 oder 3 frische Chilis, kleingeschnitten
3 Nelken
2 Lorbeerblätter
1 Zimtstange, 5 cm lang
1 TL Kreuzkümmelsamen
2 TL gem. Koriander
1 EL geriebener frischer Ingwer
1 Prise Asafötida
1 TL Salz
4 EL brauner Zucker

Die Tomaten blanchieren, mit 4 Eßlöffeln Wasser pürieren und beiseite stellen. Das *ghee* in einem mittelgroßen Topf auf mittlerer Flamme erhitzen und die Senfkörner hineingeben. Den Topf abdecken. Wenn die Senfkörner aufhören zu springen, die folgenden 6 Gewürze und den Ingwer eine Minute unter Rühren rösten. Nun die Tomaten, die Asafötida und das Salz dazugeben und mit einem hölzernen Kochlöffel umrühren. Den Topf zudecken und auf niedriger Flamme 20 bis 30 Minuten köcheln lassen. Zunächst nur ab und zu umrühren; wenn das Chutney dicker wird, öfters umrühren, bis fast keine Flüssigkeit mehr im Topf ist.

Jetzt den Zucker einrühren, die Temperatur erhöhen und unter schnellem Rühren für weitere 5 Minuten kochen, bis das Chutney die Konsistenz einer dicken Soße erreicht. Die Nelken, die Lorbeerblätter und die Zimtstange herausnehmen, das Chutney in eine Servierschüssel umfüllen und auf Zimmertemperatur abgekühlt zu einer Mahlzeit oder als Tunke für Snacks servieren.

Zubereitungs- und Kochzeit: 40 bis 50 Min.

Seb ki chatni

Apfelchutney

Praktisch aus jeder Apfelsorte läßt sich ein gutes Apfelchutney zubereiten. Suchen Sie feste, reife Äpfel aus und kaufen Sie keine übergroßen oder mehligen.

Das Rezept kann auch für Chutneys aus anderen Früchten, wie Pfirsiche, Pflaumen, Aprikosen, Mangos, Guavas, Stachelbeeren oder Brombeeren, benutzt werden. Die Asafötida können Sie auch weglassen; variieren Sie die Menge der getrockneten Chilis je nach Geschmack.

1 kg Äpfel
4 EL ghee oder Pflanzenöl
2 TL geriebener frischer Ingwer
2 Zimtstangen, 5 cm lang
1 TL Anissamen
5 Nelken
2 oder 3 getrocknete Chilis, zerbröselt
1 TL Turmerik
1 Prise Asafötida (kann entfallen)
4 EL Wasser
4 EL brauner Zucker

Die Äpfel waschen, schälen und vom Kerngehäuse befreien, dann in kleine Stücke schneiden. Das *ghee* bzw. Pflanzenöl in einem Topf erhitzen. Wenn das *ghee* zu rauchen anfängt, den Ingwer, die Zimtstangen, die Anissamen, die Nelken und die Chilis hineingeben. Ständig rühren, bis die Anissamen braun werden (etwa 30 Sekunden), dann sofort den Turmerik, die Asafötida und zum Schluß die Apfelstücke hineingeben. 5 bis 6 Minuten rühren, bis die Äpfel braun sind, dann das Wasser dazugießen.

Den Topf zudecken und für etwa 15 Minuten kochen lassen, dabei oft umrühren, bis die Äpfel weich sind. Nun die Apfelstücke im Topf zerstampfen. Den Zucker einrühren, die Hitze erhöhen und so lange rühren, bis das Chutney eindickt. Lassen Sie das Chutney vor dem Servieren auf Zimmertemperatur abkühlen. Apfelchutney paßt sehr gut zu heißen *puris.* Sie können es auch zusammen mit einer Süßspeise zum Abschluß einer Mahlzeit anbieten.

Zubereitungs- und Kochzeit: 30 Min.

Anannas ki chatni

Ananaschutney

Ananas sind in Indien weit verbreitet. Am besten sind reif gepflückte Früchte. Eine Ananas ist reif, wenn die Augen hervortreten und die Frucht ein süßes Aroma ausströmen läßt.

1 mittlere bis große Ananas
1 EL ghee
1 TL Kreuzkümmelsamen
2 frische Chilis, entkernt und kleingeschnitten
½ TL Turmerik
½ TL gem. Zimt
4 EL Wasser
150 g brauner Zucker

Die Ananas aufrecht halten und mit einem scharfen Messer die Haut abschälen, dann die Augen herausschneiden. Die geputzte Frucht der Länge nach vierteln und jeweils den harten Kern entfernen. Jedes der Viertel der Länge nach in drei Streifen schneiden und jeden Streifen in Stücke. Die Ananasstücke in eine Schüssel füllen und beiseite stellen.

Das *ghee* in einem Topf erhitzen und die Kreuzkümmelsamen sowie die Chilis darin anbräunen. Nun den Turmerik, den gemahlenen Zimt und gleich darauf die Ananasstücke hinzufügen. 4 bis 5 Minuten rühren, dann das Wasser dazugießen und den Topf bedecken. Auf niedriger Flamme 15 Minuten köcheln lassen, dabei gelegentlich umrühren. Nun den Deckel abnehmen und fast alle Flüssigkeit verkochen lassen. Schließlich den Zucker einrühren und auf der gleichen niedrigen Flamme weiterkochen lassen, bis das Chutney wieder eingedickt ist (etwa 10 Minuten).

Ananaschutney kann mit *puris* gegen Ende einer Mahlzeit oder zusammen mit einem anderen Dessert, wie *shrikhand* oder *kulfi*, serviert werden.

Zubereitungs- und Kochzeit: 30 Min.

Narial chatni

Kokosnußchutney

Achten Sie beim Einkauf darauf, daß die Kokosnüsse frisch und voller Milch sind. Auch sollte die Schale keine Sprünge aufweisen. Gute Kokosmilch riecht angenehm und schmeckt süß. Wenn sie ölig riecht und sauer schmeckt, wird die Kokosnuß sauer sein. Kokosnußchutney paßt gut zu dosas, *und es kann als Tunke für Snacks wie* doklas, pakoras *und* gajar vadas *gereicht werden.*

200 g frische Kokosnuß oder 100 g getrocknete Kokosnuß
1 EL Kristallzucker
1 EL feingehackte frische Koriander- oder Petersilienblätter
1 EL geriebener frischer Ingwer
2 oder 3 frische Chilis, entkernt und kleingeschnitten
2 EL Zitronensaft
1 TL Salz

Den Backofen auf 200 Grad vorheizen. Zwei der drei dunklen Augen der unbeschädigten Kokosnuß mit der Spitze eines Eispickels oder eines Schraubenziehers durchstechen und die Kokosmilch in eine Tasse laufen lassen. Die leere Kokosnuß für 15 Minuten in den Ofen legen, danach auf ein Hackbrett. Die noch heiße Nuß mit einem kräftigen Hammerschlag zertrümmern. Dabei sollte sich das Fruchtfleisch von der Schale lösen. Anhaftendes Fleisch mit einem kleinen Messer abschneiden.

Nun mit einem Kartoffelschäler die braune Haut abschälen. Das Fruchtfleisch in kleine Stücke schneiden und zusammen mit den anderen Zutaten in einen Mixer geben. Soviel Kokosmilch oder Wasser dazugeben, daß ein feiner Brei entsteht. Falls Sie keinen Mixer haben, können Sie die Kokosnuß raspeln; verwenden Sie in diesem Falle Mörser und Stößel oder einen Mahlstein, um die Zutaten zu einem feinen Brei zu verarbeiten. Anstatt Kokosmilch oder Wasser können Sie auch Joghurt nehmen, was dem Chutney eine cremigere Konsistenz verleiht.

Zubereitungszeit: 25 Min.

Dhanya chatni

Korianderchutney

Benutzen Sie für die Zubereitung von Korianderchutney nur die oberen, laubreichen Teile der Pflanze; die unteren Stengel fasern, wenn sie zermahlen werden.

Korianderchutney sollte noch am Tage der Zubereitung verzehrt werden. Der Joghurt macht es zu einem relativ milden Chutney. Eine kleine Menge – zwei oder drei Eßlöffel – sind für eine Mahlzeit ausreichend.

50 g frische Korianderblätter (ohne Stiele gewogen)
4 EL Kokosraspeln
1 EL geriebener frischer Ingwer
1 oder 2 frische Chilis, kleingehackt
3 EL Zitronen- oder Limonensaft
275 ml Naturjoghurt
1 TL Zucker
1 TL Salz
½ TL Kreuzkümmelsamen, geröstet und gemahlen

Die Korianderblätter gründlich waschen, fein zerhacken, zusammen mit den Kokosraspeln, dem Ingwer, den Chilis und dem Zitronensaft in einen Mixer geben und zu Brei zermahlen.

Joghurt, Zucker, Salz, Kreuzkümmel und den Brei in eine Schüssel füllen und gut verrühren. Zudecken und bis zum Servieren in den Kühlschrank stellen.

Zubereitungszeit: 15 Min.

Pudina chatni

Chutney aus frischer Minze

Dieses Chutney paßt in kleinen Mengen zu jeder Mahlzeit.

50 g frische Minzblätter
1 EL geriebener frischer Ingwer
2 frische Chilis, kleingeschnitten
4 EL Zitronensaft
1 TL Salz
2 TL Zucker

Die Minzblätter gründlich abwaschen und das Wasser abschütteln. Nur die Blätter und die feinen Stengel verwenden; die dicken Stengel wegwerfen. Alle Zutaten in einem elektrischen Mixer mit gerade soviel Wasser pürieren, daß ein feiner Brei entsteht.

Am besten gekühlt servieren.

Eine schmackhafte Variante ist das folgende Chutney aus Pfefferminz- und Korianderblättern: Geben sie die gleichen Zutaten in einen elektrischen Mixer, jedoch nur 25 g frische Minze; dazu 25 g Korianderblätter, 75 g geröstete oder fritierte Erdnüsse und 50 g Tamarindenfleisch (siehe S. 84). Gut durchmixen. Dieses Rezept kann etwa 10 Minuten länger in Anspruch nehmen als *pudina chatni*.

Zubereitungszeit: 15 Min.

Khajur imli ki chatni

Datteln-Tamarindenchutney

Dieses Chutney ist gleichzeitig süß, sauer und scharf. Es paßt zu den meisten fritierten oder gebratenen Snacks.

50 g Tamarinde
275 ml Wasser
150 g Datteln, entsteint und kleingehackt
2 TL Zucker
½ TL Salz
½ TL gem. Kreuzkümmel
1 Prise Cayennepfeffer

Den Klumpen Tamarinde in kleine Stücke brechen und 10 Minuten in dem Wasser kochen. Dann die Tamarinde und das Wasser durch einen Durchschlag gießen und mit einem hölzernen Löffel soviel Fruchtfleisch wie möglich durch das Durchschlagsieb in das Wasser pressen, dabei immer wieder am Boden des Siebs entlangschaben, bis alles Fruchtfleisch durchgepreßt ist und nur noch die Kerne und Fasern übrig sind.

In diesen Saft alle anderen Zutaten hineingeben und auf mittlerer Flamme unbedeckt kochen, bis die meiste Flüssigkeit verkocht ist und das Chutney die Konsistenz von Marmelade annimmt. Dieses Chutney paßt gut zu Snacks wie *kathmir vadas, dahi vadas* und *urad dal katchoris.*

Zubereitungs- und Kochzeit: 35 Min.

Aam chatni

Mangochutney

Wußten Sie schon, daß der Geschmack einer grünen, unreifen Mango dem einer rotbunten, ausgereiften Mango Konkurrenz machen kann? Oft ist das Fleisch unter der Haut einer grünen Mango orangefarben. Durch Hinzugabe des Zuckers erhält das Chutney einen süß-sauren Geschmack.

1 große, grüne Mango
1 frischer Chili
½ TL geriebener frischer Ingwer
1 TL Salz
1 TL Zucker (kann entfallen)
2 EL frische Minzblätter

Die Mango schälen, das Fleisch in Streifen abschneiden und den Stein sauber abschaben. Das Fruchtfleisch zerhacken und zusammen mit den anderen Zutaten in einem Mixer (oder mit Mörser und Stößel) pürieren, so daß ein dickflüssiger Brei entsteht. In kleinen Schälchen als Beilage zu einer Mahlzeit servieren.

Zubereitungszeit: 15 Min.

Alu narial raita

Kartoffelsalat mit Kokosnuß

Dieser raita, *der aus gekochten Kartoffeln, Kokosraspeln und gewürztem Joghurt besteht, paßt zu jeder Mahlzeit.*

Kartoffeln enthalten reichlich Vitamin B, C und G sowie verschiedene Minerale und Proteine. Verwenden Sie keine Kartoffeln mit grüner Schale (sie sind oft bitter) und keine gekeimten Kartoffeln (sie sind meistens wäßrig).

6 mittelgroße Kartoffeln
425 ml Naturjoghurt
2 TL Salz
100 g Kokosraspeln
1 EL ghee
1 TL schwarze Senfkörner
1 EL geriebener frischer Ingwer
1 frischer Chili, kleingeschnitten
2 feste, reife Tomaten, gewaschen und geachtelt
einige Stengel Petersilie

Die Kartoffeln weichkochen, schälen, würfeln, in eine Schüssel geben und in den Kühlschrank stellen.

Das Salz und die Kokosraspeln in den Joghurt einrühren. Das *ghee* in einem kleinen Topf erhitzen und die Senfkörner hineingeben. Den Topf sofort abdecken, damit sie sich nicht über den ganzen Herd ausbreiten. Wenn die Senfkörner aufhören zu springen, den Ingwer und die Chilistücke hinzufügen und einige Sekunden unter Rühren andünsten. Diese *masala* in die Schüssel mit Joghurt rühren, die Kartoffeln beimengen und durchrütteln, so daß die Kartoffeln von einer gleichmäßigen Schicht Joghurt und Gewürzen bedeckt sind.

Mit einem Stengel Petersilie und ein paar Tomatenachteln garnieren und gekühlt servieren.

Zubereitungs- und Kochzeit: 30 Min.

Rechts: *Alu narial raita*

Kakri raita

Gurkensalat in Joghurt

Hari Caran dasa, Chefkoch unseres Gopal-Restaurants in Auckland, Neuseeland, sagt, daß Gurken am besten sind, wenn sie etwa 25 cm lang, fest, hellgrün und glänzend sind. Wenn die Schale zäh ist, können Sie sie abschälen oder der Länge nach mit einer Gabel einritzen; wenn die Samen groß sind, ist es den Zeitaufwand wert, sie zu entfernen.

½ TL Kreuzkümmelsamen
2 mittelgroße Gurken
250 ml Naturjoghurt
½ TL garam masala
½ TL Salz
¼ TL gem. schwarzer Pfeffer
2 Prisen Asafötida (kann entfallen)

Die Kreuzkümmelsamen in der Pfanne rösten und zu Pulver zermahlen. Die Gurken schälen und durch die großen Löcher einer Metallreibe raspeln. Die überschüssige Flüssigkeit herauspressen und die Gurken mit den anderen Zutaten in einer Schüssel vermischen. Gekühlt servieren.

Zubereitungszeit: 15 Min.

Palak ka raita

Spinatsalat in Joghurt

Jede Art Spinat oder spinatähnliches Blattgemüse kann für palak ka raita *verwendet werden. Rippenmangold und Schnittmangold sehen ähnlich aus wie Spinat, haben aber nicht dessen ausgeprägten Geschmack. Sie gedeihen den ganzen Sommer und Herbst hindurch problemlos zu Hause.*

450 g frischer Spinat
400 ml Naturjoghurt
1 TL Kreuzkümmelsamen, geröstet und gemahlen
½ TL garam masala
¼ TL gem. schwarzer Pfeffer
1 TL Salz

Die Stengel von den Spinatblättern entfernen und den Spinat mehrmals in frischem Wasser waschen. Die Blätter einige Sekunden in kochendem Wasser blanchieren, so daß sie welk werden, dann abtropfen lassen, das überschüssige Wasser auspressen und die Blätter grob zerhacken.

Den Joghurt mit dem Spinat und den übrigen Zutaten in eine große Schüssel geben und mit einer Gabel vermischen. *Palak ka raita* schmeckt besonders gut mit *puris* oder als erfrischende Beilage zu einem opulenten Mahl.

Zubereitungs- und Kochzeit: 20 Min.

Bundi raita

Kichererbsenmehlperlen in würzigem Joghurt

100 g Kichererbsenmehl
3 TL Salz
4 EL kaltes Wasser
250 ml warmes Wasser
600 ml Naturjoghurt
½ TL gem. Kreuzkümmel
2 Prisen Cayennepfeffer
ghee zum Fritieren
¼ TL Paprika
2 EL feingehackte frische Koriander- oder Petersilienblätter

Das Kichererbsenmehl in eine große Schüssel sieben und ½ Teelöffel Salz dazugeben. Langsam das kalte Wasser hinzugießen, dabei ständig umrühren, bis sich ein dickflüssiger, glatter Teig gebildet hat. Beiseite stellen. 2 Teelöffel Salz in dem warmen Wasser auflösen und ebenfalls beiseite stellen. Den Joghurt zusammen mit dem übrigen halben Teelöffel Salz, dem gemahlenen Kreuzkümmel (bis auf einen kleinen Rest zum Garnieren) und dem Cayennepfeffer in eine Schüssel geben. Gut verrühren und in den Kühlschrank stellen.

Das *ghee* zum Fritieren auf mittlerer Flamme erhitzen. Das *ghee* ist heiß genug, wenn ein Tropfen Teig, den Sie ins *ghee* fallen lassen, sofort zischend zur Oberfläche steigt. Halten Sie über das *ghee* ein Durchschlagsieb mit großen Löchern (3 mm Durchmesser). Mit Hilfe eines Pfannenwenders einige Löffel Teig durch die Löcher pressen, bis die Oberfläche des *ghee* mit Teigtropfen bedeckt ist. Die *bundis* sollten langsam garen, so daß sie nach etwa 5 Minuten goldgelb sind. Warten Sie nicht, bis sie braun werden. Geben Sie sie nun ins Salzwasser. Den ganzen Teig zu *bundis* verarbeiten und diese 20 Minuten einweichen lassen.

Kurz vor dem Servieren die *bundis* aus dem Wasser nehmen und zwischen den Handflächen behutsam das überschüssige Wasser auspressen. Geben Sie acht, daß Sie sie nicht zerdrücken. Den größten Teil der *bundis* unter den Joghurt mengen, den Rest zum Garnieren verwenden. Den gemahlenen Kreuzkümmel, den Paprika und die feingehackten Korianderblätter darüberstreuen. Gekühlt servieren.

Zubereitungs- und Kochzeit: 30 Min.

Kela raita

Bananenscheiben in Joghurtsoße

Dieses Rezept stammt aus dem Back to Godhead, *dem Monatsmagazin der Hare-Krischna-Bewegung, und zwar aus der Rubrik „Lord Krishna's Cuisine" von Yamuna dasi, die zu den besten Köchen der Hare-Krischna-Bewegung zählt. Dies ist ihr Lieblings-*raita*-Rezept.*

4 kleine, feste, reife Bananen
400 ml Naturjoghurt
1 TL Salz
2 EL gehackte frische Minzblätter
2 EL ghee oder Pflanzenöl
2 TL schwarze Senfkörner
1 frischer Chili, entkernt und kleingehackt

Die Bananen schälen, in 3 mm dicke, schräge Scheiben schneiden und beiseite stellen. Den Joghurt, das Salz und die gehackten Minzblätter in einer Schüssel verrühren, dann die Bananenscheiben untermengen.

Das *ghee* bzw. Pflanzenöl auf mittlerer Flamme in einem kleinen Topf erhitzen. Wenn es heiß ist, die Senfkörner hineingeben und den Topf zudecken. Wenn die Senfkörner aufhören zu knacken und zu springen, den Topf von der Flamme nehmen, die Chilistücke hineinwerfen und den Topf schwenken, um die Zutaten zu vermischen. Die Gewürzmischung in den Joghurt mit den Bananen kippen, gut durchmischen und bedecken. Mindestens eine Stunde vor dem Servieren in den Kühlschrank stellen.

Zubereitungs- und Kochzeit: 10 Min.
Kühlzeit: 1 Std.

Süßspeisen

1 Khir *(Nektarreis)* 249
2 Shrikhand *(Cremiges Joghurtdessert)* 250
3 Burfi *(Milchtoffees)* 251
4 Misthi dahi *(Süßer Kondensjoghurt)* 253
5 Sandesh *(Indisches Käsedessert)* 254
6 Kasturi sandesh *(Exquisites indisches Käsedessert)* 255
7 Rasgulla *(Gekochte Käsebällchen in Rosenaromasirup)* 256
8 Ras malai *(Käsebällchen in Sahnesoße)* 257
9 Suji ka halava *(Indische Grießspeise)* 258
10 Bhuni hui chinni ka halava *(Indische Grießspeise mit Karamelgeschmack)* 259
11 Gajar halava *(Süßes Karottendessert)* 260
12 Badam aur pista ka halava *(Indischer Nougat)* 261
13 Phal ka halava *(Fruchtschnitten)* 262
14 Khir sevian *(Vermicelli in Sahnesoße)* 264
15 Kulfi *(Indische Eiscreme)* 265
16 Besan laddu *(Süßigkeit aus geröstetem Kichererbsenmehl)* 266
17 Dvaraka burfi *(Konfekt aus geröstetem Kichererbsenmehl)* 267
18 Luglu *(Bunte Krokantkugeln)* 268
19 Jalebi *(Knusperspiralen in Sirup)* 269
20 Mithe samosa *(Obsttaschen)* 271
21 Phal ka pakora *(Obstkrapfen)* 273
22 Kerwai *(Gefüllte Bananenbällchen)* 274
23 Malpura *(Süße Klöße in Fruchtjoghurt)* 275
24 Gulab jamun *(Fritierte Milchpulverbällchen in Sirup)* 276

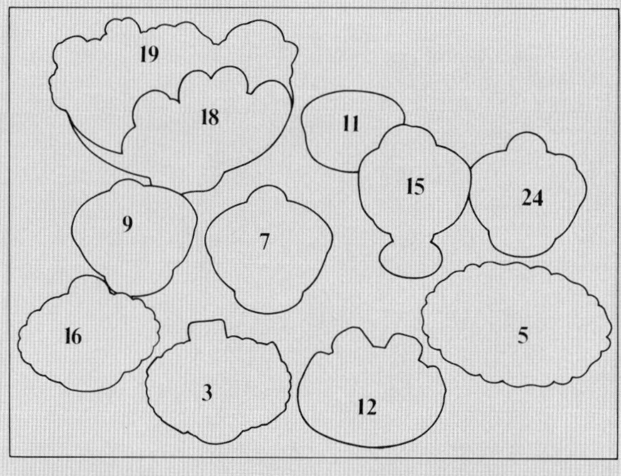

DIE Rezepte dieses Kapitels sind nur eine kleine Auswahl der buchstäblich tausenderlei Süßspeisen und Milchsüßigkeiten, die aus Indien kommen, insbesondere aus Westbengalen, der „Heimat der Süßigkeiten". Einige Transzendentalisten vermeiden Süßspeisen um jeden Preis, da sie befürchten, ihre Sinne könnten zu sehr erregt werden und sie könnten auf ihrem spirituellen Pfad zu Fall kommen. Geweihte Krischnas jedoch genießen alles, was zu Krischna geopfert wurde, auch Süßspeisen, und erfahren so die unbegreifliche Gnade Gottes. Srila Prabhupada legte allerdings immer großen Wert auf Mäßigung bei allem, was ein Gottgeweihter tut. Obwohl sich die Gottgeweihten gesund ernähren und indische Süßigkeiten gewöhnlich aus bekömmlichen Zutaten zubereitet werden, empfahl Srila Prabhupada daher den Gottgeweihten – um Gefahren auf dem „rasierklingengleichen" Pfad des spirituellen Lebens aus dem Wege zu gehen –, während der Woche nur sehr wenig Süßigkeiten zu essen (und sie lieber für Tempelgäste aufzuheben), um sich dann vollen Herzens am sonntäglichen „Liebesmahl" zu laben.

Indische Süßspeisen werden im allgemeinen aus Milchprodukten, frischen Früchten, Vollkornmehl, Kichererbsenmehl und Nüssen zubereitet. Wenn Sie keinen Kristallzucker verwenden möchten, können Sie unraffinierten Zucker oder milden Honig verwenden. Interessanterweise wurde raffinierter Zucker in Indien erst während der Mogulperiode eingeführt – vorher kannte man ihn in der vedischen Küche gar nicht. Anstelle dessen wurde Rohzucker, wie zum Beispiel *gur* (Rohrzucker) und *jaggery* (Palmzucker), benutzt. Beides sind hervorragende Süßstoffe, und es lohnt sich, etwas davon zu kaufen, um ihre Aromen kennenzulernen. Gemäß dem *Ayur-veda* ist Honig eines der besten Süßmittel, entwickelt jedoch Giftstoffe, wenn man ihn kocht.

Vermeiden Sie es also, Honig zum Backen oder Kochen zu verwenden (Sie können ihn statt dessen in eine sehr heiße, jedoch nicht kochende Flüssigkeit einrühren). Andere Süßstoffe, wie Reiszucker, Gerstenmalz und sogar Ahornsirup, können ebenfalls benutzt werden. Wenn Sie alternative Süßstoffe verwenden, müssen Sie jedoch ein wenig mit den Mengen herumexperimentieren, denn aufgrund der unterschiedlichen Süßkraft variieren die Maße, ähnlich wie beim Mehl, von einer Zuckersorte zur anderen. Im allgemeinen entspricht ein Teil Kristallzucker einem Teil gepreßtem braunem Zucker oder ½ bis ¾ Teilen Honig.

Von allen indischen Süßspeisen sind die Milchsüßigkeiten am köstlichsten. Und Sie können sie nach zeiterprobten, traditionellen Rezepten in großer Vielfalt herstellen. Auf hoher Flamme heruntergekochte Milch ergibt *khir, burfi* oder *misthi dahi.* Frischkäse mit Zucker ergibt *sandesh* oder *rasgulla.* Abgehangener Joghurt mit Aromastoffen ergibt ein herrlich cremiges Dessert, *shrikhand.* Fritierte Milchpulverbällchen, einlegt in dickem Sirup, ergeben eine der delikatesten Süßigkeiten, die die Welt aufzuweisen hat – *gulab jamuns.*

Eine andere Gruppe von Süßigkeiten, zu der unter anderem auch *dvaraka burfi, luglu* und *laddu* gehören, wird aus geröstetem Kichererbsenmehl und getrockneten Früchten gemacht. Sie können sie in großer Menge herstellen und tagelang aufbewahren. Außerdem gibt es die verschiedensten Sorten *halava,* die jedoch nichts mit der gleichnamigen türkischen Süßspeise zu tun haben, sondern aus frischen Früchten, Haselnüssen, Karotten oder Grieß oder aus Kombinationen dieser Zutaten hergestellt werden.

Khir

Nektarreis

Srila Prabhupada lehrte uns, daß ein Festmahl ohne Nektarreis kein wahres Festmahl sei. Aus diesem Grunde bleiben die Chefköche unserer Zentren am Samstagabend oft spät auf, um den Nektarreis für das Sonntagsfest zu kochen. Es gibt zwar viele verschiedene Arten der Zubereitung, aber das vorliegende Rezept ist das traditionelle und außerdem ein sehr beliebtes.

50 g weißer Rundkornreis
2,3 l Vollmilch
½ TL gem. Kardamomensamen
2 Lorbeerblätter
100 g Zucker
2 EL Mandelblättchen, leicht geröstet

Den Reis waschen und zum Abtropfen beiseite stellen. In einem großen Topf, der mindestens das doppelte Fassungsvermögen der Milch hat, die Milch zum Kochen bringen und die Flamme so einstellen, daß die Milch ständig hochsteigt und schäumt, aber nicht überkocht. Um die Kochzeit zu verkürzen, sollte die Milch in den ersten 15 Minuten ohne Deckel heftig kochen; währenddessen mit einem Pfannenwender regelmäßig umrühren, um die dickflüssige Milch am Boden vor dem Anbrennen zu bewahren.

Den Reis zusammen mit den Lorbeerblättern in die Milch geben und für weitere 20 Minuten unter sorgfältigem Rühren auf mittlerer Flamme kochen lassen, bis der Reis zerfällt und mit der kochenden Milch aufwallt. Die Milch sollte inzwischen auf zwei Drittel heruntergekocht sein. Jetzt den Zucker, die Mandeln und die gemahlenen Kardamomensamen hineinrühren und nochmals 5 Minuten kochen lassen; dann den Topf vom Feuer nehmen. Nektarreis sollte nur leicht dickflüssig sein, wenn er vom Herd genommen wird, da er im Kühlschrank noch nachdickt. Vor dem Servieren kaltstellen – je kälter der Nektarreis, desto besser schmeckt er.

Um andere klassische Aromen zu erreichen, können Sie anstatt des gemahlenen Kardamoms auch einen Teelöffel Rosenwasser und einige Prisen Safranpulver hineingeben oder auch nur mit Lorbeerblättern würzen und am Ende eine verschwindend kleine Prise echten Kampfer hinzufügen.

Zubereitungs- und Kochzeit: 1 Std. 15 Min.
Kühlzeit: 2 Std.

Shrikhand

Cremiges Joghurtdessert

Diese köstliche Süßspeise – leicht zuzubereiten, gelingt garantiert – ergibt, zusammen mit puris *serviert, das vollendete Dessert, ob gekühlt oder ungekühlt. Sie können* shrikhand *auch in Kompottschüsselchen abfüllen und ins Gefrierfach stellen – eine besondere Delikatesse.*

1,4 l Joghurt
250 g Puderzucker
¼ TL Safranpulver oder 5 Safranfäden

Den Joghurt in zweilagigem Käsetuch über einer Schüssel aufhängen, so daß das Tropfwasser aufgefangen wird. Über Nacht oder mindestens 5 Stunden abtropfen lassen, dann die Joghurtcreme in eine Schüssel schaben. Der abgetropfte Joghurt sollte dick und cremig sein und die Hälfte der ursprünglichen Menge ergeben. Nun den Puderzucker und den Safran in den Joghurt geben und mit einem Schneebesen durchschlagen. Falls Sie Safranfäden verwenden, so weichen Sie sie zunächst in etwas Rosenwasser ein.

Sie können *shrikhand* auch mit 50 g zerdrückten Beeren, zerstoßenen Pistazien, einigen Tropfen Rosenwasser oder *ghee* oder einem Teelöffel feingeriebener Orangen- oder Zitronenschale aromatisieren.

Abhängezeit: über Nacht oder mindestens 5 Std.
Zubereitungszeit: 10 Min.

Burfi

Milchtoffees

Diese Milchsüßigkeit, die in unseren Tempeln niemals auf Krischnas morgendlichem Opferteller fehlt, ist nichts anderes als Milch, die auf hoher Flamme so lange heruntergekocht wird, bis schließlich eine dicke Paste übrigbleibt. Nachdem die Paste dann gesüßt wurde, läßt man sie erstarren.

Um den burfi *noch reichhaltiger zu machen, können sie anstatt Butter und Milch eine Mischung aus zwei Teilen Sahne und einem Teil Milch verwenden.*

2 l Vollmilch
200 g Zucker
2 EL Butter

Die Milch in einen weiten Topf aus Gußeisen oder Edelstahl mit schwerem Boden schütten und auf höchster Flamme aufsetzen. Wenn die Milch zu steigen beginnt, die Flamme niedriger stellen, so daß die Milch beständig kocht, ohne zu steigen. Rühren Sie regelmäßig und gleichmäßig um, damit die Milch nicht am Topfboden ansetzt. Je dicker die Milch wird, desto öfter müssen Sie rühren. Verwenden Sie einen breiten Holzspatel, um am Boden des Topfes entlangzuschaben. Entweder stellen Sie die Flamme niedriger und rühren mäßig, oder Sie rühren heftig auf höherer Flamme. Rühren aber müssen Sie auf jeden Fall, damit die Milch nicht anbrennt.

Wenn die Milch zur Paste wird und der Spatel eine momentane Spur hinterläßt, den Zucker und die Butter hinzufügen. Weiterkochen und rühren, bis der *burfi* sehr zähflüssig und klebrig wird. Lassen Sie die Milch so lange kochen, bis Sie denken, die Milch könne nicht weiter herunterkochen. Dann lassen Sie sie noch einige Minuten länger kochen. *Burfi* ist an sich schon sehr wohlschmeckend, aber wenn Sie die Geschmacksrichtung variieren möchten, können Sie jetzt Aromazusätze beimengen: kleingehackte Nüsse, Vanillekonzentrat, geröstete Kokosnuß, gemahlenen Kardamom – dies alles sind typische Geschmacksstoffe für *burfi*.

Nun den *burfi* auf einem eingefetteten Tablett ausstreichen. Wenn er kühl genug zum Anfassen ist, formen Sie ihn zu einer 2,5 cm dicken, rechteckigen Schicht. Wenn der *burfi* fest genug ist, um seine Form zu halten, können Sie ihn in Stücke schneiden.

Zubereitungs- und Kochzeit: 45 Min. bis 1 Std.

Misthi dahi

Süßer Kondensjoghurt

Mit seinem Diorama-Museum, seinem Tempelraum im indischen Stil, seinen spektakulären Parkanlagen und seiner stilvollen Architektur gewährt das Bhaktivedanta-Kulturzentrum (die ehemalige „Fisher-Villa") dem Besucher einen ersten Einblick in die Schönheit des Krischna-Bewußtseins und ist eine der Hauptattraktionen für den Tourismus im Staate Michigan geworden. Mukhya dasi ist hier seit zehn Jahren Chefköchin. Ihr misthi dahi *ist eine der Spezialitäten im Govinda's, dem Restaurant des Zentrums.*

3 l Vollmilch
100 g Zucker
1 TL Safranfäden, zerbröselt
50 ml Naturjoghurt

Die Milch herunterkochen wie in dem Rezept für *burfi* (siehe Beschreibung S. 251), bis sie auf die Hälfte reduziert ist, dann die kondensierte Milch in eine kleinere Metallschüssel oder ein Steingutgefäß umfüllen. Die Milch durchseihen, um jegliche Klumpen auszusondern, dann abkühlen lassen, bis die Temperatur auf 45 Grad herabsinkt. Mukhya benutzt nie ein Thermometer, wenn sie *misthi dahi* macht. Sie weiß, daß die Milch fertig ist, wenn sie den kleinen Finger hineinhalten kann, ohne ihn sich zu verbrennen, und zwar gerade lange genug, um den Hare-Krischna-*mantra* zu sprechen: Hare Krischna, Hare Krischna, Krischna Krischna, Hare Hare/Hare Rama, Hare Rama, Rama Rama, Hare Hare.

Jetzt die Hautschicht von der Milchoberfläche abschöpfen. Den Zucker, den Safran und den Joghurt in die Milch hineinrühren. Den Behälter verschließen und an einem ruhigen Platz in der Nähe einer Wärmequelle abstellen, damit sich die Temperatur hält. Der *misthi dahi* sollte nach 4 bis 6 Stunden fest sein. Stellen Sie ihn nun in den Kühlschrank.

Misthi dahi gekühlt und mit etwas geriebener Muskatnuß besprenkelt servieren.

Zubereitungs- und Kochzeit: 45 Min.

Links: *Misthi dahi*

Sandesh

Indisches Käsedessert

Auf Krischnas frühmorgendlichem Opferteller ist stets auch sandesh *dabei. Das hier abgedruckte Grundrezept für* sandesh *ist an sich bereits eine Delikatesse; aber wenn Sie möchten, können Sie Geschmacksstoffe hinzugeben oder auch verschiedene Formen daraus pressen.*

550 g paneer
150 g Zucker

Die Milch zum Gerinnen bringen und den *paneer* nach der Beschreibung auf Seite 90 gewinnen, dann unter fließend kaltem Wasser abspülen und das überschüssige Wasser durch mehrmaliges festes Ausdrücken des Käsetuches herauspressen. Den *paneer* 45 Minuten abhängen oder 20 Minuten mit einem Gewicht beschweren, so daß er einigermaßen trocken wird. Den fertigen *paneer* auf einer sauberen Arbeitsfläche kräftig durchkneten, bis er seine bröselige Konsistenz verliert und zu einem weichen Teig ohne Klumpen wird. Je weicher der Teig, desto besser der *sandesh*.

Den Teig in zwei Hälften teilen. In die eine Hälfte die halbe Eigenvolumenmenge Zucker hineinkneten und in einer Bratpfanne auf niedriger Flamme erhitzen, dabei ständig mit einem Holzlöffel umrühren. Die feste *sandesh*-Masse wird zunächst weich werden, um sich dann wieder zu verfestigen. Wenn sie wieder fest wird und sich vom Boden der Pfanne zu lösen beginnt (was nach 4 bis 6 Minuten der Fall sein sollte), die Pfanne von der Flamme nehmen. Der *sandesh* sollte nicht zu lange rösten, sonst wird er trocken und bröselig.

Zum Schluß den gerösteten und ungerösteten *paneer* (sowie eventuell einen natürlichen Aroma- oder Farbstoff) miteinander verkneten und zu einer 2,5 cm dicken Schicht formen. Abkühlen lassen und in Quadrate schneiden.

Bei einer anderen traditionellen Art, *sandesh* zuzubereiten, wird der Teig mit ein paar Tropfen roter oder grüner Lebensmittelfarbe verknetet und in 5 cm lange Rechtecke geschnitten. Sie können diesen *sandesh* auch mit gerösteten oder ungerösteten Kokosraspeln bestreuen.

Zubereitungs- und Kochzeit: 40 Min.

Kasturi sandesh

Exquisites indisches Käsedessert

Unsere Gita-nagari-Farm in Port Royal in Pennsylvanien hat von der Molkereigenossenschaft bereits mehrere Preise für die beste Herde Brauner Schweizer Kühe im Bundesstaat erhalten. Beim Festbankett der Molkereimesse steht der Hare-Krishna-Ausstellungsstand mit Milchsüßigkeiten wie diesem herrlich aromatischen sandesh, *der manchmal auch* „sandesh royal" *genannt wird, immer im Rampenlicht des Interesses.*

550 g paneer
150 g Zucker
1½ TL gem. Kardamomensamen
3 Prisen Safranpulver
2 EL geriebene Pistazien
1 TL Rosenwasser
1 kleine rote Rose (kann entfallen)

Das Grundrezept für *kasturi sandesh* gleicht dem vorhergehenden Rezept. Während des Knetens die gemahlenen Kardamomensamen und das Safranpulver als Aromastoffe hineingeben. Mit einer Gabel die Oberfläche leicht einritzen, Rosenwasser darübersprengen, mit den geriebenen Pistazien bestreuen und diese mit den Händen leicht hineindrücken.

Den abgekühlten sandesh in Quadrate oder Rechtecke schneiden und nach Wunsch mit einem Rosenblatt garnieren.

Zubereitungs- und Kochzeit: 40 Min.

Rasgulla

Gekochte Käsebällchen in Rosenaromasirup

Dies ist eine der Milchsüßspeisen, denen Bengalen seinen Weltruhm als die Heimat der Süßigkeiten verdankt. Weichen Sie die gekochten Käsebällchen 4 Stunden bis 2 Tage in dem Sirup ein. Srila Prabhupada sagte einmal, das Gütezeichen eines rasgulla *sei, daß er beim Hineinbeißen einen quietschenden Ton von sich gebe.*

300 g paneer
¾ l Wasser
300 g Zucker
1 EL Rosenwasser

Falls Sie bei der *paneer*-Gewinnung unbehandelte Milch verwenden, müssen Sie den größten Teil des Rahms abschöpfen. Wenn der *paneer* zu ölig ist, können die Bällchen während des Kochens auseinanderfallen. Hängen Sie den frischen *paneer* ab oder beschweren Sie ihn mit einem Gewicht, bis er einigermaßen trocken ist. Ein Rest Feuchtigkeit sollte jedoch erhalten bleiben.

Den *paneer* auf einer sauberen Arbeitsfläche zerbröseln und mit kräftigen Vorwärtsbewegungen der Handballen gut durchkneten, bis er glatt und weich wird und die Hände sich fettig anfühlen. Dann walnußgroße Stücke abbrechen und zu Bällchen formen, die vollkommen glatt und rund sein müssen und keine Risse aufweisen dürfen.

Nun einen Sirup ansetzen; hierzu das Wasser und den Zucker in einem mittelgroßen Topf für 5 Minuten kochen. Die Hälfte des Sirups in eine Schüssel gießen, das Rosenwasser hinzufügen und abkühlen lassen. Den Topf mit der anderen Hälfte des Sirups wieder auf die Flamme setzen und vorsichtig die Bällchen hineinlegen. Es muß genug Platz bleiben, daß sie aufquellen können – sie werden fast doppelt so groß. Die Flamme so einstellen, daß der Sirup leicht vor sich hin kocht. Den Topf schließen und 10 Minuten kochen lassen, bis die *paneer*-Bällchen aufquellen. Während des Kochens ein oder zweimal kaltes Wasser auf die Bällchen sprengen – dadurch werden sie schwammig und bleich. Nun die Bällchen behutsam einzeln mit einem Löffel in den kalten Sirup geben und kaltstellen.

Jedem Gast 2 oder 3 *rasgullas* mit etwas Sirup reichen.

Zubereitungs- und Kochzeit: 45 Min.
Einweichzeit: mindestens 4 Std.

Ras malai

Käsebällchen in Sahnesoße

Ras malai *ist das opulenteste Mitglied der* rasgulla-*Familie und eine der auserlesensten indischen Süßspeisen. Eine durchschnittliche Portion besteht aus zwei oder drei Bällchen mit etwas Sahnesoße.*

300 g paneer
425 g Zucker
2 TL gem. Pistazien
2 TL gem. Mandeln
1,2 l Milch
4 EL Sahne
3 oder 4 Tropfen Mandelöl
600 ml Wasser

Die Käsebällchen nach dem Rezept für *rasgulla* zubereiten, dann eine Mischung aus je einem Teelöffel Zucker, gemahlenen Pistazien und gemahlenen Mandeln herstellen. In der Mitte eines jeden Käsebällchens eine Vertiefung hineindrücken und eine kleine Menge der Mischung hineingeben. Den gefüllten Käseball wieder schließen und zwischen den Händen glattrollen. (Wenn Sie möchten, können Sie die Füllung auch weglassen.)

Das Wasser mit 350 g Zucker in einem Topf vermischen und 15 Minuten kochen lassen, dann eine Tasse Wasser hinzufügen, die Hitze auf Sieden reduzieren und die Käsebällchen in den Sirup einlegen. Den Topf schließen und den Sirup leicht kochen lassen. Nach 10 Minuten den Deckel abnehmen und weitere 10 Minuten kochen lassen. Die Bällchen werden zu fast doppelter Größe aufquellen.

Um festzustellen, ob die Käsebällchen gar sind, können Sie eines mit dem Finger antupfen. Wenn es sich weich anfühlt, sind sie fertig. Den Topf vom Feuer stellen, die Bällchen aus dem Sirup nehmen und für mindestens 30 Minuten in der Milch einweichen; danach wieder herausnehmen und beiseite stellen.

Die Milch auf hoher Flamme kochen, dabei ständig umrühren, bis sie etwa auf zwei Drittel der ursprünglichen Menge heruntergekocht ist. Nun die Sahne und den restlichen Zucker hinzufügen, das Ganze zum Kochen bringen und dann über die Käsebällchen gießen. Zum Schluß mit Mandelöl beträufeln und die gemahlenen Nüsse darübersprenkeln. Warm oder gekühlt servieren.

Zubereitungs- und Kochzeit: 1 Std. 15 Min.
Einweichzeit: 30 Min.

Suji ka halava

Indische Grießspeise

Wenn die Gottgeweihten auf den Straßen rund um die Welt den heiligen Namen des Herrn chanten, verteilen sie oft kostenlos halava *an die Passanten. In Frankreich, wo wir jede Woche Tausende Portionen* halava *verteilen, kommen oft Leute auf die Devotees zu und fragen nach den „petits gateaux" (kleine Kuchen) sowie nach dem Rezept.*

¾ l Wasser oder Milch, oder halb und halb
225 g Zucker
10 Safranfäden (kann entfallen)
½ TL geriebene Muskatnuß
35 g Rosinen
200 g Butter
225 g Mais- oder Hartweizengrieß
35 g gehackte Hasel- oder Walnüsse

Das Wasser (bzw. die Milch) mit dem Zucker, dem Safran und dem Muskat für 1 Minute in einem Topf kochen. Die Rosinen hinzugeben, die Hitze verringern und köcheln lassen.

Die Butter in einer Kasserolle auf mittlerer bis niedriger Flamme schmelzen, den Grieß hinzufügen und mit einem hölzernen Kochlöffel für 10 bis 15 Minuten konstant umrühren, bis der Grieß goldbraun ist und die Butter wieder aus dem Grieß heraustritt. Die Hitze reduzieren und langsam mit einer Hand die gesüßte Flüssigkeit in den Grieß gießen, dabei mit der anderen Hand umrühren. Achtung! Die Mischung wird Blasen werfen und spritzen, wenn die Flüssigkeit auf den heißen Grieß trifft. Kurz und energisch umrühren, um alle Klümpchen zu zerdrücken. Nun die Nüsse dazugeben, den Topf zudecken und 2 bis 3 Minuten sieden lassen, bis der Grieß alle Flüssigkeit absorbiert hat. Zum Schluß den *halava* mit ein paar schnellen Schlägen durchrühren, um ihn aufzulockern. Heiß oder auf Zimmertemperatur abgekühlt servieren.

Zubereitungs- und Kochzeit: 25 Min.

Bhuni hui chinni ka halava

Indische Grießspeise mit Karamelgeschmack

Dieser reichhaltige halava *mit Karamelgeschmack, der mit Milch zubereitet und dampfend heiß serviert wird, ist ein unwiderstehliches Dessert. Auch wenn Sie noch soviel gegessen haben, irgendwie ist am Ende immer noch genug Platz für ein oder zwei Portionen Karamel-*halava.

¾ l Milch
225 g brauner Zucker
200 g Butter
225 g Mais- oder Hartweizengrieß
35 g Rosinen
2 TL geriebene Orangenschale und der Saft einer Orange

Die Milch in einem Topf auf mittlerer Flamme zum Kochen bringen; dann den Zucker bei mittlerer bis niedriger Flamme in einer mittelgroßen Kasserolle schmelzen, dabei ständig mit einem hölzernen Kochlöffel umrühren, damit der Zucker nicht anbrennt. Sobald der geschmolzene Zucker hellbraun wird, die Hitze reduzieren und langsam die heiße Milch hinzugießen. Der Zucker wird auf der Stelle kristallisieren. Einige der Kristalle zerstoßen, umrühren und auf niedriger Flamme sieden lassen, so daß sich die Kristalle auflösen können.

Den zuerst benutzten Topf auswaschen und die Butter auf kleiner Flamme erhitzen. Den Grieß für etwa 15 Minuten unter Rühren in der Butter rösten, bis er leicht bräunlich wird; nun die Flamme auf kleinste Stufe stellen. Die Rosinen, die geriebene Orangenschale und den Orangensaft zu der Karamelmilch hinzufügen und diese Mischung langsam in den Grieß kippen. Ein- oder zweimal umrühren, um jegliche Klumpen zu zerstoßen. Den Topf gut verschließen und auf gleicher Flamme für einige Minuten weiterköcheln lassen, bis der Grieß alle Flüssigkeit absorbiert hat. Den Deckel abnehmen und mehrmals umrühren, um den *halava* aufzulockern und die Rosinen gleichmäßig zu verteilen.

Zubereitungs- und Kochzeit: 30 Min.

Gajar halava

Süßes Karottendessert

Diese Süßspeise ist in Nordindien sehr populär. Es ist wichtig, die Karotten sorgfältig zu raspeln. Die Stücke sollten fein und so lang wie möglich sein. Gajar halava *kann auch ohne Milch zubereitet werden. Geben Sie einfach etwas Butter dazu und lassen Sie den* halava *einkochen, bis er die Konsistenz von Marmelade annimmt.*

900 g frische Karotten
175 g Butter
575 ml Milch
300 g Zucker
3 EL Rosinen
3 EL Mandelblättchen, leicht angeröstet
½ TL gem. Kardamom

Die Karotten waschen, abschaben und mit der feinen Seite einer Metallreibe raspeln. Die Hälfte der Butter in einem Topf schmelzen und die geraspelten Karotten hineingeben. Auf mittlerer Flamme unbedeckt 10 Minuten kochen lassen, dabei häufig umrühren, so daß die Karotten gleichmäßig garen und nicht anbrennen. Jetzt die Milch, den Zucker, die Rosinen, die Mandeln und die restliche Butter beimengen und abermals 15 bis 20 Minuten kochen, bis der *halava* eindickt und eine einheitliche Masse bildet.

Den *halava* auf einen Servierteller stürzen. Sobald er kühl genug zum Anfassen ist, aus der Masse eine runde, 2,5 cm dicke Schicht formen. Mit dem gemahlenen Kardamom garnieren und für 30 Minuten in den Kühlschrank stellen. In Stücke schneiden und als Nachspeise oder Imbiß servieren.

Zubereitungs- und Kochzeit: 50 Min.
Kühlzeit: 30 Min.

Badam aur pista ka halava

Indischer Nougat

Achten Sie darauf, diesen halava *bis zu erforderlichen Konsistenz herunterzukochen, so daß er beim Abkühlen fest wird. Ein noch vollerer* halava *ergibt sich, wenn Sie die Milch durch Sahne ersetzen und Cashewnüsse oder Pistazien verwenden.*

225 g gem. Haselnüsse oder Mandeln
225 g brauner Zucker
275 ml Vollmilch

Zunächst die drei Zutaten in einem Topf vermischen und auf mittlerer Flamme erhitzen. Die Hitze so regulieren, daß die Mischung etwa 15 Minuten sanft vor sich hin kocht. Zu Beginn gelegentlich umrühren, dann umso öfter umrühren, je mehr die Mischung eindickt. Es kann sein, daß Sie die Flamme kleiner stellen müssen, wenn die Milch allmählich verkocht.

Wenn die Mischung eine einheitliche Masse bildet und sich vom Boden des Topfes löst, gibt man sie zum Abkühlen auf ein eingefettetes Blech oder Tablett. (Wenn der *halava* noch heiß ist, können Sie ihn auch als Garnierung auf einem Kuchen verwenden.) Die Hände anfeuchten und den *halava* zu einem 2½ cm dicken Rechteck formen. Wenn er fest genug ist, den *halava* in Stücke schneiden und jedes Stück mit einer halben gerösteten Cashewnuß garnieren.

Die geschnittenen Stücke vorsichtig mit einem dünnen Pfannenwender vom Blech nehmen und zum Servieren auf einem Teller anrichten.

Zubereitungs- und Kochzeit: 30 Min.

Phal ka halava

Fruchtschnitten

Die einfache Methode, saftige Früchte und Zucker zu kochen, bis alle Flüssigkeit verdampft und die Mischung dick genug ist, um zu einer festen Form zu erstarren, ist in Indien seit Jahrtausenden bekannt. Phal ka halava *ist eine Delikatesse, die in großen Mengen zubereitet werden kann. Im Kühlschrank ist er für mehrere Tage haltbar. Kinder haben eine besonders große Schwäche für Früchte-*halava. *Sie können auch aus reifen Birnen, Mangos oder anderen saftigen Früchten* halava *machen.*

10 mittelgroße Äpfel, geschält, vom Kerngehäuse befreit und in Stücke geschnitten
3 EL Butter
300 g Zucker
150 g Rosinen
3 EL Mandelblättchen

Die Butter in einem Topf erhitzen und die Äpfel für 4 bis 5 Minuten unter häufigem Rühren anbraten. Wenn sie weich und braun sind, 2 Eßlöffel Wasser dazugeben, die Hitze reduzieren und unbedeckt für weitere 15 Minuten kochen lassen, bis die Äpfel zerfallen und eindikken. Die Apfelstückchen mit einem Kochlöffel zerdrücken und oft umrühren, um ein Ansetzen zu verhindern. Nun den Zucker hinzugeben und unter Rühren weiterkochen, bis die Mischung anfängt, eine einheitliche Masse zu bilden, und sich vom Topfboden löst. Die Flamme auf mittlere Stufe hochstellen und ununterbrochen rühren, damit die Flüssigkeit restlos verdampft. Wenn es schwierig wird, den Kochlöffel zu bewegen, und die Mischung an den Rändern glasig wird, den Topf von der Flamme nehmen. Die Rosinen und die Mandelblättchen einrühren und noch 2 Minuten weiterkochen, dann den Topf wieder von der Flamme nehmen.

Den *halava* auf ein Tablett stürzen und zu einem 2½ cm dicken Rechteck formen. Abkühlen lassen und in Stücke schneiden.

Zubereitungs- und Kochzeit: 50 Min. bis 1 Std.

Rechts: *Khir sevian (S. 264)*
Bhuni hui chinni ka halava (S. 259)
Phal ka halava

Khir sevian

Vermicelli in Sahnesoße

Dieses Gericht geht auf die Mogul-Schule des Kochens zurück, und seine Beliebtheit bei den Vaisnavas zeigt uns, daß alle vegetarischen Gerichte, egal woher sie kommen, zu Sri Krischna geopfert werden können. Ebenso können alle Menschen, ganz gleich wo sie geboren wurden, die heiligen Namen Krischnas chanten und Seine reinen Geweihten werden. Zum Beispiel stammten einige der engsten Beigesellten Sri Caitanya Mahaprabhus – der Inkarnation Krischnas, die auf der Erde erschien, um das Chanten der heiligen Namen Krischnas zu verbreiten – aus Moslem-Familien.

1,4 l Vollmilch
1 EL Butter
6 Nelken
1 TL gem. Kardamom
125 g feine Vermicelli (Fadennudeln)
100 g Zucker
1 EL gem. Pistazien
1 EL gem. Mandeln
425 ml Sahne
1 TL Rosenwasser

Die Milch zum Kochen bringen, dann sieden lassen. In einem anderen Topf die Butter schmelzen und die Nelken sowie die Hälfte des gemahlenen Kardamoms kurz darin anrösten; dann die Fadennudeln hinzufügen und so lange rühren, bis sie leicht angebräunt sind. Die Milch hineingießen und auf mittlerer Flamme 5 Minuten kochen lassen, dabei öfters umrühren. Den Zucker und die Nüsse hinzugeben und die Hitze reduzieren. 15 Minuten oder so lange kochen lassen, bis die Mischung leicht eindickt, dabei alle paar Minuten einmal umrühren, um ein Anbrennen zu vermeiden. Bedenken Sie, daß das Gericht noch weiter eindickt, nachdem Sie es bereits vom Feuer genommen haben.

Den Topf vom Herd nehmen, die Sahne darunterziehen und das Rosenwasser hinzufügen. Den fertigen *khir sevian* in eine Servierschüssel füllen, mit dem restlichen gemahlenen Kardamom garnieren und heiß oder kalt servieren.

Zubereitungs- und Kochzeit: 20 bis 25 Min.

Kulfi

Indische Eiscreme

Bis vor wenigen Jahrzehnten wurde kulfi *ausschließlich von* kulfi wallas *(professionellen* kulfi-*Machern) hergestellt. Seit der Verbreitung der Kühltechnik jedoch kann jeder bei sich zu Hause* kulfi *zubereiten.* Kulfi *ist die Eiscreme für Devotees, denn gewöhnliche Eiscreme enthält meistens Eier.*

Kulfi *ist härter als normale Eiscreme, und daher müssen Sie es zwei bis drei Stunden vor dem Servieren aus dem Kühlschrank nehmen.*

2 EL Reismehl
2,3 l Vollmilch
150 g Zucker
4 EL gem. Pistazien
1 EL Rosenwasser
½ TL gem. Kardamom

Das Reismehl mit 4 Eßlöffeln der Milch in einer Schüssel zu einem glatten Teig verrühren, dann beiseite stellen. Die restliche Milch etwa 45 Minuten lang kochen, dabei alle paar Minuten umrühren, bis sie auf zwei Drittel heruntergekocht ist. Nun die Reismehlmischung sowie die gemahlenen Pistazien und den Zucker in die Milch rühren und weitere 10 Minuten kochen lassen. Den Topf vom Feuer nehmen.

Als nächstes das Rosenwasser und den gemahlenen Kardamom hinzufügen, die Mischung auf Zimmertemperatur abkühlen lassen, in Formen füllen und in das Gefrierfach stellen. Alle 20 bis 30 Minuten umrühren, um die sich bildenden Kristalle zu zerstoßen. Wenn das *kulfi* zu dick zum Umrühren wird, lassen Sie es vollends gefrieren. Reichen Sie individuelle Portionen auf vorgekühlten Tellerchen.

Zur Abwechslung können Sie *kulfi* mit Zichorie, Johannisbrotmehl, Vanille, gemahlenen Hasel- oder Cashewnüssen oder zerdrückten Beeren ausprobieren.

Für westliche Eiscreme ist folgendes einfaches Rezept zu empfehlen: 1 l gutgekühlte flüssige Sahne, 250 g Zucker sowie einen der Aromastoffe in einem Elektromixer durchquirlen. Nach ein paar Sekunden, wenn die Mischung die Konsistenz von Schlagsahne angenommen hat und die Messer frei laufen, wieder ausschalten. Die Mischung in Tassen füllen und einfrieren. (Falls Sie keinen Mixer haben, können Sie die Mischung auch mit dem Schneebesen schlagen.)

Zubereitungs- und Kochzeit: 1 Std. 15 Min.
Kühlzeit: 2 Std.

Besan laddu

Süßigkeit aus geröstetem Kichererbsenmehl

Krischna hatte einen Freund mit Namen Madhumangala, der so gern laddus *mochte, daß er davon mehr aß als jeder andere und dann immer noch nach mehr fragte. Wir können dies als Hinweis verstehen,* laddus *in reichlichen Mengen zuzubereiten, auf daß niemand enttäuscht sein möge.*

350 g Butter
400 g Kichererbsenmehl
2 EL Kokosraspeln
2 EL Wal- oder Haselnüsse, grobgehackt
½ TL frisch gem. Kardamomensamen oder 1 TL gem. Zimt
275 g Puderzucker

Die Butter in einer Bratpfanne mit schwerem Boden auf kleiner Flamme schmelzen, dann das Kichererbsenmehl mit einem hölzernen Kochlöffel einrühren. Nach 15 Minuten ständigem Rühren sollte das Mehl soweit geröstet sein, daß es einen nußartigen Geruch ausströmen läßt. Jetzt die Kokosraspeln, die Walnüsse und den gemahlenen Kardamom hinzufügen. Für weitere 2 Minuten rösten, dabei alle Zutaten gut durchmischen. Die Pfanne vom Feuer nehmen, den Puderzucker dazugeben und mit einer Gabel gründlich durchrühren, um alle Klumpen zu zerdrücken und die Zutaten gleichmäßig zu verteilen. Dann zum Abkühlen ein paar Minuten beiseite stellen.

Wenn die Masse soweit erkaltet ist, daß man sie anfassen kann, die Hände anfeuchten und 12 bis 15 walnußgroße Bällchen formen. Sie können die Masse auch auf einem leicht eingefetteten Tablett oder Kuchenblech glatt ausstreichen und nach dem Abkühlen in kleine Rechtecke oder Rauten schneiden.

Zubereitungs- und Kochzeit: 30 Min.

Dvaraka burfi

Konfekt aus geröstetem Kichererbsenmehl

In Schweden ist „Vergleichende Religion" ein Pflichtfach für alle Schüler, und ein gelegentlicher studiebesök *(Exkursion) ist seit jeher ein fester Bestandteil des Unterrichts. Viele Schüler haben bekundet, daß ihnen der* studiebesök *im Hare-Krischna-Zentrum, etwas außerhalb von Stockholm, am besten gefallen habe. Während der Schulzeit kommt fast täglich ein Bus voller Jugendlicher zur Farm, um das freudvolle Leben des Krischna-Bewußtseins – Chanten, Tanzen und* prasadam *– kennenzulernen. Der Koch macht zu dieser Gelegenheit immer einen großen Teller mit* dvaraka burfis *zurecht. Sie gewinnen unfehlbar die Herzen der schwedischen Schüler – wie auch die Herzen aller anderen, die sie probieren.*

400 g Butter
275 g gesiebtes Kichererbsenmehl
275 ml Milch
275 ml Wasser
250 g Zucker
25 g Cashewnüsse, grobgehackt
2 EL Kokosraspeln

Die Butter in einem mittelgroßen Topf schmelzen, das Kichererbsenmehl hineinrühren und auf niedriger Flamme rösten, dabei ständig umrühren und gut aufpassen, daß es nicht anbrennt. Nach etwa 15 Minuten, wenn das Mehl leicht angebräunt ist, den Topf vom Herd nehmen.

In einem anderen Topf den Sirup zubereiten; dazu Milch, Wasser und Zucker so lange zusammen kochen, bis ein Tropfen des Sirups zwischen Daumen und Zeigefinger einen Faden zieht. Nun die Kokosraspeln und die Nüsse in den Sirup hineinrühren und den Sirup in das Kichererbsenmehl gießen. Auf sehr niedriger Flamme unter Rühren kochen, bis die Mischung eindickt und weniger klebrig wird.

Nachdem die Masse soweit abgekühlt ist, daß Sie sie anfassen können, streichen Sie sie auf einem Blech oder Tablett rechteckig aus. Warten Sie, bis die Masse erstarrt ist, und schneiden Sie sie dann in Stücke. Jedes Stück mit einer halben Cashewnuß oder kleingehackten Pistazien garnieren.

Zubereitungs- und Kochzeit: 30 Min.

Luglu

Bunte Krokantkugeln

Viele Pilger laufen Hunderte von Kilometern weit, um den berühmten Jagannath-Tempel in der heiligen Stadt Jagannath Puri, 130 km südlich von Kalkutta, zu besuchen. Sie kommen, um Krischna in Seiner Gestalt als Jagannath zu sehen, und kosten das prasada, *das Ihm geopfert wurde. Die* pujaris *dort machen* luglus *von der Größe einer Faust für Sri Jagannath. Die* luglus *halten sich mehrere Tage frisch und sind bei den Pilgern als Reiseproviant sehr beliebt.*

½ l Wasser
300 g Zucker
½ TL frisch geriebene Muskatnuß
¼ TL gem. Nelken
150 g Rosinen
150 g gehackte, getrocknete Feigen
150 g gehackte, getrocknete Datteln
175 g Kichererbsenmehl
200 ml Wasser für bundis
ghee zum Fritieren
175 g gehackte Haselnüsse, Mandeln oder Pistazien
75 g Kokosraspeln

Das Wasser mit dem Zucker, den Gewürzen und den Trockenfrüchten solange kochen, bis die Datteln weich werden und die Mischung einer dickflüssigen Soße gleicht. Nun die Flamme kleinstellen.

Als nächstes brauchen Sie *bundis* (fritierte Kichererbsenmehlperlen). In einer großen Schüssel das Kichererbsenmehl mit so viel Wasser vermischen, daß eine dicke, glatte Paste entsteht. Das *ghee* in einer *karhai*, einem Wok oder einem flachen Topf auf mittlerer Flamme erhitzen. Über das heiße *ghee* eine Kelle mit großen Löchern halten. Jetzt mit einem Pfannenwender so viel Paste durch die Löcher drükken, daß die Oberfläche des *ghee* mit Teigtropfen bedeckt ist. Langsam etwa 4 Minuten brutzeln lassen, bis die *bundis* knusprig und goldgelb sind. Sie sollten nicht braun werden.

Die fertigen Lagen jeweils aus dem *ghee* nehmen, kurz abtropfen lassen und in eine große Schüssel füllen. Diesen Vorgang so lange wiederholen, bis sämtlicher Teig aufgebraucht ist. Den Sirup, die Nüsse und die Trockenfrüchte zu den *bundis* dazugeben und gründlich miteinander vermengen. Mit angefeuchteten Händen 20 kompakte Kugeln formen und auf einem Tablett hart werden lassen.

Zubereitungs- und Kochzeit: 30 bis 40 Min.

Jalebi

Knusperspiralen in Sirup

Jalebis *sind triefend süße Leckerbissen zum Fingerlecken. Es gibt zwei Geheimnisse bei der Zubereitung: Fritieren Sie sie in wenig* ghee *(etwa 5 bis 7 cm tief), so daß die Spiralen nicht absinken können, und achten Sie darauf, daß sie in dem Sirup gut durchweichen und dennoch knusprig bleiben.*

275 g weißes Mehl
150 g Reismehl
275 ml Naturjoghurt
½ TL Safranpulver
warmes Wasser
½ TL Backpulver
575 ml Wasser
500 g Zucker
1 EL Rosenwasser
ghee zum Fritieren

In einer großen Schüssel das Mehl, den Joghurt, die Hälfte des Safrans und so viel warmes Wasser vermischen, daß ein dickflüssiger Teig entsteht. Die Schüssel mit einem Tuch zudecken und für einen Tag an einem warmen Ort abstellen, so daß der Teig natürlich gären kann. (Sie können diesen Vorgang beschleunigen, indem Sie ½ Teelöffel Backpulver hinzugeben.) Der Teig ist fertig, wenn an der Oberfläche Blasen erscheinen.

Nun einen Sirup ansetzen; dazu das Wasser, den Zucker und den übrigen Safran 10 Minuten kochen lassen. Den Sirup von der Flamme nehmen und das Rosenwasser hinzufügen. Das *ghee* in einem Wok oder einem flachen Topf erhitzen und den Teig nochmals durchschlagen. Er sollte die Konsistenz eines dicken Pfannkuchenteigs haben. Nehmen Sie eine Spritztüte mit kleiner Öffnung, einen kleinen Trichter oder eine Kokosnußschale mit einem Loch und pressen Sie Spiralen oder Schleifen (13 cm Durchmesser) in das *ghee*. Während des Fritierens die Spiralen einmal umdrehen. Wenn sie auf beiden Seiten knusprig und goldbraun sind, die *jalebis* mit einer Siebkelle herausholen, einen Augenblick über dem *ghee* abtropfen lassen und dann höchstens eine halbe Minute in dem Sirup einweichen lassen, so daß sie noch knusprig bleiben.

Die *jalebis* auf einem Servierteller aufstapeln und heiß, kalt oder lauwarm servieren.

Stehzeit: 12 bis 24 Std.
Zubereitungs- und Kochzeit: 45 Min.

Mithe samosa

Obsttaschen

Sie werden schon etwas üben müssen, um die Technik zu beherrschen, wie man die Ränder eines samosa *faltet, doch selbst wenn Ihre* samosas *nicht ganz ebenmäßige Ränder aufweisen sollten, werden sie dennoch exzellent schmecken.*

Zur Abwechslung können Sie für die Füllung fast alle süßen Früchte, wie Erdbeeren, Pfirsiche, Ananas, Mangos oder Feigen, verwenden. Um die Füllung noch köstlicher zu machen, können Sie auch gesüßten paneer *oder Milch-*burfi *hinzufügen.*

100 g zerlassene Butter
300 g weißes Mehl
¼ TL Salz
200 ml kaltes Wasser
5 Äpfel, vom Kerngehäuse befreit, geschält und in kleine Stücke geschnitten
1 TL gem. Zimt
¼ TL Ingwerpulver
½ TL gem. Kardamom
6 EL Zucker
ghee oder Pflanzenöl zum Fritieren
2 EL Puderzucker

In einer großen Schüssel die Hälfte der zerlassenen Butter mit den Fingerspitzen in das Mehl hineinreiben, bis die Mischung Vollkornschrot gleicht. Das Salz, dann langsam das kalte Wasser hinzugeben. (Einige Köche bevorzugen einen reichhaltigeren Teig, indem sie Joghurt statt Wasser verwenden oder halb kaltes Wasser und halb Joghurt.) Die Zutaten mit den Händen zu einem Teig vermischen; den Teig auf eine mit Mehl bestäubte Arbeitsfläche legen und so lange durchkneten, bis er glatt und fest ist. Nun den Teig zu einem kompakten Klumpen formen, in ein feuchtes Tuch wickeln und eine halbe Stunde ruhen lassen.

Währenddessen die Äpfel in der anderen Hälfte der Butter auf mittlerer Hitze unter Rühren anbraten, dann die Gewürze und den Zucker dazugeben. Die Flamme reduzieren und weiterrühren, bis fast alle Flüssigkeit verkocht ist und die Mischung eindickt. Die fertige Apfelmasse auf einen Teller umfüllen und abkühlen lassen.

Den Teig nochmals durchkneten und daraus 10 Bällchen formen. Die Arbeitsfläche einfetten und die Bällchen wie dicke *puris* ausrollen. Jeweils einen Eßlöffel der Füllung auf eine Hälfte des Teigfladens

---

Links: *Zubereitung von mithe samosas*

setzen und den Teig dort anfeuchten, wo die Ränder aufeinandertreffen werden; dann die andere Hälfte darüberklappen, die beiden Teigschichten am Rand der Füllung fest zusammenpressen und den überschüssigen Teigrand abnehmen (siehe Foto auf der vorletzten Seite). Den *samosa* in eine Hand nehmen und mit der anderen Hand den übrigen zusammengepreßten Rand Stück für Stück übereinanderfälteln, so daß die Rundung plisseeartig verschlossen ist. Jeder *samosa* sollte 10 bis 12 dieser gepreßten Falten haben. Vergewissern Sie sich, daß keine Löcher im Teig sind, aus der die Füllung während des Fritierens hervortreten könnte. Alle *samosas* auf diese Weise zubereiten und auf einen Teller legen.

Das *ghee* bzw. Pflanzenöl auf mittlerer Flamme in einer Friteuse oder einem Topf, der sich zum Fritieren eignet, erhitzen. So viele *samosas* wie möglich auf einmal hineinlegen, ohne daß sie sich gegenseitig berühren. Jede Lage 10 bis 12 Minuten fritieren, dabei ab und zu behutsam mit einer Schaumkelle umdrehen, bis sie auf beiden Seiten goldbraun sind. Herausnehmen und in einem Sieb abtropfen lassen.

Mithe samosas entweder heiß oder kalt servieren. Mit Puderzucker bestreuen oder kurz in einen dickflüssigen Zuckerglasursirup tauchen.

Zubereitungs- und Kochzeit: 1 Std. 15 Min.

Phal ka pakora

Obstkrapfen

Praktisch alle Früchte eignen sich für phal ka pakoras. *Bananen können in Scheiben, Ananas in kleine Stücke, Äpfel und Birnen in Achtel oder Ringe geschnitten werden. Kleine Früchte können ganz in den Teig getaucht und dann fritiert werden. Ohne Backpulver wird die Kruste etwas härter, jedoch genauso schmackhaft.*

200 g weißes Mehl
1 EL Milchpulver (kann entfallen)
½ TL Backpulver (kann entfallen)
1 TL gem. Zimt
275 ml warme Milch
ghee zum Fritieren
450 g frische Früchte, geputzt und in gleichgroße Stücke geschnitten
1 EL Puderzucker

In einer großen Schüssel alle Zutaten bis auf die Früchte, das *ghee* und den Puderzucker zu einem Teig vermischen, der dick genug ist, um die Früchte zu überziehen. Nun eine Handvoll der geschnittenen Früchte in den Teig mischen, so daß sie völlig bedeckt sind.

Das *ghee* in einer *karhai*, einem Wok oder einem flachen Topf auf mittlerer Flamme erhitzen. Das *ghee* ist heiß genug, wenn ein Teigtropfen im *ghee* sofort brutzelnd zur Oberfläche steigt. Die mit Teig überzogenen Obststücke eines nach dem anderen aus dem Teig holen und vorsichtig in das heiße *ghee* legen, bis die Oberfläche des *ghee* mit einer Lage *pakoras* bedeckt ist. Nach 3 bis 4 Minuten, wenn sie goldbraun und knusprig sind, die *pakoras* mit einer Schaumkelle herausnehmen und in ein Sieb zum Abtropfen geben. Falls am Schluß noch Teig übrig ist, so schneiden Sie noch ein paar Früchte klein, um ihn aufzubrauchen.

Mit Puderzucker bestreuen und heiß oder warm servieren. Zu *phal ka pakoras* passen besonders gut Milchspeisen wie *shrikhand* oder *khir*, sie schmecken aber auch für sich allein vorzüglich.

Zubereitungs- und Kochzeit: 25 Min.

Kerwai

Gefüllte Bananenbällchen

10 unreife Bananen oder Kochbananen
4 EL ghee oder Butter
100 g gemischte Nüsse, gehackt
50 g Rosinen
½ TL geriebene Muskatnuß
½ TL gem. Kardamom
100 g Zucker

Die Bananen schälen, in Stücke schneiden und beiseite stellen. 1 oder 2 Eßlöffel *ghee* bzw. Butter erhitzen und die gehackten Nüsse darin rösten. Wenn sie angebräunt sind, die Rosinen dazugeben, ein paar Sekunden weiterbraten, dann Muskat und Kardamom hineinrühren und das Ganze zum Abkühlen beiseite stellen.

Das restliche *ghee* bzw. die restliche Butter erhitzen und die Bananen so lange braten, bis sie weich sind und braune Flecken bekommen. Seien Sie nicht beunruhigt, wenn sich am Boden des Topfes eine Haut bildet. Geben Sie den Zucker dazu und rühren Sie weiter, bis die Mischung eindickt und zu einer festen Masse wird. Dies sollte ungefähr 10 Minuten dauern. Den Topf vom Feuer nehmen und die Masse abkühlen lassen.

Die Bananenmasse in 15 gleiche Teile teilen und einen Teil davon mit der Nußmischung vermengen. Dann die Nußmischung in ebensoviele Portionen teilen wie die Bananenmasse. Alle Portionen der Bananenmasse zu Kugeln formen und diese etwas flachdrücken. Je eine dieser flachgedrückten Kugeln in die linke Hand nehmen und mit dem Daumen eine Vertiefung hineindrücken. Eine Portion der Nußmischung in die Vertiefung geben und mit den Rändern der Bananenmasse umhüllen. Gut verschließen und behutsam zu einem glatten Ball rollen. Den gleichen Vorgang mit den restlichen Zutaten wiederholen.

Das *ghee* erhitzen und die Bällchen etwa 2 Minuten lang fritieren, bis sie braun sind. Versuchen Sie, die Bällchen voneinander weg zu halten, damit sie beim Fritieren und Servieren nicht aneinander kleben. Heiß servieren.

Zubereitungs- und Kochzeit: 25 Min.

Malpura

Süße Klöße in Fruchtjoghurt

Malpuras *sollten an der Oberfläche etwas knusprig und gut durchgebacken sein, so daß sie die Joghurtsoße aufsaugen und saftig werden. Die Devotees in unserem Tempel in Lima, Peru, halten stets* malpura *für ihre Gäste bereit. Oft fahren städtische Polizeibeamte mit ihren Motorrädern vor dem Tempel auf und fragen „Me guardaron mis tortas?" (Habt ihr ein paar Kuchen für mich übrig?)*

225 g weißes Mehl
125 g Puderzucker
½ TL Backpulver
200 ml Milch
ghee zum Fritieren

600 ml Naturjoghurt
150 g Kristallzucker
200 g Erdbeeren oder andere Beeren, gewaschen und zerstampft

Das Mehl, den Puderzucker, das Backpulver und die Milch zu einem Teig vermischen, der so dick ist, daß er an einem hölzernen Kochlöffel klebenbleibt, ohne abzutropfen. In einer *karhai*, einem Wok oder einem flachen Topf das *ghee* erhitzen, so daß es heiß ist, aber noch nicht raucht. Mit einem Eßlöffel etwas Teig aufnehmen und vom Löffel in das heiße *ghee* schieben. So viele Teigklümpchen wie möglich ins *ghee* geben, ohne daß sie sich berühren. Die Hitze so einstellen, daß die *malpuras* sowohl von innen als auch von außen garen. Nach 6 bis 8 Minuten Fritieren und gelegentlichem Umdrehen sollten sie knusprig sein. Mit einer Schaumkelle herausnehmen und zum Abtropfen in ein Sieb geben.

Den Joghurt, den Kristallzucker und die zerstampften Beeren in eine Schüssel geben, mit einem Schneebesen gut durchrühren und die *malpuras* mit dieser Soße übergießen. Vor der Opferung mindestens 10 Minuten einweichen lassen.

Zubereitungs- und Kochzeit: 20 Min.
Einweichzeit: mindestens 10 Min.

Gulab jamun

Fritierte Milchpulverbällchen in Sirup

Srila Prabhupadas erste Schüler sprechen oft von dem Ladenlokal in New York City, der Wiege der Bewegung für Krischna-Bewußtsein im Westen. Srila Prabhupada, der wie ein gütiger Vater für seine Schüler sorgte, hielt stets einen Topf voller gulab jamuns *für sie bereit.*

Devotees nennen gulab jamuns *liebevoll „ISKCON-Kanonenkugeln", da sie eine mächtige Waffe im Krieg gegen* maya *(Illusion) sind. Sie sind so süß, daß sie das materielle Leben sauer erscheinen lassen.*

2,3 l Wasser
1,8 kg Zucker
1 EL Rosenwasser oder ein paar Tropfen Rosenessenz
375 g Milchpulver
100 g weißes Mehl
2 TL Natriumkarbonat
1 TL gem. Kardamomensamen
2 EL zerlassene Butter oder ghee
¼ l Vollmilch
25-30 kleine Stücke Kandiszucker (kann entfallen)
sauberes ghee zum Fritieren

Zunächst den Sirup ansetzen. Das Wasser mit dem Zucker in einem Topf erhitzen und für etwa 3 Minuten kochen lassen, so daß sich der Zucker auflöst. Dann das Rosenwasser einrühren und den Topf von der Flamme nehmen. Als nächstes die Milch aufsetzen.

Das Milchpulver mit dem Mehl, dem Natriumkarbonat und dem gemahlenen Kardamom in einer Schüssel vermengen und das *ghee* bzw. die Butter mit den Fingerspitzen hineinreiben. Langsam die heiße Milch dazugießen und die Zutaten gut vermischen, so daß Sie einen festen, geschmeidigen Teig erhalten.

Aus dem Teig 20 bis 25 Bälle von etwa 2,5 cm Durchmesser formen, und zwar folgendermaßen: Die für einen Ball erforderliche Teigmenge zwischen die Handflächen nehmen und den Teig mit einer kreisförmigen Bewegung rollen. Dabei die Hände flach, nicht gewölbt, halten und die Handflächen, nicht die Finger, benutzen. Es ist ein gutes Zeichen, wenn etwas Teig an den Händen klebenbleibt.

Nach 4 bis 5 Sekunden langsam den Druck zwischen den Händen bei gleichzeitiger Beschleunigung der kreisfömigen Bewegungen verringern. Wenn Sie es richtig machen, sollte eine Teigkugel entstehen, die vollkommen glatt und frei von Rissen ist. Den restlichen Teig ebenfalls zu Kugeln rollen. Wenn der Teig zu trocken wird, mehr

Milch hineinkneten. (Wenn Sie möchten, können Sie in jeden Ball ein Stückchen Kandiszucker hineinstecken und die Öffnung hinterher sorgfältig verschließen. Wenn die Milchpulverbällchen fritiert werden, schmilzt der Kandiszucker.)

Das *ghee* in einer *karhai* oder einem Wok auf niedriger Flamme erhitzen. Die Flamme muß auf niedriger Stufe bleiben, damit die Milchpulverbällchen langsam und vollkommen durchbacken. Die Bällchen einen nach dem anderen vorsichtig ins *ghee* legen. Sie werden zunächst für ein bis zwei Minuten auf den Boden sinken. Um sie vor dem Anbrennen auf dem Boden zu bewahren, wenden Sie sie mit einem Schaumlöffel ab und zu um. Wenn sie zur Oberfläche steigen und dort schwimmen, sollten Sie sie im *ghee* umdrehen, indem Sie alle 30 Sekunden mit der Rückseite des Schaumlöffels sachte über sie hinwegstreifen. Auf diese Weise werden sie gleichmäßig gar. Lassen Sie sie für etwa 25 Minuten im *ghee* schwimmen, bis sie schön braun sind. Zwischendurch können Sie die Flamme etwas höher stellen, damit sie besser anschwellen.

Um zu prüfen, ob sie schon gar sind, einen Ball herausnehmen, mit einem Finger eine Delle hineindrücken und den Finger wieder entfernen. Wenn der Ball sofort wieder seine ursprüngliche Form annimmt, sind die *gulab jamuns* fertig. Ein anderer Test besteht darin, den Ball in den Sirup zu legen; wenn er nach 3 Minuten nicht zusammengefallen ist, sind die Bällchen gar. Die fertigen *gulab jamuns* herausnehmen und in einem Sieb abtropfen lassen, dann in den Sirup einlegen, wo sie weich und porös werden. 30 Minuten bis 4 Tage einweichen lassen. *Gulab jamuns* können kalt, auf Zimmertemperatur abgekühlt oder lauwarm serviert werden.

Zubereitungs- und Kochzeit: 45 Min.
Einweichzeit: mindestens 30 Min.

Getränke

1 Nimbu pani *(Zitronen- oder Limonentrank)* 282
2 Jeera pani *(Kreuzkümmel-Tamarindentrank)* 282
3 Adrak chai *(Ingwertee)* 283
4 Gulab sharbet *(Kaltgetränk mit Rosenaroma)* 283
5 Phal ka ras *(Frischer Fruchtsaft)* 284
6 Thandai *(Anismilch mit Rosinen und Pistazien)* 285
7 Namkin lassi *(Salziger Joghurt- oder Buttermilchtrank)* 286
8 Mithi lassi *(Süßer Joghurt- oder Buttermilchtrank)* 287
9 Garam doodh *(Heiße Milch)* 288
10 Masala doodh *(Safranmilch mit Pistazien)* 290
11 Narial doodh *(Heiße Milch mit Kokosgeschmack)* 291
12 Panch amrita *(Nektartrank)* 292

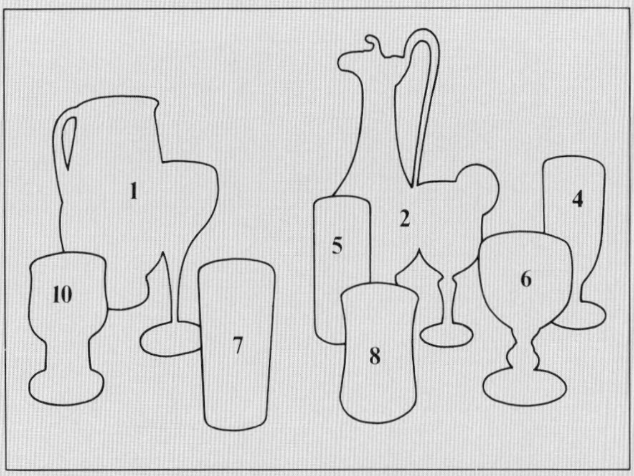

LAUT dem *Ayur-veda* ist es für die Verdauung förderlich, den Magen während des Essens zu einem Viertel mit Flüssigkeit zu füllen. Zwischen den Mahlzeiten zu trinken ist nicht nur gut, um den Durst zu löschen, sondern auch um den Körper zu kühlen, wenn er heiß ist, oder ihn aufzuwärmen, wenn er kalt ist.

Getränke auf der Grundlage von Joghurt, wie zum Beispiel *lassi*, kühlen den Körper. Im Sommer können Sie sie daher unbekümmert genießen; vor dem Schlafengehen hingegen oder wenn der Körper kühl ist, vor allem im Winter, sollten sie lieber darauf verzichten. Zitrone kann zu jeder Jahreszeit Verwendung finden. Ingwertee mit Zitrone und etwas Honig steigert die Abwehrkräfte des Körpers gegen Erkältungen im Winter. Und Zitronengetränke wie *nimbu pani* und *jeera pani* sind eine willkommene Erfrischung für den Sommer. Wenn Sie beabsichtigen, an einem heißen Tag ein süßes Getränk zu reichen, empfiehlt es sich, es im voraus zuzubereiten und einen Teil von dem Getränk für Eiswürfel zu benutzen.

Das beste Getränk, um den Körper aufzuheizen, ist kochendheiße Kuhmilch. Im *Ayur-veda* heißt es, daß Milch auch die Gehirnzellen nährt. Aber die Milch muß richtig heiß getrunken werden, damit das Verdauungssystem ihre feinen Nährstoffe absorbieren kann. Milch sollte daher vor dem Servieren immer kurz aufkochen, es sei denn, sie soll ganz frisch, direkt nach dem Melken, getrunken werden.

Die *Veden* sagen, das mindeste, was man einem Gast, ob Freund oder Feind, anbieten solle, sei ein bequemer Sitzplatz, etwas zu trinken und ein paar freundliche Worte. Kein fertiges Getränk zur Hand? Dann bieten Sie Ihrem Gast einfach ein Glas Wasser an.

Nimbu pani

Zitronen- oder Limonentrank

150 ml Zitronen- oder Limonensaft
1 l Wasser
5 EL Zucker
1 EL Rosenwasser
¼ TL Salz
Eis (nach Belieben)

Alle Zutaten gut durchmischen. Gekühlt servieren, mit einer dünnen Scheibe Zitrone oder Limone garniert. Die Menge an Zitronensaft und Zucker kann je nach Geschmack variiert werden.

Zubereitungszeit: 5 Min.

Jeera pani

Kreuzkümmel-Tamarindentrank

175 g Tamarinde, in kleine Stücke gebrochen
425 ml Wasser
3 TL feingeriebener frischer Ingwer
2 TL Kreuzkümmelsamen, geröstet und gemahlen
½ TL garam masala
3 EL brauner Zucker
1 Prise Salz
1 l Eiswasser
zerstoßenes Eis, Minzblätter und Zitronenscheiben zum Garnieren

Die Tamarinde 15 Minuten lang in dem Wasser kochen, dann soviel Saft und Fruchtfleisch wie möglich herausquetschen, indem Sie die Tamarinde durch ein Durchschlagsieb pressen – wenn nötig, sogar mehrmals. Alle anderen Zutaten mit dem Saft vermischen, gut umrühren und 15 Minuten stehenlassen, dann durch ein Käsetuch filtern. Kaltstellen.

Kurz vor dem Servieren den Saft mit dem Eiswasser verdünnen. In jedes Glas zerstoßenes Eis füllen und mit Minzblättern und einer Zitronen- oder Limonenscheibe garnieren.

Zubereitungs- und Kochzeit: 40 Min.

Adrak chai

Ingwertee

1150 ml Wasser
3 EL feingeriebener frischer Ingwer
4 EL Zucker oder 3 EL Honig
1 Prise gem. schwarzer Pfeffer
3 EL Zitronen- oder Orangensaft

Das Wasser und den Ingwer in einem unbedeckten Topf etwa 10 Minuten sprudelnd kochen lassen. Nun den Zucker bzw. Honig hineinrühren, bis er sich aufgelöst hat. Den Tee durch ein Sieb gießen und den Ingwer fest auspressen, um soviel Ingwerextrakt wie möglich im Tee zu haben.

Nun den Pfeffer und den Zitronen- bzw. Orangensaft hinzugeben. Heiß servieren.

Zubereitungs- und Kochzeit: 20 Min.

Gulab sharbet

Kaltgetränk mit Rosenaroma

550 g Zucker
1,2 l Wasser
1 EL Rosenwasser
1 TL rote Lebensmittelfarbe
Eiswasser und zerstoßenes Eis
Pfefferminzblätter

Zunächst einen Sirup ansetzen. Hierzu den Zucker und das Wasser in einem Topf auf mäßiger Flamme kochen, bis sich der Zucker auflöst. Kaltstellen, anschließend das Rosenwasser und die Lebensmittelfarbe hineinrühren.

Kurz vor dem Servieren 2 Eßlöffel Sirup in jedes Glas geben und mit Eiswasser und zerstoßenem Eis auffüllen. Die Menge Sirup kann dem individuellen Geschmack angepaßt werden.

Zubereitungs- und Kochzeit: 20 Min.

Phal ka ras

Frischer Fruchtsaft

Krischna, der Herr, hat uns vielerlei köstliche Früchte gegeben, aus denen wir Saft gewinnen können: Äpfel, Birnen, Grapefruits, Pfirsiche, Aprikosen, Pflaumen, Melonen, Beeren, Kirschen, Ananas, Mangos, Kiwis und Guavas, um nur einige zu nennen. Verarbeiten Sie entweder eine oder mehrere Obstsorten zu einem gutgemischten, wohlschmeckenden Getränk. Fruchtsaft schmeckt am besten gekühlt.

reife Früchte
eisgekühltes Wasser
Süßmittel
gemahlene Kuchengewürze (nach Belieben)
Eiswürfel oder zerstoßenes Eis

Zur Beachtung beim Zubereiten von Fruchtsäften

- Reife Früchte haben den besten Geschmack und den höchsten Vitamingehalt.
- Pürieren Sie die Früchte in einem Mixer und geben Sie gerade soviel Wasser hinzu, daß die Flüssigkeit die richtige Konsistenz annimmt – nicht zu dick und nicht zu dünn.
- Gießen Sie Guaven-, Trauben-, Ananas-, Wassermelonen- und Mangosaft durch ein Sieb, um die faserigen Bestandteile und die Kerne herauszufiltern.
- Wenn Sie Zitrusfrüchte, wie Mandarinen, Orangen und Grapefruits, verwenden, sollten Sie das Fruchtfleisch von den Kernen trennen und mit in den Saft geben.
- Manche Früchte passen besonders gut zusammen: Pfirsiche und Bananen, Pfirsiche und Aprikosen, Grapefruit und Preiselbeeren, Ananas und Orangen, Äpfel und Birnen, Melonen und Mangos.
- Um dem Braunwerden von Bananen- und Apfelsaft entgegenzuwirken, können Sie etwas Zitronen- oder Limonensaft hinzugeben.
- Apfelsaft und Birnensaft schmecken besonders gut mit Joghurt, Milch oder Sahne.
- Zum Abschluß können Sie jeden Fruchttrank mit einem Zweiglein frischer Minze und einer frischen Fruchtscheibe garnieren.

Zubereitungszeit: 15 Min.
Kühlzeit: 45 Min.

Thandai

Anismilch mit Rosinen und Pistazien

Sie müssen thandai *nicht unbedingt mit Milch zubereiten. Sie können statt dessen auch Wasser verwenden, und dies wird auch oft so gehandhabt, obwohl man sagen muß, daß Milch den Geschmack der Gewürze verfeinert.*

100 g Rosinen
2 EL Anissamen
425 ml Wasser
25 g Pistazien
575 ml Vollmilch
½ TL gem. Kardamomensamen
4 EL Honig oder 6 EL Zucker

Die Rosinen mit warmen Wasser bedecken und 10 Minuten einweichen lassen. Die Anissamen 5 Minuten in einem Topf mit 425 ml Wasser kochen, dann die Hitze verringern und 10 Minuten weiterköcheln lassen.

Die Pistazien, die abgetropften Rosinen, den gemahlenen Kardamom und die Milch in einem Elektromixer durchquirlen und beiseite stellen. Das Aniswasser durchsieben und den Honig hineinrühren, dann das Wasser in die Milchmischung schütten, gut durchrühren und kaltstellen.

Jedes Glas *thandai* mit einem kleinen Zweig frischer Minze garnieren.

Zubereitungs- und Kochzeit: 25 Min.

Namkin lassi

Salziger Joghurt- oder Buttermilchtrank

Lassi *ist wegen seines Geschmacks und seines Nährwertes in ganz Indien ein sehr beliebtes Getränk.* Lassi *eignet sich wegen seiner kurzen Zubereitungsdauer besonders gut für größere Veranstaltungen.*

1 TL Kreuzkümmelsamen, geröstet und gemahlen
850 ml Naturjoghurt oder Buttermilch
575 ml Wasser
3 EL Zitronensaft
2 TL Salz
zerstoßenes Eis (nach Belieben)

Alle Zutaten bis auf eine Prise gemahlenen Kreuzkümmel mit einem Schneebesen oder einem Mixer durchquirlen. Die fertige Mischung in Gläser (mit oder ohne Eissplitter) füllen und mit einer Prise gemahlenem Kreuzkümmel garnieren. Gekühlt oder ungekühlt servieren.

Eine schmackhafte Variante von *namkin lassi* ergibt sich, wenn Sie 25 g frische Minze hinzufügen. Behalten Sie einige Minzblätter zum Garnieren zurück. Alle Zutaten (außer den Eiswürfeln) in einen Mixer geben und so lange mahlen, bis die Blätter fein zerhackt sind. Dies sollte etwa 30 Sekunden dauern. Dann die Eisstücke hinzufügen und nochmals durchmixen, bis der Trank schaumig wird. Den fertigen Minz-*lassi* in Gläser füllen und mit Minzblättern garnieren.

Zum Schluß noch ein ganz einfaches *lassi*-Rezept: Den Joghurt bzw. die Buttermilch, den gemahlenen Kreuzkümmel und das Wasser vermischen und mit einem Schneebesen oder Mixer durchquirlen. In Gläser mit zerstoßenem Eis füllen und servieren.

Zubereitungszeit: 10 Min.

Mithi lassi

Süßer Joghurt- oder Buttermilchtrank

Mithi lassi *ist der Milchshake Indiens und das am häufigsten angebotene Getränk bei Hare-Krischna-Veranstaltungen. Es ist leicht zuzubereiten und wird stets geschätzt. Um das beste Resultat zu erzielen, lösen Sie den Zucker bzw. Honig in einer kleinen Menge heißem Wasser auf, bevor Sie ihn mit den anderen Zutaten vermischen.*

850 ml Naturjoghurt oder Buttermilch
575 ml Eiswasser
6 EL Zucker oder 5 EL Honig
1 TL Rosenwasser
¼ TL gem. Kardamomensamen
zerstoßenes Eis (nach Belieben)

Sämtliche Zutaten mit einem Schneebesen oder einem Mixer durchquirlen, bis die Oberfläche des *lassi* schaumig wird. Gekühlt servieren – fügen Sie entweder zerstoßenes Eis hinzu oder stellen Sie den *lassi* in den Kühlschrank.

Zur Abwechslung können Sie dieses Rezept anstatt mit Rosenwasser und Kardamom auch mit 2 Eßlöffeln Zitronen- oder Limonensaft, 2 Eßlöffeln Fruchtsirup oder 50 g zerdrückten roten Beeren, reifen Bananen oder reifen Mangos ausprobieren.

Zubereitungszeit: 10 Min.

Garam doodh

Heiße Milch

Durch Krischnas Vorkehrung frißt die Kuh Gras und wandelt es in Milch um, ein Getränk, das sowohl köstlich schmeckt wie auch reichlich mit allen Nährstoffen versehen ist, die für eine gute Gesundheit und spirituellen Fortschritt nötig sind. Durch die Proteine, Fette und Vitamine in der Milch bilden sich die feineren Gehirnzellen. Daher ist Milch die ideale Nahrung für jemanden, der im spirituellen Leben vorankommen möchte.

Srila Prabhupada empfahl, morgens und abends ein Glas heiße Milch zu trinken.

1,2 l Vollmilch
3 EL Zucker oder 2 EL Honig

Die Milch entweder dreimal zum Kochen bringen – achten Sie darauf, daß sie nicht überkocht – oder 5 Minuten auf kleiner Flamme köcheln lassen. Die Milch von der Flamme nehmen, den Zucker bzw. Honig hinzugeben und so lange rühren, bis er sich aufgelöst hat.

Sie können die Milch auch mit 3 oder 4 zerstoßenen Kardamomenkapseln, mit 1 oder 2 Tropfen Rosenwasser, einem Eßlöffel Zichorie oder Johannisbrotmehl, einer großen Prise gemahlenem Muskat oder Zimt oder mit ein paar Safranfäden würzen.

Aus heißer Milch läßt sich auch ein exzellenter Bananen- oder Mangonektar zubereiten: Eine reife Banane oder Mango zu Brei zerdrücken und in die heiße, gesüßte Milch einrühren. Einen Eßlöffel Butter, ¼ Teelöffel gemahlenen Zimt und ¼ Teelöffel gemahlene Muskatnuß hinzugeben.

Kurz bevor Sie die heiße Milch – egal um welche Variation es sich handeln mag – servieren, sollten Sie sie mehrmals von einem Becher in einen anderen schütten. Dadurch kühlt sie ein wenig ab und wird mit Luft durchsetzt.

Zubereitungs- und Kochzeit: 10 Min.

Rechts: *Garam doodh*

Masala doodh

Safranmilch mit Pistazien

1,2 l Milch
10 Safranfäden oder
¼ TL Safranpulver
4 Nelken
½ TL gem. Zimt
3 EL Honig oder 4 EL Zucker
1 EL feingemahlene Pistazien

Milch, Safran, Nelken und Zimt in einem Topf zum Kochen bringen und die Flamme so einstellen, daß die Milch für 5 Minuten sanft vor sich hin kocht. Die Milch vom Feuer nehmen, den Honig einrühren und die Nelken herausnehmen, dann die gemahlenen Pistazien darüberstreuen und kochendheiß servieren.

Zubereitungs- und Kochzeit: 10 Min.

Narial doodh

Heiße Milch mit Kokosgeschmack

1 frische Kokosnuß
1,2 l Milch
½ TL Kardamomensamen
4 schwarze Pfefferkörner
1 EL geriebener Ingwer
5 EL Zucker oder 4 EL Honig

Die Kokosnuß öffnen wie in dem Rezept auf Seite 233; dann die braune Haut abschälen und das Fruchtfleisch in Würfel schneiden. Die Milch aufsetzen. Während sie heiß wird, die Kardamomensamen ohne Fett rösten und zusammen mit den Pfefferkörnern zu einem feinen Pulver zermahlen. Beiseite stellen. Die Kokosnußstücke und 1,2 Liter Milch für ein bis zwei Minuten in einen Mixer geben, bis die Kokosnuß völlig zu Brei zermahlen ist.

Ein Sieb auf einem Topf anbringen, der mindestens 2 Liter faßt. Die Mischung durch das Sieb gießen, dabei die Kokosnuß gegen den Siebboden pressen, um die Essenz herauszudrücken. Langsam die übrige heiße Milch durch das Sieb gießen und weiterpressen wie zuvor. Die restliche Flüssigkeit mit der Hand ausdrücken und den trockenen Kokosbrei wegwerfen. Die Kokosmilch, die gemahlenen Gewürze, den Ingwer und das Süßmittel in die Milch geben und die Mischung erneut erhitzen, bis sie beinahe kocht. Heiß servieren.

Zubereitungszeit: 30 Min.

Panch amrita

Nektartrank

150 g frische Kokosnuß, gewürfelt
1 mittelgroße, reife Mango, gewürfelt
125 ml Honig
½ l Milch
350 ml Naturjoghurt
¼ l kaltes Wasser
das Fruchtwasser einer Kokosnuß
2 EL Rosenwasser
zerstoßenes Eis

Die Kokosnuß öffnen wie in dem Rezept auf Seite 233, dann die braune Haut abschälen und das Fruchtfleisch kleinschneiden.

Die gewürfelte Kokosnuß, die Mangostücke und den Honig in einem elektrischen Mixer (oder mit großem Mörser und Stößel) zerkleinern, so daß eine Art Mus entsteht. Diese Mischung in eine große Schüssel geben, die Milch, den Joghurt, das Wasser und die Kokosmilch dazugießen und mit einem Schneebesen alle Zutaten gut verrühren.

Das Rosenwasser und das zerstoßene Eis dazugeben und einige Sekunden umrühren. Vor dem Servieren noch 10 bis 15 Minuten kaltstellen.

Zubereitungszeit: 25 Min.

Anhang

Opferungsgebete

FALLS Sie Ihr Essen bisher nicht zu Krischna geopfert haben, es aber einmal ausprobieren möchten, empfehlen wir Ihnen zunächst das Sprechen des Hare-Krischna-*mantra* – dies ist die einfachste Methode. Wenn Sie möchten, können Sie aber auch die gleichen Gebete wiederholen, die die Gottgeweihten sprechen. In dem Bewußtsein, daß Krischna nur durch die Barmherzigkeit des spirituellen Meisters und Sri Caitanyas unsere Opferungen annimmt, wiederholt jeder Gottgeweihte dreimal den *pranama-mantra* zu seinem spirituellen Meister sowie die darauf folgenden beiden Gebete zu Sri Caitanya Mahaprabhu und Sri Krischna.

nama om visnupadaya krsna-presthaya bhu-tale
srimate bhaktivedanta-svamin iti namine

„Ich erweise meine achtungsvollen Ehrerbietungen His Divine Grace A.C. Bhaktivedanta Swami Prabhupada, der Krischna sehr lieb ist, da er völlig bei Seinen Lotosfüßen Zuflucht gesucht hat."

namas te sarasvate deve gaura-vani-pracarine
nirvisesa-sunyavadi-pascatya-desa-tarine

„O spiritueller Meister, Diener Sarasvati Goswamis, ich erweise dir meine achtungsvollen Ehrerbietungen. In deiner Güte predigst du die Botschaft Sri Caitanyas und befreist die westlichen Länder, die von Unpersönlichkeit und Leere erfüllt sind."

namo maha-vadanyaya-krsna-prema-pradaya-te
krsnaya krsna-caitanya-namne-gaura-tvise namah

„O freigebigste Inkarnation! Du bist Krischna Selbst in Seiner Form als Sri Caitanya Mahaprabhu. Du hast die goldene Hautfarbe Srimati Radharanis angenommen, und Du verteilst großzügig reine Liebe zu Krischna. Ich erweise Dir meine achtungsvollen Ehrerbietungen."

namo brahmanya-devaya go-brahmana-hitaya ca
jagaddhitaya krsnaya govindaya namo namah

„Mein Herr, Du bist der wohlmeinende Freund der Kühe und der *brahmanas,* der gesamten menschlichen Gesellschaft und der ganzen Welt. Immer wieder erweise ich Govinda meine Ehrerbietungen, der das Reservoir der Freude für alle Sinne ist."

PORTEE

Wo man die wichtigsten Zutaten bekommt

DIE meisten der in diesem Buch erwähnten Zutaten dürften nicht allzu schwer zu finden sein. In allen größeren Städten werden zahlreiche orientalische Lebensmittelgeschäfte, Bio-, Natur- und Feinkostläden sowie Reformhäuser eröffnet, und je mehr das Interesse an körperlicher Gesundheit zunimmt, desto größer wird die Auswahl an natürlichen Produkten auf den Regalen gewöhnlicher Supermärkte.

Asafötida, schwarze Senfkörner, schwarze Kreuzkümmelsamen, Curryblätter, Tamarinde und andere seltene Gewürze und Kräuter gibt es in indischen und pakistanischen Lebensmittelgeschäften. Die meisten dieser Geschäfte führen auch diverse indische Küchengeräte und Kochuntensilien. Wenn der nächste indische Lebensmittelladen zu weit entfernt ist, dann versuchen Sie einfach einen Händler zu finden, der Gewürze und andere Artikel per Post verschickt. Vollkornprodukte, *dal*, Kichererbsenmehl und unraffinierten Zucker können Sie in orientalischen Lebensmittelgeschäften und den meisten Bioläden finden. Sie können Geld sparen, wenn Sie Waren in größerer Menge oder vom Großhändler kaufen.

Weitere Informationen darüber, wo Sie die wichtigsten Zutaten bekommen, können Sie jederzeit in dem nächstgelegenen Hare-Krischna-Tempel erfragen. Eine Liste all unserer Tempel, Farmgemeinschaften und Restaurants finden Sie auf den folgenden Seiten.

Wir helfen Ihnen gerne bei der Beschaffung von Zutaten.
Bitte wenden Sie sich an:

Sankirtan-Allianz, Hochwaldstraße 16, D-55767 Brücken;
Tel: 06782 5957; parivadi@pamho.net

www. krishna-culture.de/shop

Sankirtan-Verein, Rotzenbühlstr. 9, CH-8966 Oberwil-Lieli;
Tel: 044 262 37 90; Fax: 055 533 01 85; sa-ve@pamho.net

www.sa-ve.ch

Govinda Veda-Kultur, Dorfgasse 43, CH-4900 Langenthal;
Tel: 044 251 88 59; info@govinda-shop.ch

www.govinda-shop.ch

Nachwort

Liebe Freunde!

Wie Sie gesehen haben, ist dies ein ganz besonderes Kochbuch. Man lernt, die gesündesten und natürlichsten Nahrungsmittel nach den erlesensten Rezepten der vedischen Kochkunst zuzubereiten – leicht zu verstehen und nachzuvollziehen. Dazu haben wir auch viel Wissenswertes über den vedischen Hintergrund erfahren.

Aus der indischen Literatur weiß ich bereits seit langem, daß es für Geist und Körper besser ist, Fleisch, Fisch und Eier zu meiden. Das habe ich im Laufe der Jahre selbst erlebt. Ich denke anders, ich lebe anders. Ich merke auch, wieviel schneller und konzentrierter ich arbeiten kann. Auf meinen Tourneen muß ich oft ein unheimliches Tempo zulegen. Gerade habe ich 200 Auftritte hinter mir. Das kostet natürlich eine Menge Kraft. Und da merke ich einfach, daß mir die vegetarische Ernährung viel besser bekommt. Die Kraft kommt nicht durch fette Steaks, sondern durch Getreide und Milchprodukte.

Früher habe ich natürlich auch Fleisch gegessen – ich hatte ja ursprünglich Koch gelernt –, aber seitdem ich Srila Prabhupadas Bücher lese, ist mir klar geworden, daß das Töten der Tiere eine furchtbare Schwingung mit sich bringt. Diese Schwingung, die Angst der Tiere vor dem Tod, überträgt sich dann auf den Menschen, der das Fleisch ißt. Heute kann ich kein Fleisch mehr sehen, ja ich habe eine regelrechte Abscheu davor. Die Umstellung auf vegetarische Ernährung fiel mir ganz leicht. Ich bin jetzt schon seit acht Jahren Vegetarier.

In der vedischen Zeit gab es keine Schlachthäuser. Es gab viele Kühe, aber die wurden nicht getötet. Die Milch der Kuh war für die Ernährung des Volkes da. Es ist doch ein Wahnsinn, was da heute vor sich geht: Die Industrialisierung wird vorangetrieben, mit all dem künstlichen Zeugs, und das alles auf Kosten der Landwirtschaft.

Eine gute, vernünftige Alternative bietet das Krischna-Bewußtsein. Ich bin vollkommen an der Krischna-Philosophie interessiert, denn ich weiß, daß sie mich weiterbringt. Ich weiß, daß ich dadurch zu Gott, zu Krischna, kommen kann. Seit ich das Krischna-Bewußtsein kennengelernt habe, habe ich ein sicheres Gefühl.

Und dann dieses Essen! Jedesmal wenn ich *prasadam* bekomme, baut mich das unheimlich auf. Wenn ich nur daran denke, läuft mir schon das Wasser im Munde zusammen.

Apropos Geschmack: Das Geheimnis beim indischen Kochen liegt in erster Linie in den Gewürzen. Als alter Koch kenne ich natürlich viele Gewürze, doch die Gewürze der vedischen Küche sind völlig anders als die herkömmlich bekannten. Durch sie wird das Essen so leicht und bekömmlich, und der Geschmack ist einmalig. Die Kunst, indisch zu würzen, bringt eine ungeheure Vielfalt in den Speiseplan.

Ich denke, dieses Buch ist ein wahres Geschenk für die Menschheit. Ich selbst werde die Rezepte alle ausprobieren. Es ist gar nicht schwer. Und viele Gewürze kann man sich immer frisch besorgen. Die Hauptsache ist, daß man eine Schachtel oder ein Brettchen hat, wo alles drauf ist.

Lernen Sie mit diesem Buch, vegetarisch zu kochen, verwöhnen Sie sich selbst und Ihre Gäste. Und wenn Sie wollen, können Sie Ihr Essen zu Krischna opfern und dadurch spiritualisieren. Dann schmeckt's noch besser.

Für alle Leserinnen und Leser viel Vergnügen und guten Appetit.

Ihr

Georg Thomalla
Januar 1987
Frankfurt

ISKCON-Zentren
im deutschsprachigen Raum

Oktober 2009

DEUTSCHLAND

Berlin – ISKCON, Schöneicher Str. 18, 13055 Berlin; Tel. +49 (030) 44357296; info@krishna-is-cool.de

Hamburg – ISKCON, Eiffestr. 422, 20537 Hamburg; Tel. +49 (040) 4102848; vaidyanath.acbsp@pamho.net

Heidelberg – ISKCON; Tel. +49 (06252) 128108; doyal.govinda@pamho.net

Köln – ISKCON, Taunusstr. 40, 51105 Köln; Tel. +49 (0221) 8303778; keshava.bbs@gauradesh.com

Leipzig – ISKCON, Stöckelstr. 60, 04347 Leipzig; Tel. +49 (0341) 2348055; sadbhuja@gmx.net

München – ISKCON, Wachenheimer Str. 1, 81539 München; Tel. +49 (089) 68800288; iskcon.munic@pamho.net

Wiesbaden – Hari Nam Desh, Aarstr. 8, 65329 Burg Hohenstein; Tel. +49 (06120) 904107; iskcon.wiesbaden@web.de

Trier – Goloka Dhama, Böckingstr. 4a, 55767 Abentheuer; Tel. +49 (06782) 2214; info@goloka-dhama.de

Farmgemeinschaft:

Passau – Simhachalam, Zielberg 20, 94118 Jandelsbrunn; Tel. +49 (08583) 316; info@simhachalam.de

SCHWEIZ

Zürich – Krishna-Tempel, Bergstr. 54, CH-8032 Zürich; Tel: +41 (0)44 262 33 88; Fax: +41 (0)44 262 31 14; kgs@pamho.net; www.krishna.ch

Langenthal – Gaura Bhaktiyoga Center, Dorfgasse 43, CH-4900 Langenthal; Tel: +41 (0)62 922 05 48; gaura.bhaktiyoga.center@gmx.ch; www.gaura-bhakti.ch

Basel – Bhakti-Yoga-Zentrum, St. Jakobs-Str. 33, CH-4132 Muttenz; Tel. +41 (0)61 462 06 14; kgs@pamho.net; www.krishna.ch

Restaurant

Locarno – Govinda Rama Restaurant & Shop, Via della Motta 10/11, CH-6600 Locarno; Tel. +41 (0)91 752 38 52/51; govindarama@bluewin.ch; www.govindarama.ch

ANDERE LÄNDER

Barcelona, Spanien – Plaza Reial 12, Entlo 2, 08002 Barcelona; Tel. +34-93-3025194; templobcn@hotmail.com

Bergamo, Italien – Villaggio Hare Krishna (da Medolago strada per Terno d'Isola), 24040 Chignolo d'Isola (BG); Tel. +39-035-4940706

Budapest, Ungarn – Lehel u. 15-17, 1039 Budapest; Tel. +36-1-3910435; Fax +36-1-2423233; budapest@pamho.net; www.haribol.hu

Durbuy, Belgien (Radhadesh) – Château de Petite Somme, 6940 Septon-Durbuy; Tel. +32-86-322926; radhadesh@pamho.net; www.radhadesh.com

Eger, Ungarn – Szechenyi u. 64., 3300 Eger; Tel. +36-36-313761; eger@pamho.net; www.krisna.hu

London, England – 10 Soho Street, London W1D 3DL; Tel. +44-20-74373662; shop: 72870269; Fax +44-20-74391127; london@pamho.net; www.iskcon-london.org

Paris, Frankreich – 35 Rue Docteur Jean Vaquier, 93160 Noisy le Grand; Tel./fax +33-1-4303 0951; paramgati.swami@pamho.net; www.krishnaparis.com

Prag, Tschechische Republik – Jilova 290, Prague 5-Zlicin 15521; Tel. +42-02-57950391; info@harekrsna.cz

Stockholm, Schweden – Fridhemsgatan 22, 11240 Stockholm; Tel. +46-8-6549002; Fax +46-8-6508813; info@harekrishnastockholm.com; www.harekrishnastockholm.com

Warschau, Polen – Mysiadlo k. Warszawy, 05-500 Piaseczno, ul. Zakret 11; Tel. +48-22-7507797; Fax +48-22-7508250; kryszna@post.pl

Watford, England – Bhaktivedanta Manor, Dharam Marg, Hilfield Lane, Aldenham, near Watford, Herts WD25 8EZ; Tel. +44 1923 857244; Fax +44 1923 852896; bhaktivedanta.manor@pamho.net; accommodations.requests@pamho.net; www.krishnatemple.com

Farmgemeinschaften

Brihuega, Spanien (New Vraja Mandala) – (Santa Clara) 19411 Brihuega; Tel. +34-949-280436

Florenz, Italien (Villa Vrindavan) – via Scopeti 108, 50026 San Casciano in Val di Pesa (FI); Tel. +39-055-820054; Fax +39-055-828470; isvaripriya@libero.it

Lucay le Mâle, France (La Nouvelle Mayapura) – Domaine d'Oublaisse, 36360, Lucay le Mâle; Tel. +33-2-54402395; Fax +33-2-54402893

Somogyvámos, Ungarn – New Vraja-dhama, Fö u. 38., 8699 Somogyvámos; Tel. +36-85-540002; krisna-volgy@pamho.net; www.krisna-volgy.hu

Restaurants

London, England – 10 Soho Street, London W1D 3DL; Tel. +44-20-74374928

Milan, Italien – Govinda's, via Valpetrosa 5, 20123 Milano; Tel. +39-02-862417

Stockholm, Schweden – Govindas, Fridhemsgatan 22, 11240 Stockholm; Tel. +46-8-6549002

Oslo, Norwegen – Krishna's Cuisine, Sørkedalsveien 10B, 0369 Oslo; Tel. +47-22-692269

Prag, Tschechische Republik – Govinda's, Soukenicka 27, 11000 Prague-1; Tel. +420-2-24816631; info@vedavision.cz

Prag, Tschechische Republik – Govinda's, Na hrazi 5, 18000 Praha 8-Liben; Tel. +420-2-6837226; goodday@volny.cz

Glossar

Asafötida: ein stark aromatisches Gewürz, das in kleinen Mengen in Snacks, Suppen und Gemüsegerichten Verwendung findet.

Ayur-veda: vedische Schriften, die vorbeugende und heilende Medikamente sowie deren Anwendung behandeln.

Bhagavad-gita: der heilige Dialog, der vor fünftausend Jahren zwischen Sri Krischna und dessen Geweihtem Arjuna auf dem Schlachtfeld von Kuruksetra in Indien gesprochen wurde. Die *Bhagavad-gita* hat fünf Hauptthemen: die absolute Wahrheit, die Lebewesen, die materielle Natur, Zeit und *karma.* Sie ist die Essenz des vedischen Wissens.

Bhakti-yoga: hingebungsvoller Dienst für den Höchsten Herrn.

Caitanya-caritamrita: die Lebensbeschreibung Sri Caitanya Mahaprabhus, verfaßt vor etwa 400 Jahren von Krsnadas Kaviraj Goswami.

Caitanya Mahaprabhu: die Inkarnation Krischnas, die vor 500 Jahren in der Rolle Seines Geweihten erschien, um durch das Chanten der heiligen Namen den Vorgang des hingebungsvollen Dienens zu lehren.

Chapati: flache, runde Vollkornfladen; auf einer Bratpfanne vorgebacken und so lange über die offene Flamme gehalten, bis sie sich wie ein Ballon aufblähen.

Dal: 1) gepalte, halbierte Linsen; zur Zubereitung von Snacks, Süßigkeiten und Suppen verwandt; 2) die Suppe aus den gleichnamigen Linsen.

Deity: die transzendentale Bildgestalt Krischnas im Tempel.

Devotee: ein Geweihter der Höchsten Persönlichkeit Gottes.

Dosa: eine Art indischer Pfannkuchen, manchmal mit gewürzten Kartoffeln gefüllt.

Ekadasi: jeweils der elfte Tag nach Neu- und Vollmond. Am *Ekadasi* beschränken die Geweihten Krischnas ihr Essen, indem sie auf Getreide und Hülsenfrüchte verzichten. Dafür versuchen sie, ihr Hören und Chanten über Krischna zu intensivieren.

Garam masala: (wörtlich: „scharfe Gewürze") eine Mischung gemahlener Gewürze, die am Ende des Kochens hinzugefügt wird.

Ghee: geklärte Butter. Sein feiner Geschmack, seine Hitzebeständigkeit und seine Haltbarkeit machen es zum besten aller Kochmittel. *Ghee* ist im Handel als Butterreinfett oder Butterschmalz erhältlich.

Gulab jamun: fritierte Milchpulverbällchen, eingeweicht in Rosenaromasirup.

Halava: eine Nachspeise aus geröstetem Grieß, Butter und Zucker.

Hare-Krischna-mantra: ein Gebet aus sechzehn Worten, das sich aus den Namen *Hare, Krischna* und *Rama* zusammensetzt: Hare Krischna, Hare Krischna, Krischna Krischna, Hare Hare / Hare Rama, Hare Rama, Rama Rama, Hare Hare.

Hare ist die Personifikation von Gottes Freudenenergie, Seine ewige Gefährtin, Srimati Radharani. Krischna, „der Allanziehende", und Rama, „die höchste Freudenquelle", sind Namen Gottes. Das Gebet bedeutet: „Meine liebe Radharani, mein lieber Krischna, bitte beschäftigt mich in Eurem hingebungsvollen Dienst." Die *Veden* empfehlen das Chanten des Hare-Krischna-*mantra* als die einfachste und zugleich erhabenste Methode, unsere schlummernde Liebe zu Gott zu erwecken.

ISKCON: Abkürzung für die „International Society for Krishna Consciousness", die Hare-Krischna-Bewegung.

Karhai: eine tiefe, gewölbte Pfanne mit zwei Henkeln, die zum Fritieren und Braten benutzt wird.

Karma: fruchtbringende Handlungen, die immer eine Reaktion hervorrufen, entweder eine gute oder eine schlechte.

Krischna: ein Name der Höchsten Persönlichkeit Gottes mit der Bedeutung „der Allanziehende".

Masala: eine Gewürzmischung.

Panch masala: eine Mischung aus fünf ganzen Gewürzen, die bei der Zubereitung von Gemüsegerichten benutzt wird.

Paneer: aus geronnener Milch gewonnener Frischkäse, der in der indischen Küche vielseitige Verwendung findet.

Prasadam: „die Barmherzigkeit Sri Krischnas". Nahrung, die zur Freude Krischnas zubereitet und Ihm mit Liebe und Hingabe dargebracht wurde. Weil Krischna die Opferung kostet, wird die Nahrung spiritualisiert und läutert jeden, der sie ißt.

Puri: kleines, fritiertes Fladenbrot aus weißem Mehl, Vollweizenmehl oder einer Mischung aus beidem.

Raita: Früchte oder halbgekochtes Gemüse in mildwürzigem Joghurt.

Sabji: Gemüse oder Gemüsegericht.

Samosa: Fritierte Teigtaschen, entweder mit gekochten Früchten oder gewürztem Gemüse gefüllt.

Srila Prabhupada (1896-1977): Gründer und spiritueller Meister der Internationalen Gesellschaft für Krischna-Bewußtsein. Srila Prabhupada war ein völlig gottesbewußter Heiliger, der die vedischen Schriften vollkommen verwirklicht hatte. Er arbeitete unermüdlich, um Krischna-Bewußtsein auf der ganzen Welt zu verbreiten.

Srimad-Bhagavatam: von Vyasadeva (der literarischen Inkarnation Gottes) verfaßte vedische Schrift, in der die Spiele Krischnas beschrieben werden.

Tava: eine leicht gewölbte, gußeiserne Bratpfanne, die zum Backen von *chapatis* und anderen indischen Fladenbroten verwendet wird.

Thali: ein Metallteller mit niedrigem Rand.

Vaisnava: ein Geweihter Krischnas, der Höchsten Persönlichkeit Gottes.

Vrindavana: ein Dorf in Nordindien, wo Krischna in Seiner Kindheit lebte; das höchste transzendentale Reich des Höchsten Herrn im spirituellen Universum.

Yogi: ein Transzendentalist, der sich bemüht, den Höchsten zu erreichen.

Rezept– und Sachregister

Der Autor

Nachdem Adiraja dasa im Jahre 1971 von der New Yorker Universität seinen Magistertitel erhalten hatte, verließ er die Vereinigten Staaten, um im Orient seine beiden Hauptinteressen zu verfolgen: orientalische Religion und exotisches Kochen. Drei Jahre später hörte er in Indien über den Pfad der Hingabe zu Krischna, bei dem Kochen wie auch alle anderen menschlichen Tätigkeiten auf vollkommene Weise mit in das spirituelle Leben integriert sind.

Im Jahre 1975 traf er in der Schweiz Devotees der Hare-Krischna-Bewegung und wurde selbst ein aktives Mitglied. Seither hat er Devotees wie auch Gäste mit seinem meisterhaften Kochen und seinen philosophischen Vorträgen begeistert. Dieses Kochbuch, das ursprünglich in englischer Sprache veröffentlicht wurde, ist unter Adirajas Mithilfe inzwischen auch in anderen Sprachen, wie Französisch, Spanisch und Italienisch, erschienen.

Anfang 1987 kehrte Adiraja mit seiner Familie in die Vereinigten Staaten zurück; er hilft dort beim sozialen Wohlfahrtsprogramm der Hare-Krischna-Bewegung, genannt „Food for Life", welches es sich zur Aufgabe gemacht hat, *prasadam* gratis an Bedürftige zu verteilen.